波に憩う 魚と遊ぶ パスポート

SURF CASTING

投げ釣り

坂井勇二郎

つり人社

海との会話

水平線に向かってサオを振る。
はるか彼方に着水したテンビンが海底に届く。
サオを立て、ゆっくりと仕掛けをサビくと、

小気味よい生命感が手のひらに伝わってきた。
１５０ｍ先からのシグナル。
シロギス釣りは、
まるで海との会話のようだ。

身近な対象魚であるマコガレイだが、このサイズにはなかなかお目かかれない▲

マダイはとにかくパワフル。タモに入れるまで一瞬たりとも気が抜けない▼

◀アナゴは夜釣りでイージーに釣れるのがうれしい

東京湾のマコガレイとアイナメ。
沖堤防は投げ釣りの可能性を広げてくれる▼

意外に美味なキュウセン。外道扱いはもったいない ▶

ミノカサゴ

マコガレイ

クロダイ

マダイ

アイナメ

シロギス

ナメタガレイ（裏側）

カワハギ

キュウセン

CUP
Daiwa
投

投げ釣りとは何か

「投げ釣り」とはなんだろうか。全日本サーフキャスティング連盟では、「リールの付いたサオを使用したすべての釣り」と定義している。では、「磯釣り」と何が違うのか。あるいは磯釣りも投げ釣りの一部なのだろうか。

もともとは磯釣りが先に発展し（戦前戦後）、そこから分離して生まれたのが「砂浜のシロギス釣り」であった。昭和50年代には砂浜でのシロギス釣りが全盛期を迎え、その頃は「投げ釣り＝浜のシロギス釣り」であった。

その後、道具と素材の著しい進化とあいまって「釣り」そのものが細分化と進化を続け、今現在でも新たなジャンルの釣りが増え続けている。「投げ釣り」では、浜のシロギス釣り以外の釣り方、対象魚が研究されて身近になり、「磯投げ」などという呼び方も生まれた。現在では、この「磯投げ」を含めたものが「投げ釣り」というイメージであろう。

磯釣りはノベザオでの釣りもあり得るが、投げ釣りでは必ずリールを使う。これが「投げ釣り」と「磯釣り」との決定的な違いだ。この「リールを使った釣り」という、非常に間口が広いジャンルであることも投げ釣りの特徴であろう。現在人気の高いルアー釣りなど、さまざまな釣りの基本中の基本が投げ釣りだともいえる。

私もルアーを含めさまざまな釣りを経験してきたが、確実にいえるのは「硬いサオを振ることができれば、それより軟らかいサオにも対応できる」ということだ。

たとえば、ルアーロッドで軽いルアーしか投げたことのない人が、いきなり物干しザオのような並継ぎ投げザオに30号のオモリをつけて投げようとすると、サオの反発が強すぎて（速すぎて）サオを曲げるタイミングが分からず、失投となる。もちろん個人のセンスの問題も大きいが、この場合、1日練習して何とかタイミングがとれるかどうかであろう。逆に、普段から硬い投げザオを振っている人がルアーロッドを振ると、ほんの数投でタイミングをとることができる。これは、硬いサオによる瞬間的な反発のタイミングを身体が覚えている（まさに身に付けている）からできるワザである。つまり、投げ釣りでサオを曲げるタイミングを身に付けておけば、ほかの多くの釣りへの応用が簡単なのだ。

投げ釣りは「遠くへ投げる」ことを前提にした釣りである。遠くへ投げることで自分の釣り場の範囲を広げ、より多くの釣果を得る。ノベザオではできない、リールを使った釣りの大きな利点だ。

5mのノベザオで探れる範囲は、ミチイトの長さを含めても約10mほど。だが、仕掛けを１００m投げることができれば１００m先までの扇形のエリアを探ることができ、釣り場になる面積はノベザオの約１００倍にもなる。当然、その範囲に生息する魚の数は増え、また幅広い水深をねらうことになるので、より多くの数と種類の魚に巡り会える可能性が高い。普段、投げ釣りをしていてもあまり感じることはないが、「遠くへ投げる」という欲求は、基本的にこういうことである。

遠くへ投げると「釣れるような気がする」し、「人より釣れた」という経験もあるだろう。それは偶然ではなく、理論的にそうなのだ。釣り人から近い場所は、ある程度釣っていると活性の高い魚はすぐに釣られてしまい、それ以外の魚は警戒心が強くなりハリ掛かりしにくくなる。

だが仕掛けの入っていない遠い場所をねらえば、警戒心の薄い魚や活性の高い別の個体を釣ることができるし、回遊してくる魚に遭遇するチャンスも多い。

投げ釣りとは、このように「人間の本能が欲する行動」を基に成り立っている釣りなのだ。その単純なところが多くの釣り人に共感を得ているのであり、間口の広さにも繋がっているのだろう。

投げ釣り
CONTENTS

投げ釣り
CONTENTS

ブックデザイン＆イラスト　北圃政司
構成　水藤友基

第一章

投げ釣りの道具と基礎技術

ひとくちに投げ釣りといっても、用途や対象魚によってさまざまな道具が使われている。まずはそれぞれの道具の特性と使い方を覚えよう。

サオ――（構造の違う2タイプ）

並継ぎ投げザオ

　何本かに分かれた節を繋いで使用するタイプ。サオの構造上、振り出しザオよりも強度があり、ガイドも固定されているので、重いオモリ（25〜30号）をフルスイングするのに適している。主に浜からの遠投釣り（シロギスの引き釣り）や激流の釣り、重いオモリを使った強引な釣りに使われる。4m前後で3本継ぎ。

メーカー別投げザオ号数表示

オモリ負荷	シマノ	ダイワ	がまかつ
30〜50	XXX		
30〜45	XX	40号	
30〜40	AX	35号	35号
27〜35	BX	33号	33号
25〜35	CX	30号	30号
23〜33			29号
23〜30	DX	27号	27号
22〜30	EX＋		
20〜30	EX	25号	
20〜27			25号
18〜25	FX		
19〜25	FX＋		

※オモリ負荷はあくまで目安でしかない。40号と表示してあっても実際に40号のオモリを投げる人はほとんどいないであろう。各メーカーのシリーズごとに調子（先調子、胴調子）や強度（素材の種類による特徴）は異なる。27号のサオで35号のオモリが楽に投げられるシリーズもあれば、振り切るときの「サオとチカライト（オモリ）の角度」によっては、33号のサオを25号のオモリで折ることも可能である。
※高弾性の素材＝高額で反発力は強いが、高弾性＝高強度ではない。
※サオは曲げることによってオモリが飛ぶ。そのため、初心者や非力の人がいきなり“35号のサオ”を振ってもほとんど曲げることはできないだろう。するとそれはただの棒でしかなく、オモリは飛ばない。むしろ“軟らかいサオ”で重いオモリを投げる方がサオが曲がり飛距離は出る。この理屈はゴルフのドライバーのシャフトと同じである。

振り出し投げザオ

　サオの各パーツが一本に仕舞い込まれており、内側から引き伸ばして使うタイプ。グラスロッドの時代やカーボンロッドが登場したばかりの頃は、並継ぎザオに対して補助的な存在でしかなかったが、素材の進

振り出しと並み継ぎの違いと用途

	並み継ぎザオ	振り出しザオ	備考
継数	3	4	2本継の並継や3本継の振出もあるが一般的には左の継数となる。
仕舞寸法	142cm前後	112cm前後	全長4.05mのサオの場合。
特徴	構造上、肉厚にでき、ジョイント部分の密着性も高く作ることができる。ガイドも固定できるため、より1ピースに近いものが作れ、遠投性能に優れている。サオの調子や太さに関してもかなり自由な設計が可能。	ノベザオでもわかるように、継数を増やすことによって仕舞い寸法が短く作れる。投げザオの場合、並継ぎよりも1本少ない継数で、仕舞寸法が30cmほど短くなる。その分、車への収納に便利だが、一方で「細いサオの中にサオを通してゆく」構造上、肉厚が薄くなり、全体のテーパーも緩くせざるを得ない。テーパーを付けると元ザオが太くなる。遊動ガイドが回りやすく、ガイドロック機構の付いたものでは、機構部分を肉厚にするため、構造上の制約が大きい。ジョイント部分の密着性、強度や曲がりにも難があり、ガイド位置などに関しても自由に作りづらい。それらの制約上、絶対的な遠投力と強度において並継ぎザオに敵わない。	
用途	手持ちで釣るキス釣りや重いオモリを使った激流の大もの釣り、磯の大ものねらいなど。	複数本並べるカレイ釣りや、渡船する釣り。釣り場移動の頻繁な大ギス釣りなど。	

化とガイドロック機構、継ぎ部の改良により、現在では並継ぎザオと遜色のない性能を有している。

振り出しザオは軽量で携帯性がよく、複数本のサオを使う「磯投げ用ロッド」といってもいいだろう。キス釣りにおいても、遠投の必要のない場所や季節には釣り味がよく楽しい釣りができる。また、テンビンを装着したまま収納できるので、こまめな場所移動を伴う釣りにも最適だ。並継ぎザオよりも全体に肉薄で軟らかいため、魚を掛けたあとの「釣り味」「楽しさ」「バレにくさ」なども振り出しザオの特徴といえる。4m前後で4本継ぎ。

サオの伸縮

振り出しザオは、伸ばすときは穂先から伸ばし、仕舞うときは元上から縮めて仕舞う。ときどき元上から伸ばして（写真・左上）、自分が穂先側へ動く人がいるが、これは誤り（写真・左下）。

また、穂先はサオが伸びているときが一番強度があり、短いときが一番折れやすいので扱いには注意しよう。同じように並継ぎザオも、穂先から継いで元上から仕舞う。

リール ―（投げ釣り専用スピニングリールの特性）

スピニングリール

投げ釣りにはスピニングリールが用いられる。もちろん両軸受けリールでも投げることは可能だが、回収スピードがどうしても遅くなるため、一般的ではない。

スピニングリールは、投げ釣り専用のものが各メーカーから出ている。これらの専用リールは、以前は「ドラッグがなくスプール径が大きく、ストロークも長い」というスタイルだったが、現在はこのタイプを「キスの引き釣り用」とし、同じ形状でドラッグ付きのものが「磯投げ用」として売られている。

投げ釣りでリールに要求されることは、「大きなオモリ（１００ｇ前後）を１５０ｍ以上先から素早く回収する」「数十ｍ先で掛けた大きな魚を、根に注意しながら強引に引き寄せる」といったパワーとスピードである。そのため、自ずとスプール径が大きく、マスターギヤの径も大きくなる。そして、「より遠くへ投げる」という機能を追及すれば、ストロークが長く、イト巻きの溝が浅いスプール形状に行き着く。

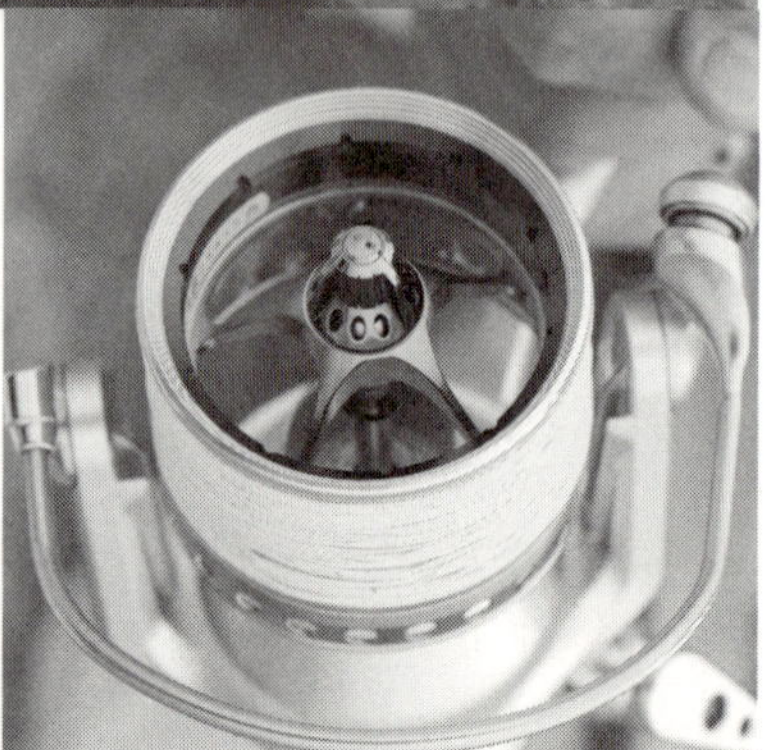

投げ釣り専用のスピニングリールはこうした要求に応えて作られているので、イト巻き量が同じだからといって、これを小型スピニングリールで代用しようと思っても無理である。

右巻きか、左巻きか？

両軸受けリールの場合はほとんど

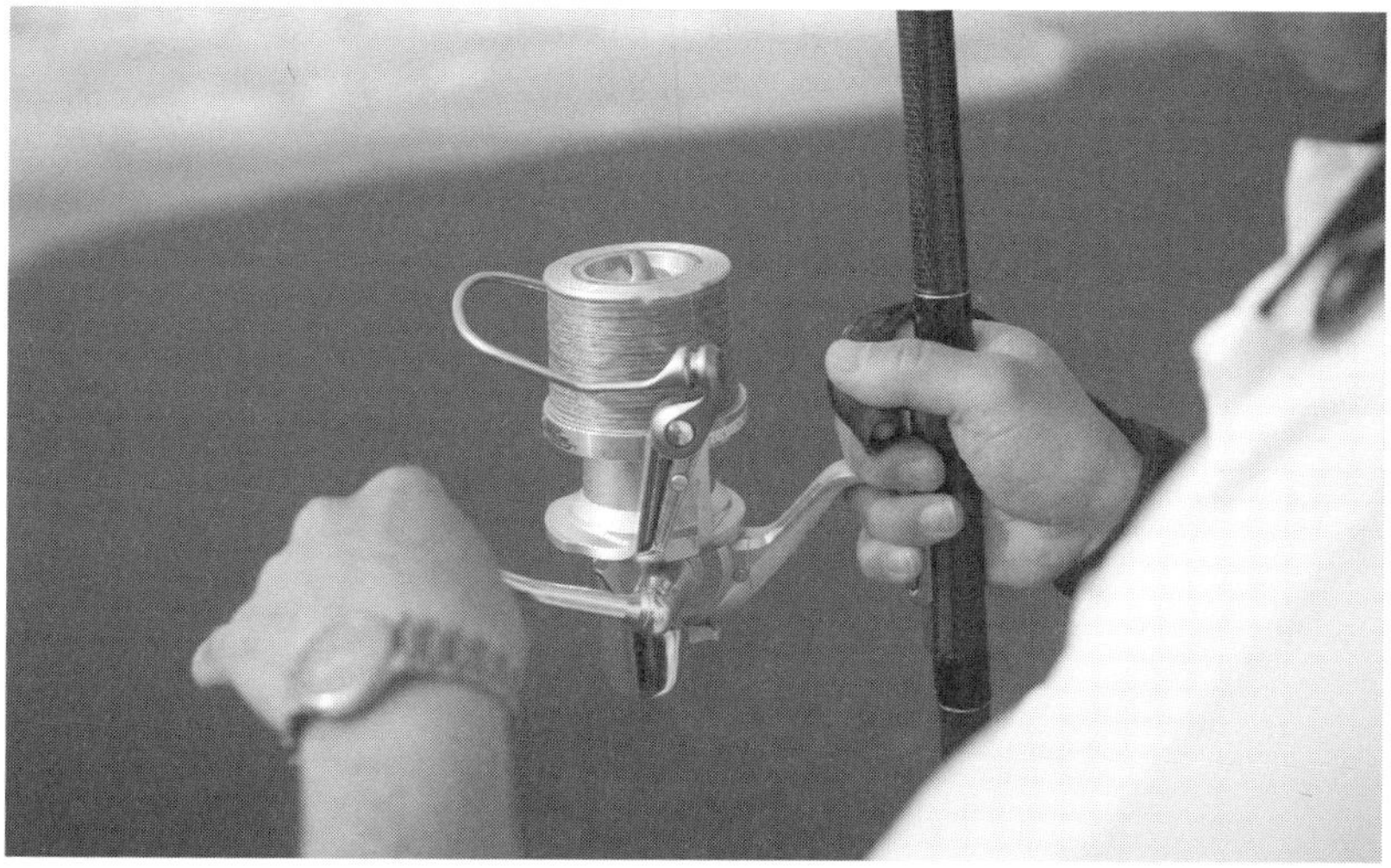

が右巻きだが、スピニングリールは左右どちらでも使えるようにできているものが多い。両軸受けリールの場合、「投げる」動作よりも「力強く巻く」という動作に主眼が置かれている。サオを下にリールを上にしてハンドルを巻くからどうしてもサオがぶれるので、リールを巻きながらも実はサオが左右に動くバランスを取っている。このため、右巻きのほうが安定感があるのだ（右利きの場合）。

これに対し、サオが上に位置するスピニングリールの場合、サオの左右のぶれが小さいため左巻きであっても何ら違和感がない。また、スピニングリールを使う釣りは「投げる」動作が主で「巻く」動作が従となる。「大型魚を強引に巻きたい」ということであれば右巻きのほうがよさそうだが、実際にはサオの操作によるやり取りのほうが肝心である。そのため、できることなら（右利きの人は）「左巻き」に慣れておいたほうが、長い目で見て「快適で楽しい釣り」に繋がると思う。特に頻繁に投げる動作を繰り返すルアー釣りなどでは、右手（利き腕）でサオを、左手（逆の手）でリールを扱うようにすべきだ。

右利きの人が左巻きのリールを使った場合、最初はかなりの違和感があるだろう。しかし、ルアー釣りなら1日、シロギス釣りでも2日ほど我慢すれば、違和感はすぐになくなってくると思う。これはだまされたと思って挑戦する価値はある。

サオとリールの正しい握り方

これが正しい握り方。ラインの出ている位置と、ベールアームの方向に注目。

よくある間違いの例。ベールアームがこの位置にあると、投げた際の勢いで半回転してしまう。

オモリ・テンビン（天秤）——（投げ釣りに欠かせないアイテム）

テンビンの仕組み

投げ釣りでは、長い仕掛けを絡ませずに投げるため、ミチイトと仕掛けの間にテンビンを介する。船釣りでテンビンを使って絡みを防ぐのと同じ理由だ。ただし、投げ釣りの場合は「遠投性能」が重視されるため、アーム部分が大きくて重い船釣り用テンビンとは異なる。飛行中の安定性と方向性を重視した、投げ釣り用テンビンの基本スタイルが富士工業の『カイソーテンビン』である。

固定L型テンビン

『カイソーテンビン』に代表される固定L型テンビンには、以下のような特徴がある。

①飛行形状が安定しているのでよく飛ぶ
②長い仕掛けが絡みにくい
③オモリを支点にしたアームのテンションにより、向こうアワセで魚が掛かる
④テコの原理で小さなアタリを増幅する

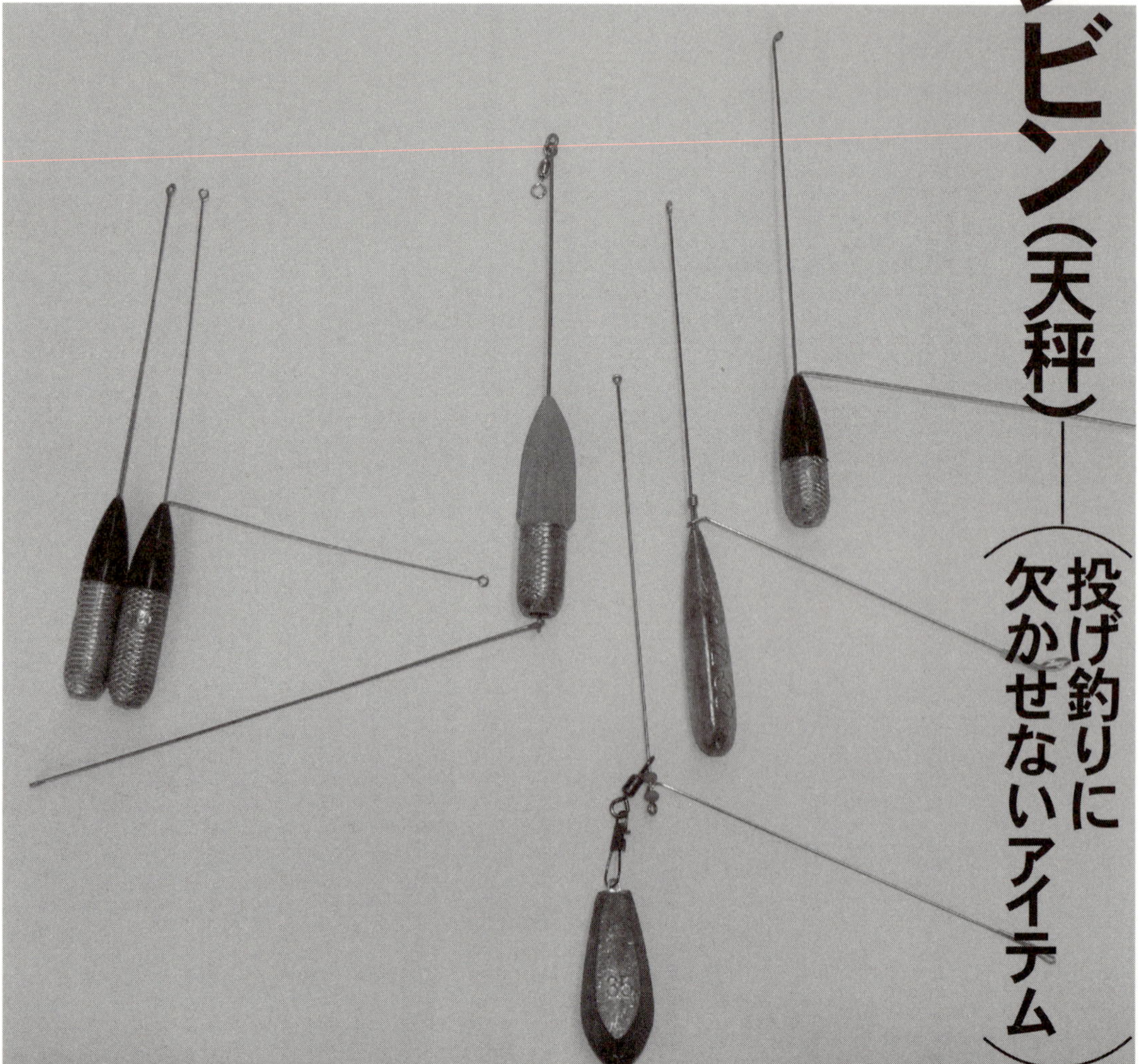

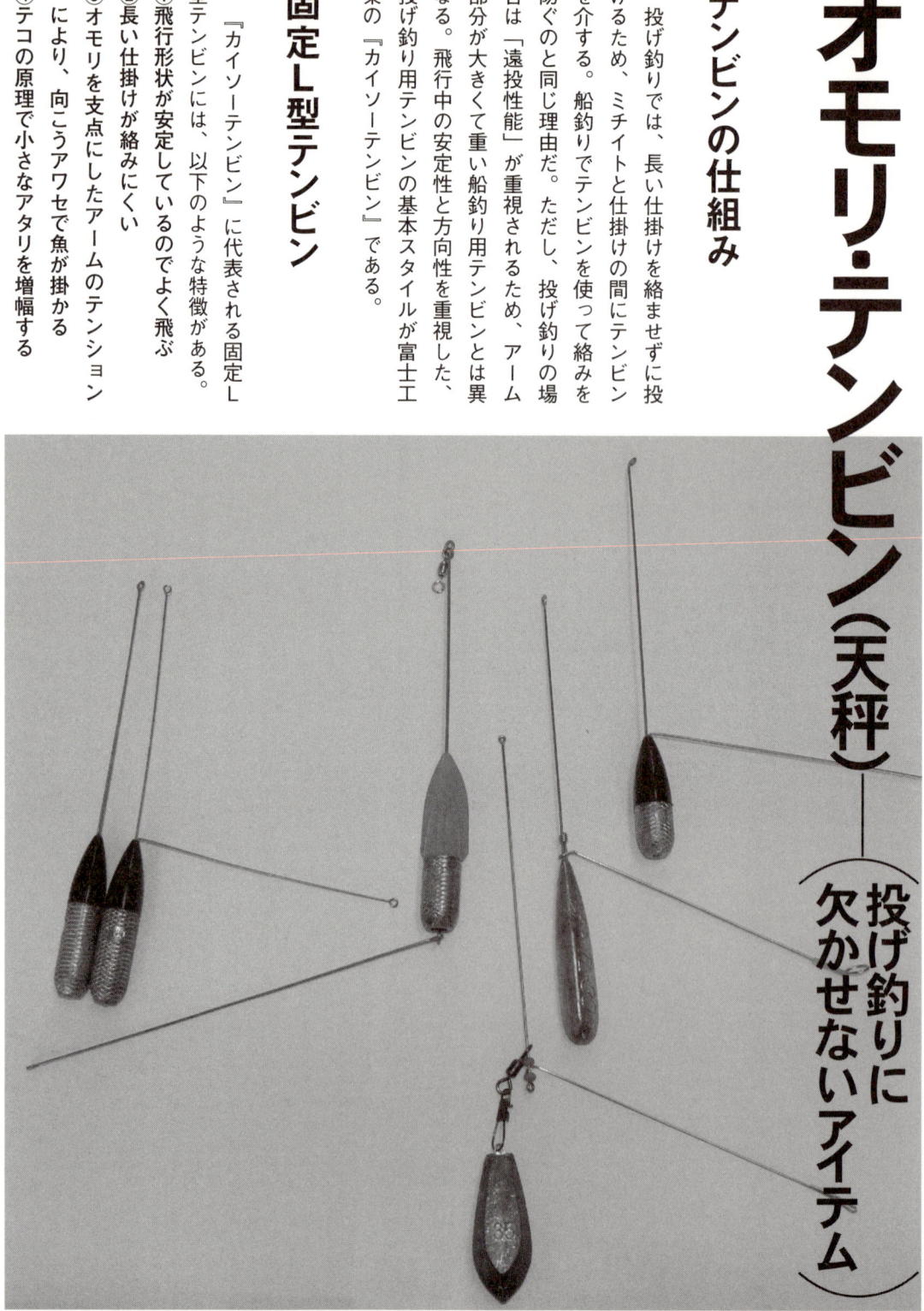

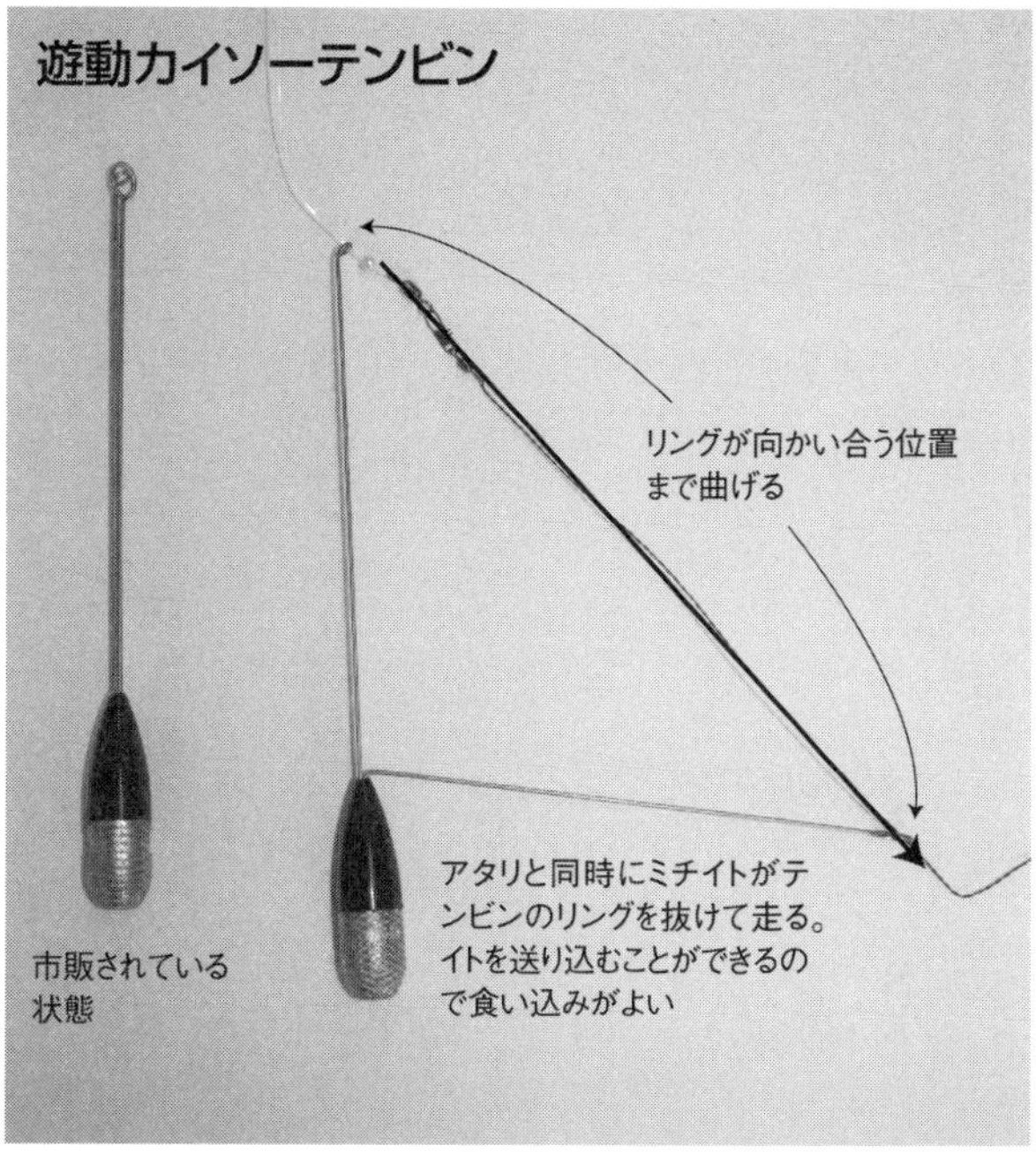
遊動カイソーテンビン
リングが向かい合う位置
まで曲げる
アタリと同時にミチイトがテ
ンビンのリングを抜けて走る。
イトを送り込むことができるの
で食い込みがよい
市販されている
状態

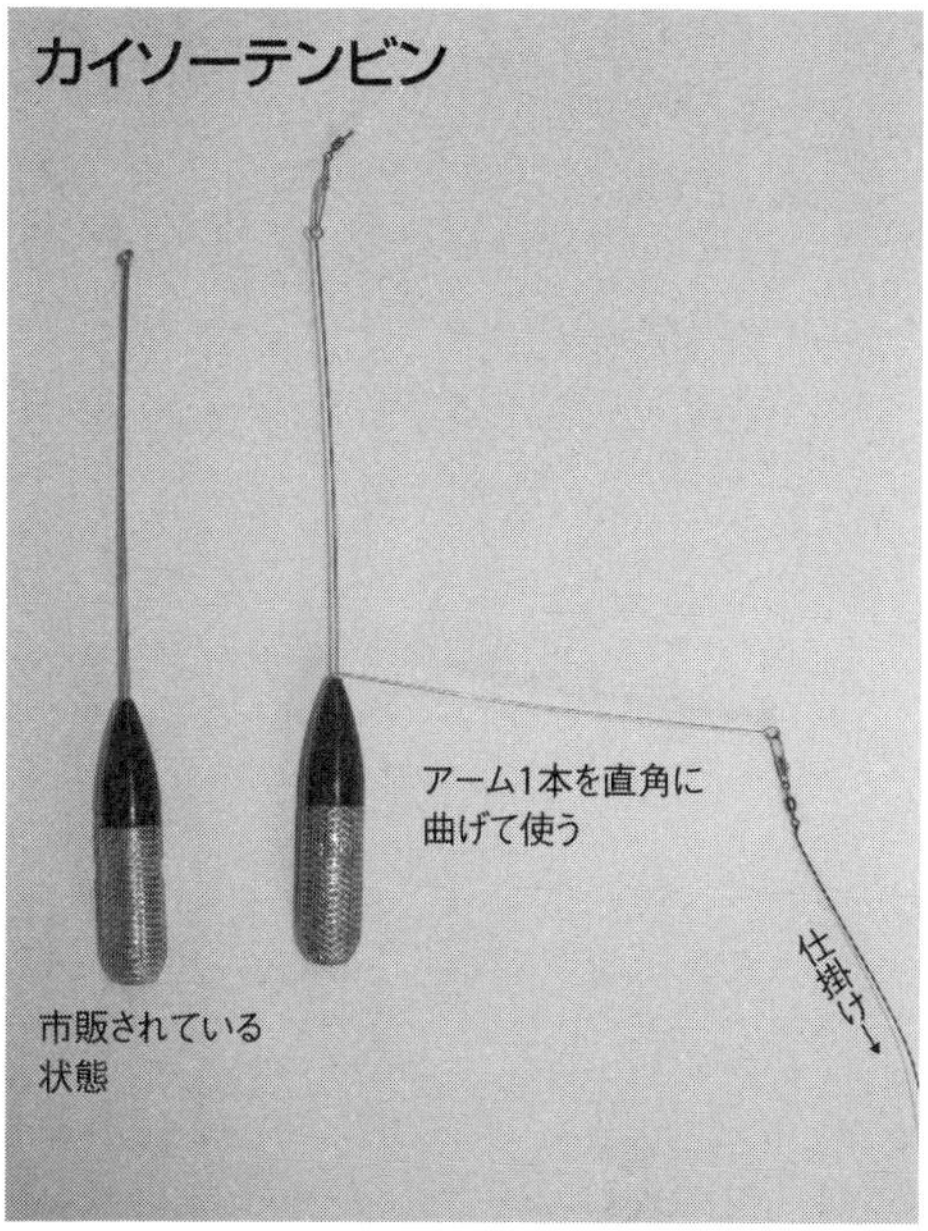
カイソーテンビン
アーム1本を直角に
曲げて使う
市販されている
状態
仕掛け→

全遊動テンビン

『遊動カイソーテンビン』に代表される全遊動テンビンは、

①仕掛けを魚の動きに合わせて送り込める（＝食い込みがよい）

②仕掛けが絡みやすい

③オモリとアームのテンションが掛からないので向こうアワセにならない

④アタリは増幅されないが、オモリのテンションが少ないぶんアタリが明確

などの特徴がある。短所である②については、太いスナズリを使うなど絡み防止の工夫が必要。また③に関しては、魚の種類やハリの大きさ、エサの種類、ミチイトの種類、魚との距離などさまざまな要件に応じて、アワセの大小とタイミングを判断する必要がある。

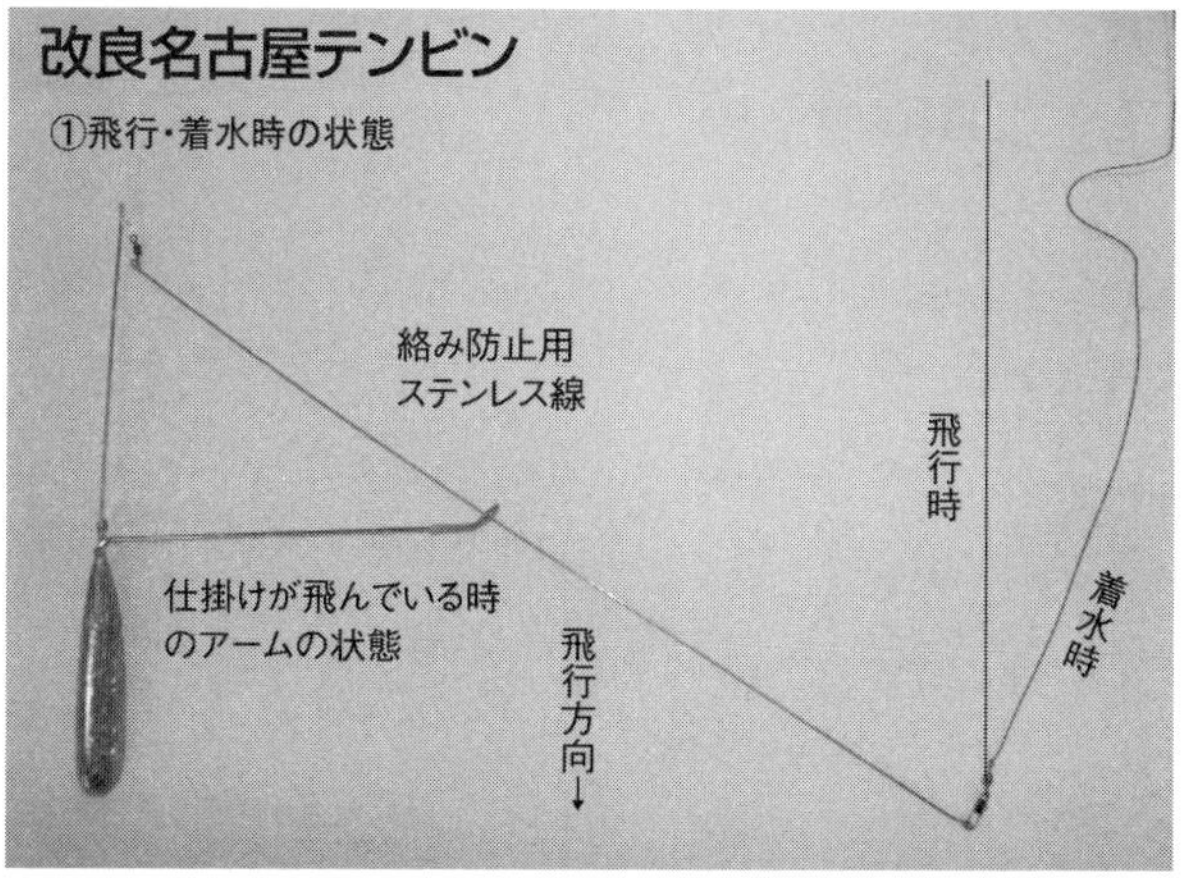
改良名古屋テンビン
①飛行・着水時の状態
絡み防止用
ステンレス線
仕掛けが飛んでいる時
のアームの状態
飛行方向↓
飛行時
着水時

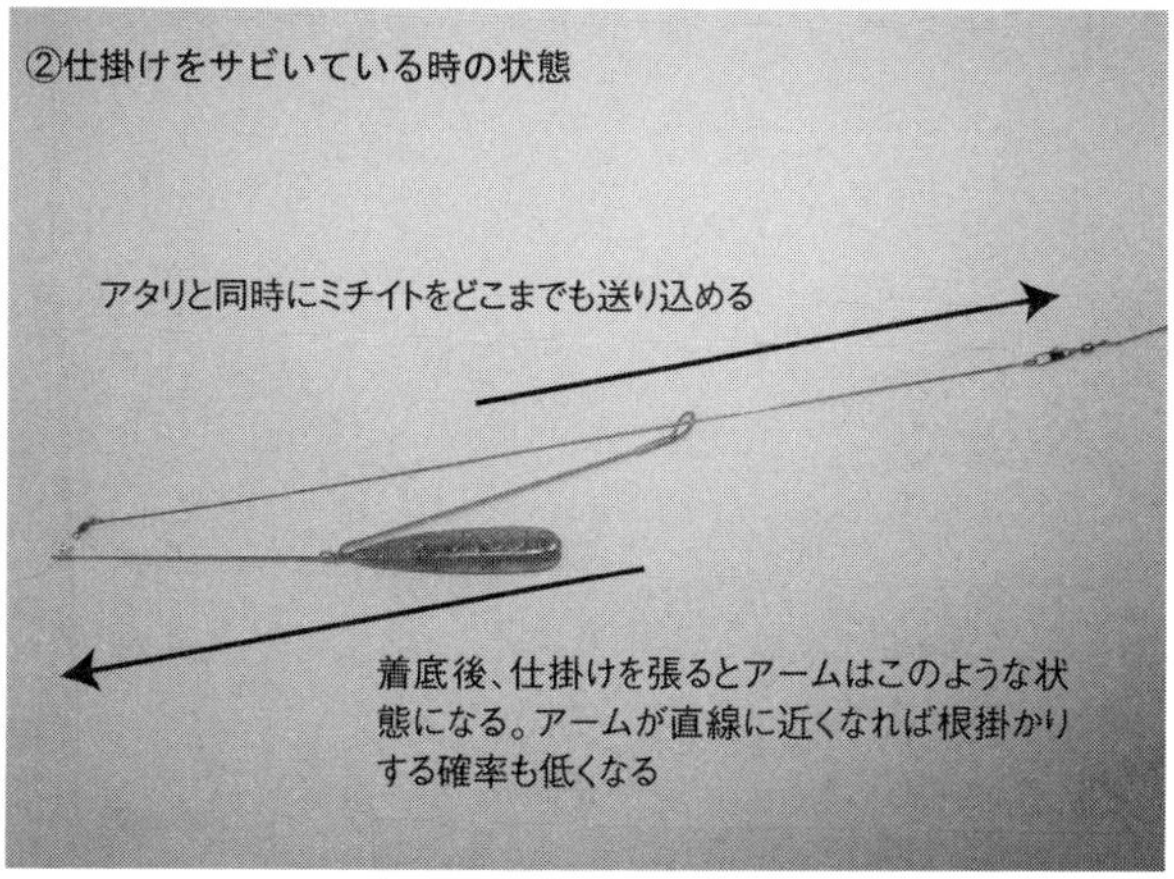
②仕掛けをサビいている時の状態
アタリと同時にミチイトをどこまでも送り込める
着底後、仕掛けを張るとアームはこのような状
態になる。アームが直線に近くなれば根掛かり
する確率も低くなる

半遊動テンビン

『ジェットテンビン』に代表される半遊動テンビンは

①オモリのテンションが少ないぶん、小さなアタリが分かりやすい
②長い仕掛けは絡みやすい
③半遊動という微妙なテンションが、追い食いを誘う効果がある

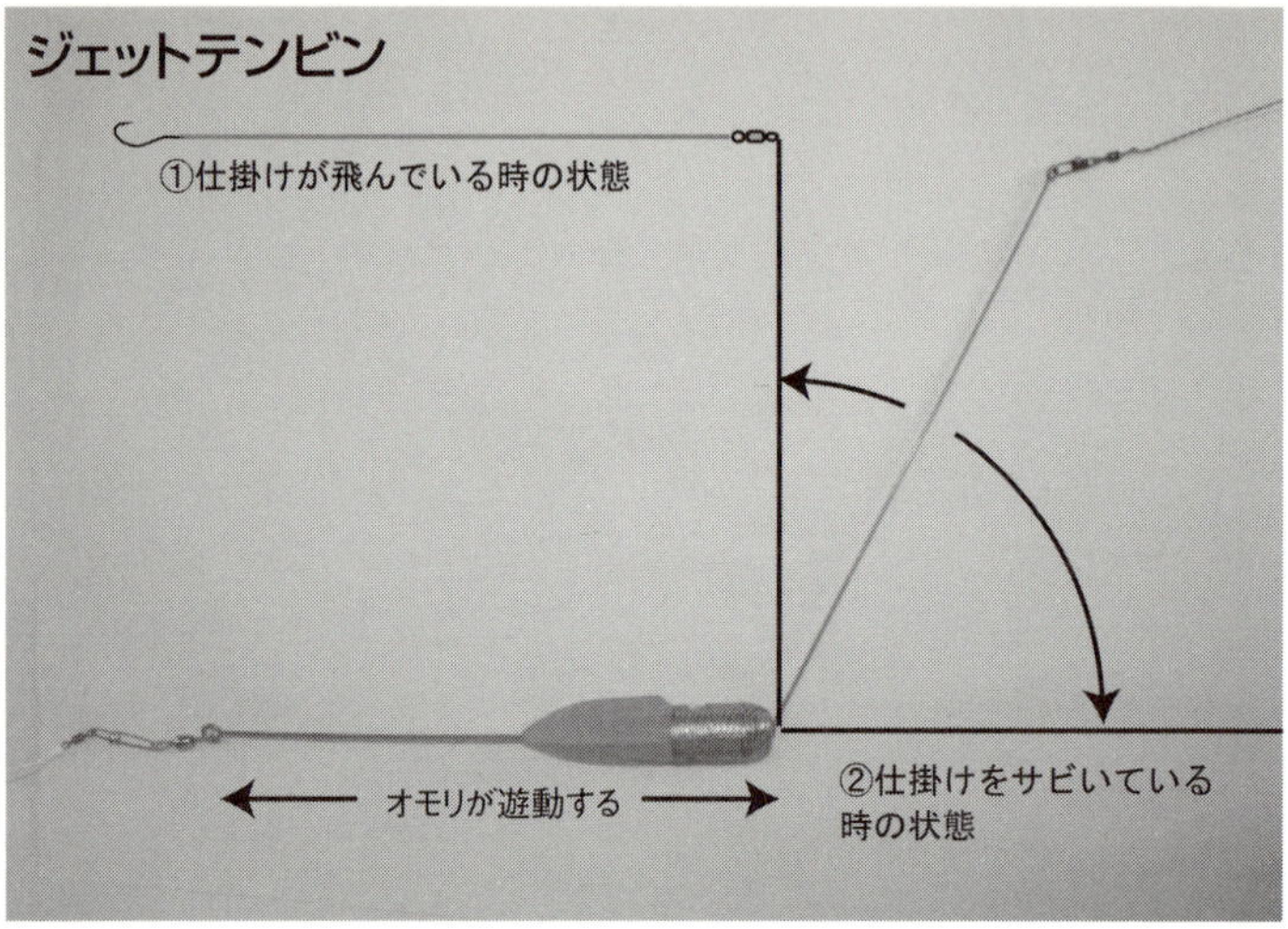

その他のテンビン

『湘南テンビン』などといわれる、「巻き上げ時に直線になるテンビン」は、半遊動と全遊動それぞれのタイプがある。

①根掛かりしにくい
②サビく時に抵抗が少ない
③オモリの交換が簡単
④小さなアタリが分かりやすい

といった特徴がある。

また、『逆V型テンビン』は、①感度が抜群 ②サビきが軽い ③根掛かりに強い、という特徴があり、様子見の第1投やアタリを楽しむ釣りに適している。

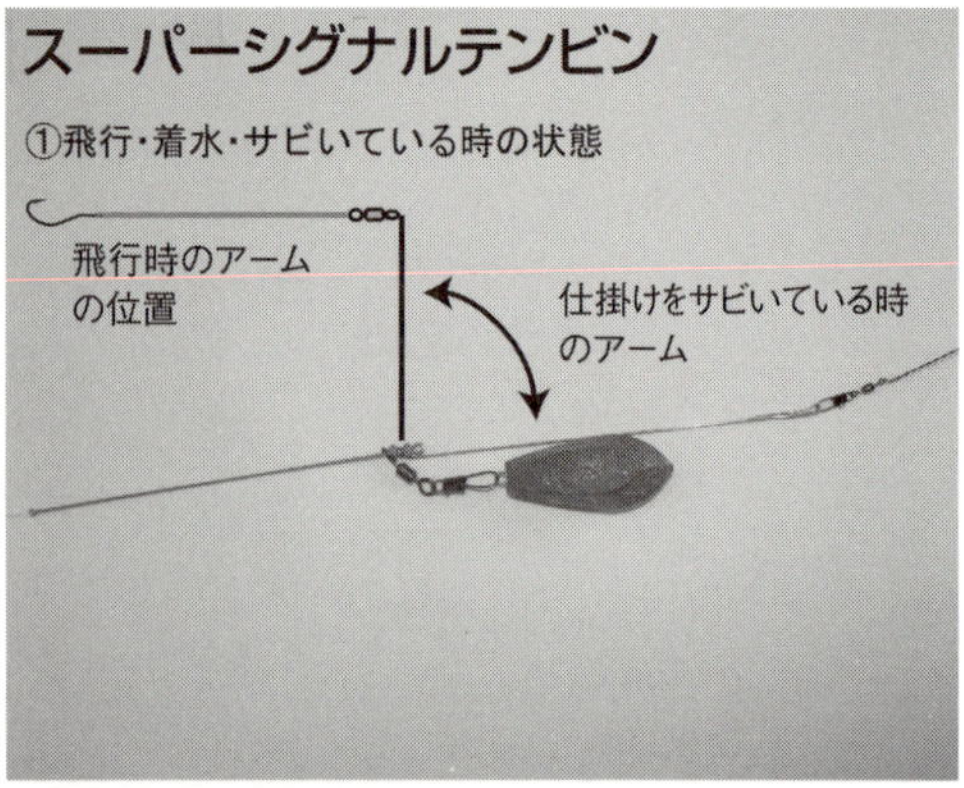

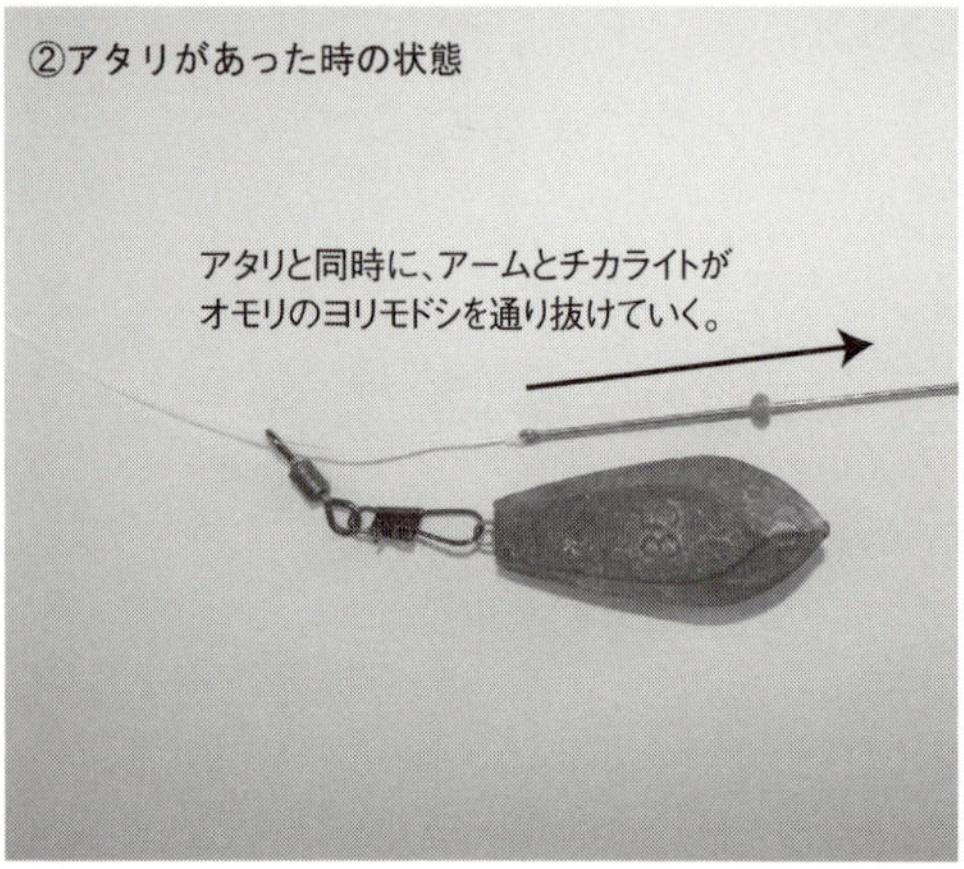

タングステン製のテンビン

2005年より発売されたタングステン製のテンビンは、鉛（比重11・3）よりも比重が高く（比重16・8）、同じ号数の鉛製と比べて体積が3分の2ですむ。そのため空気抵抗が少なくなり、飛距離が伸びる。もちろん、オモリ部分の抵抗だけで飛距離が大幅に伸びるものではないが、キス釣りトーナメントなど「わずかでも人より遠くを探りたい」という釣り人のためのアイテムとなっている。体積が小さく形状も細長いので、サビく時の抵抗も少ない。ただしネックとなるのは価格で、鉛製よりも5〜6倍もする。

ハリ（鈎）——（形状によって異なる特性を知ろう）

ハリに求められる機能

釣りバリの形状は、使うエサ、魚の口の大きさや形、エサの食い方、ハリを口のどこに掛けるか、魚との距離、ミチイトの材質、サオの硬さなど、さまざまな条件をもとに考えられている。

投げ釣りの場合は、虫エサ（イソメ類）を使うことが大きな要素として挙げられる。現在は対象魚によってさまざまなエサが使われているが、シロギスやカレイなど、基本的にはイソメ類を使うことがほとんどであろう。そのイソメ類を効率よく、きれいに（魚に取られにくいように）刺すことができ、対象魚の口かノド奥に掛けること、これが投げ釣りに適したハリである。一番特徴的なのは、軸が長いということだろう。

ハリ各部の名称

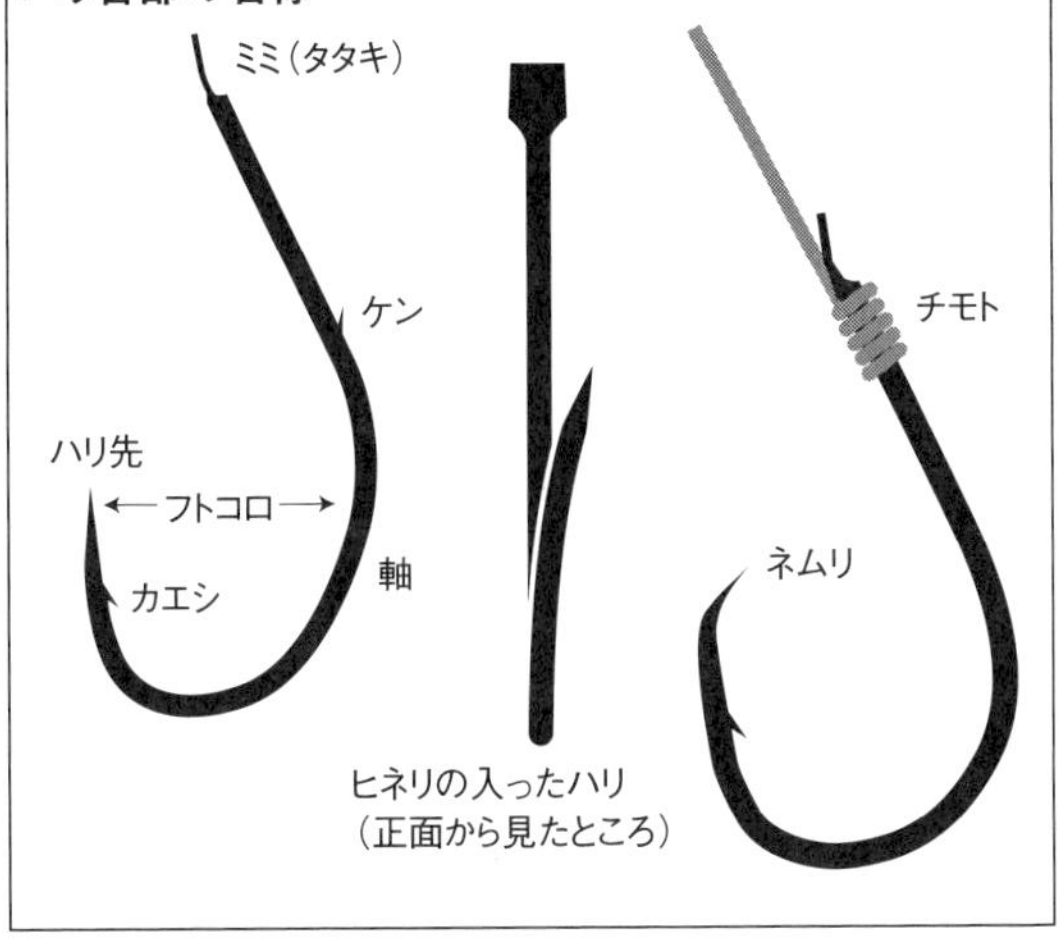

流線型（流線、カレイ）

シロギスやカレイなど、古くから投げ釣りで万能的に使われていたのが流線バリ。現在のようにハリの種類が増える前は流線が主流だった。軸がストレートではないので、飲み込まれた場合はバレにくく、飲み込まれることの多い投げ釣り専用の形状だ。

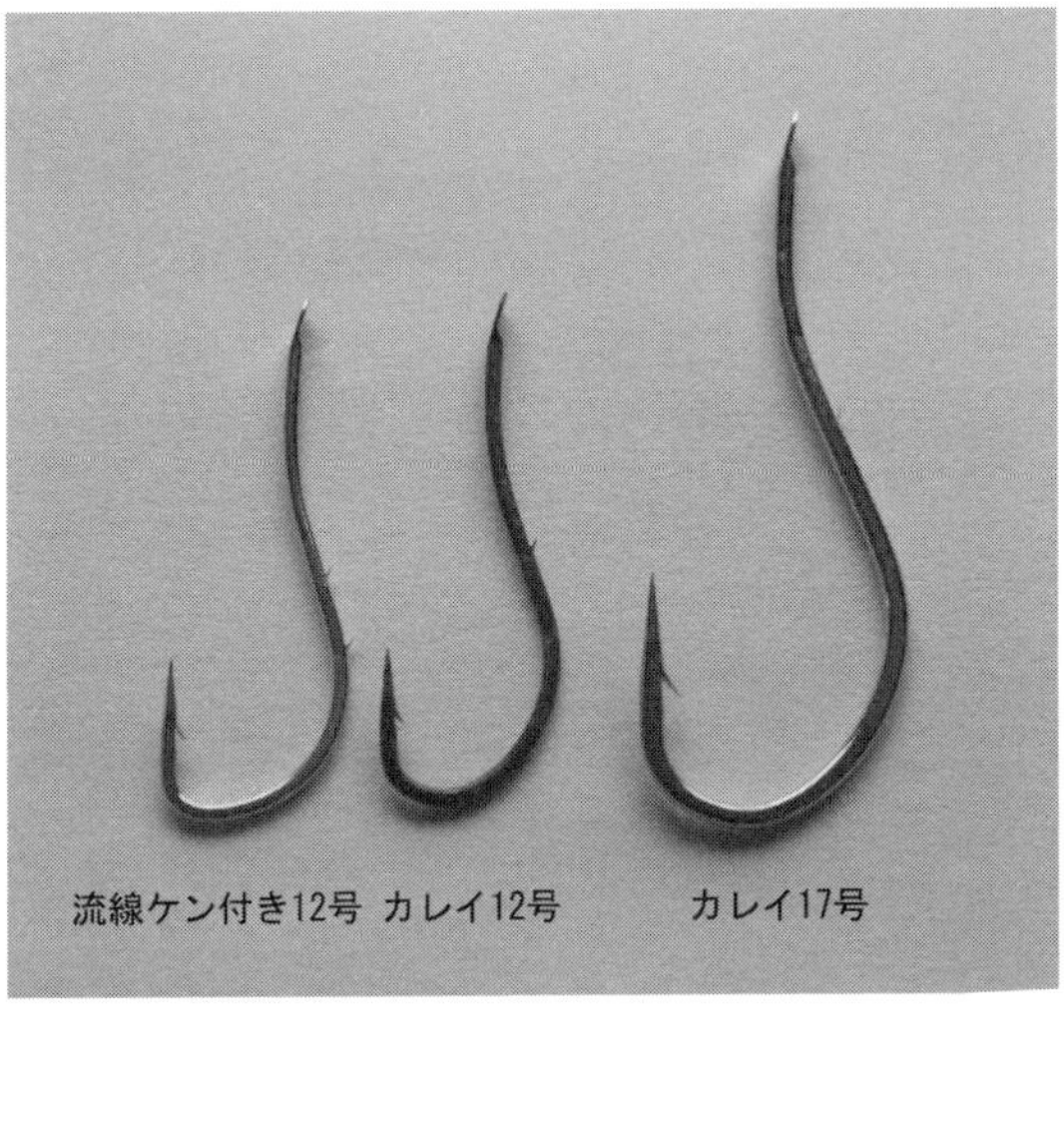

丸カイヅ型（キス競技用、マダイ）

釣りバリの基本形である「袖」を軸長、軸太にしたのが丸カイヅ。丸カイヅをさらに軸

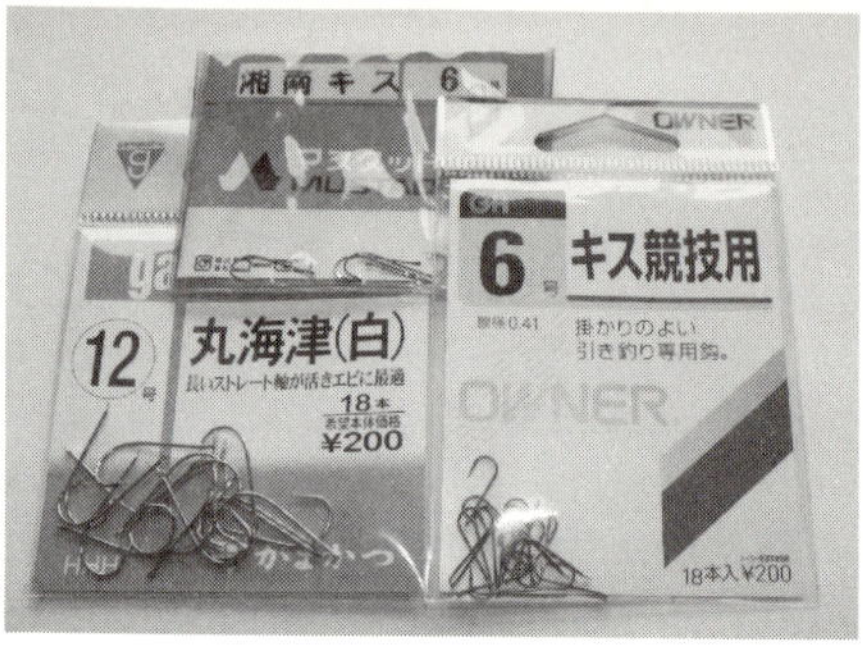

太にしたのがマダイバリである。ハリ先と軸が平行で、湾曲部の形状も円に近いため、イソメ類を通し刺しにしやすい。また刺したあとのエサがまっすぐになって魚が吸い込みやすい。イソメ類のなかでも、硬くなって切れやすいチロリや本虫（輸入イワイソメ、アカイソメ）に最適である。軸が丸セイゴ型ほど太くないので刺さりもよい。

丸セイゴ型（ビッグサーフ）

軸太のため、大型魚に好んで使われる。イソメ類以外にもユムシ、身エサなど万能的に使われている。軸が太くて重いぶん、どうしても吸い込みと刺さりは悪くなる。また、ハリ先のなまり（刺さりが悪くなること）に注意して使う。

キツネ型（早掛、ウナギ）

他のハリにくらべ、フトコロが狭いのでシロギス、キュウセン、カワハギなど口の小さな魚、エサを吸い込む魚に適している。湾曲部が鋭角気味になっているため、軸が細いわりにハリを伸ばされることがない。細軸バリの吸い込みと刺さりのよさ、太軸バリの伸びにくさを兼ね備えている。

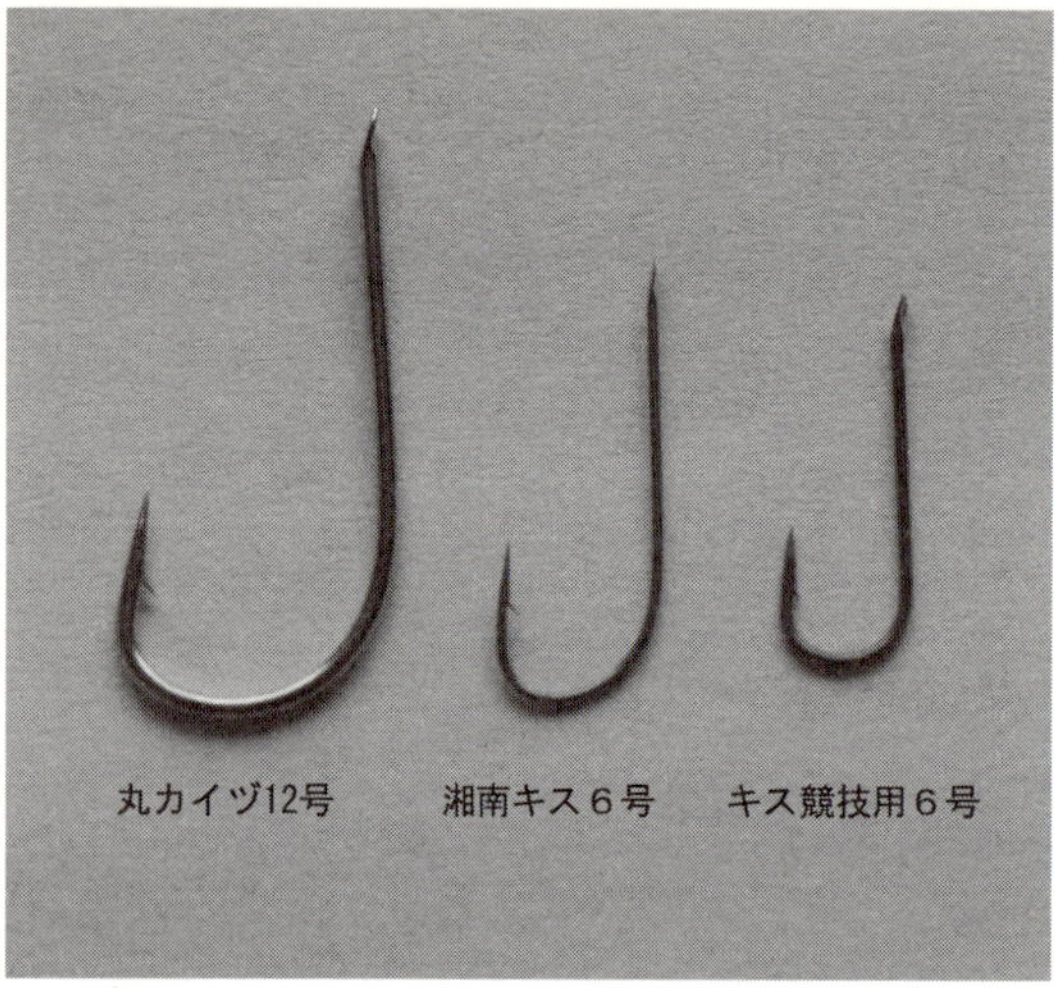

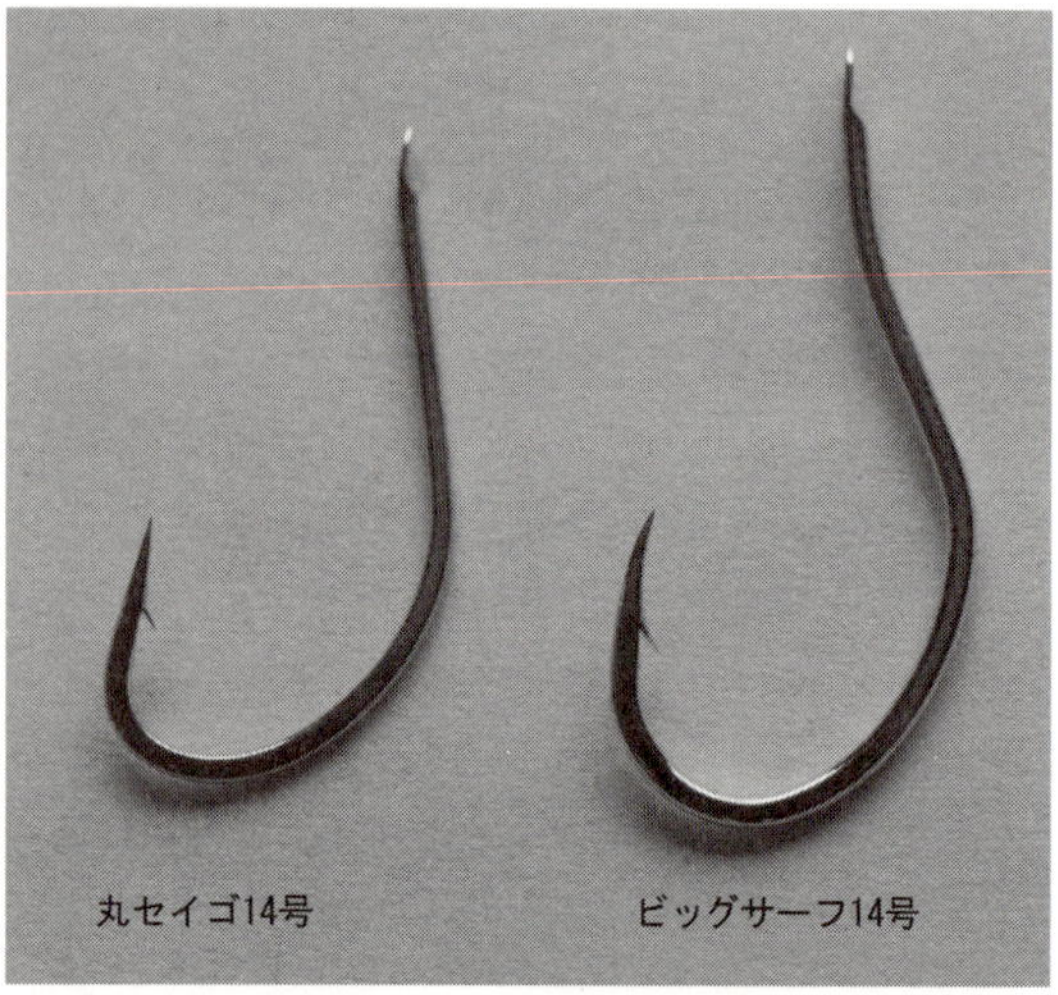

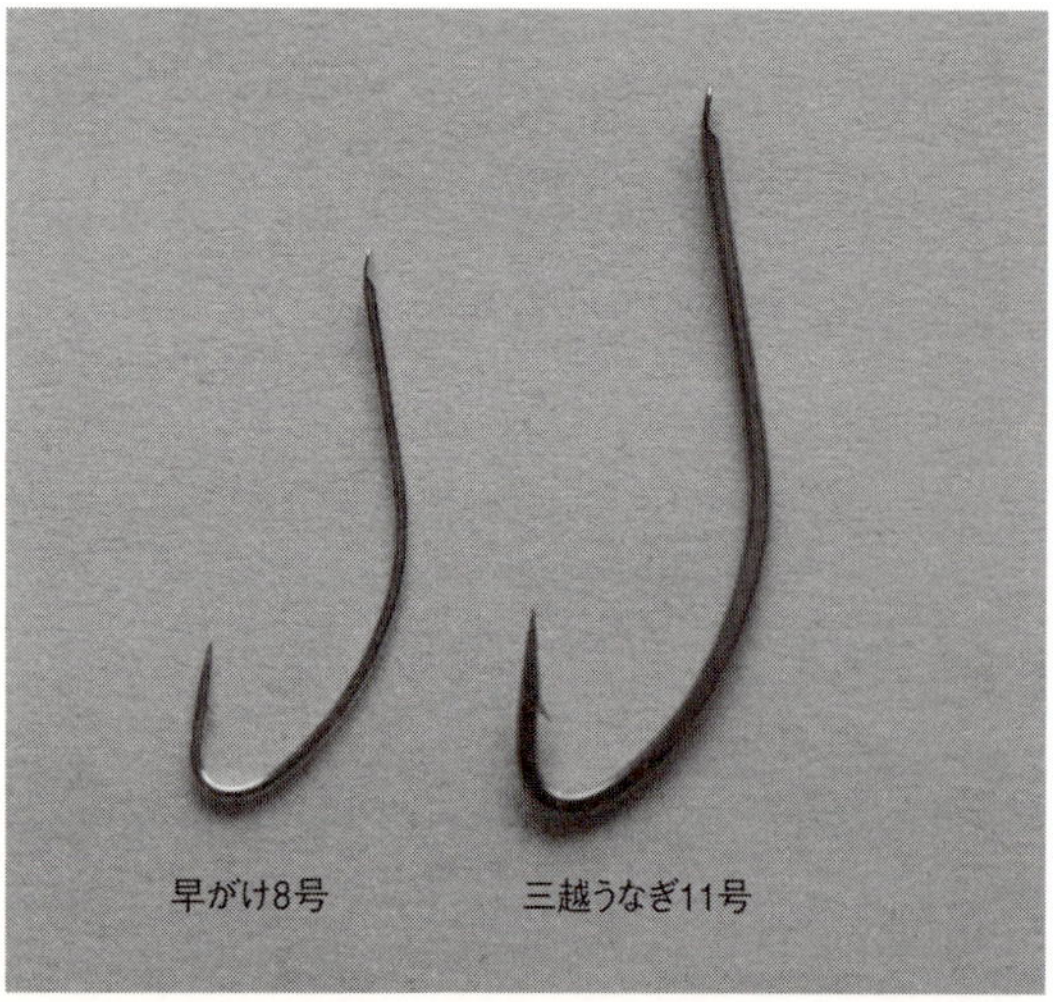

ハリの結び方

内掛け結び

1

ハリの軸に合わせてイトを当てる。

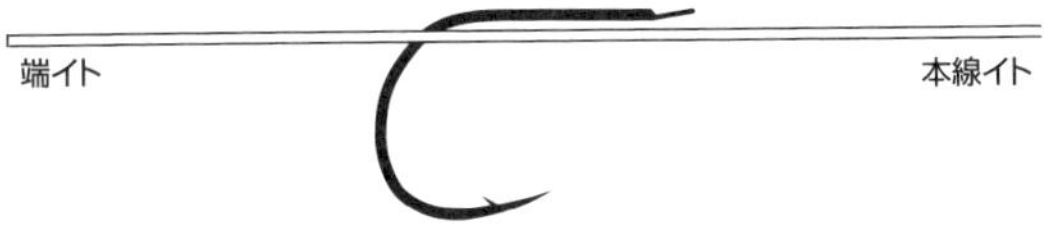

2

端イトをハリ軸の奥に回し図のように小さな輪を作る。チモトに近い部分を指でしっかりと押さえる。

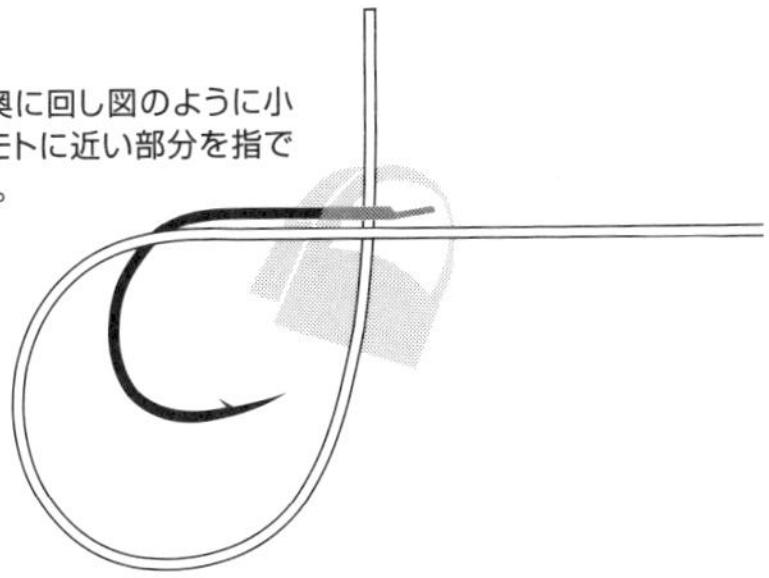

3

端イトを折り返して2の輪の中に通していく。

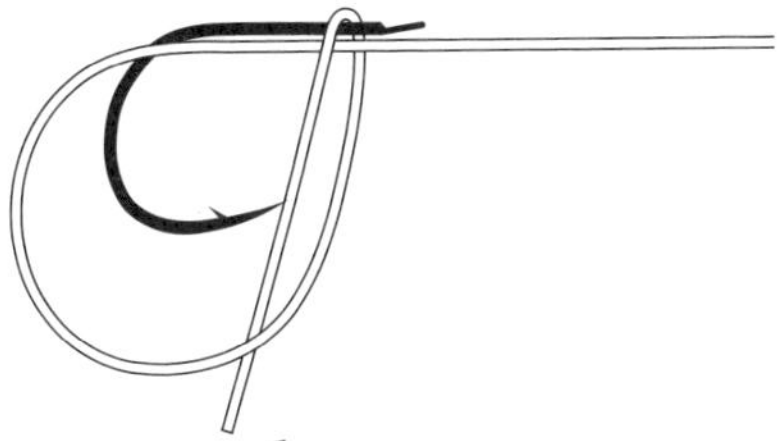

4

同様に4～6回巻く。

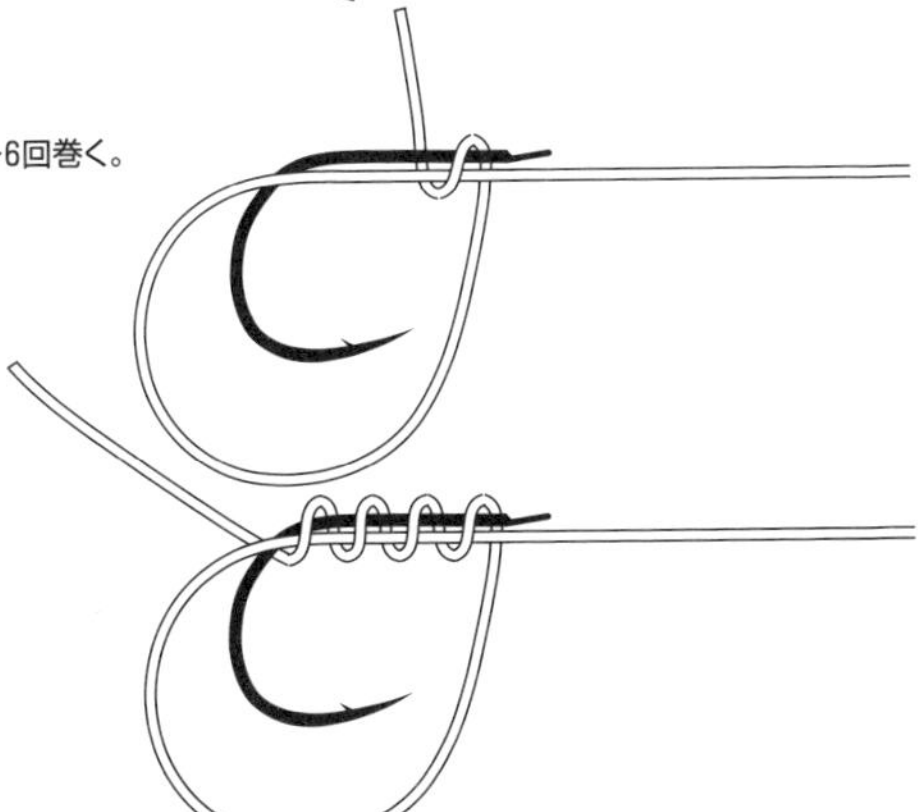

5

本線イトをできるだけゆっくり引き締めて仮止めする。本線イトがハリの軸の内側から出るように調節したら、改めてしっかり締め込む。余分なイトを切れば完成。

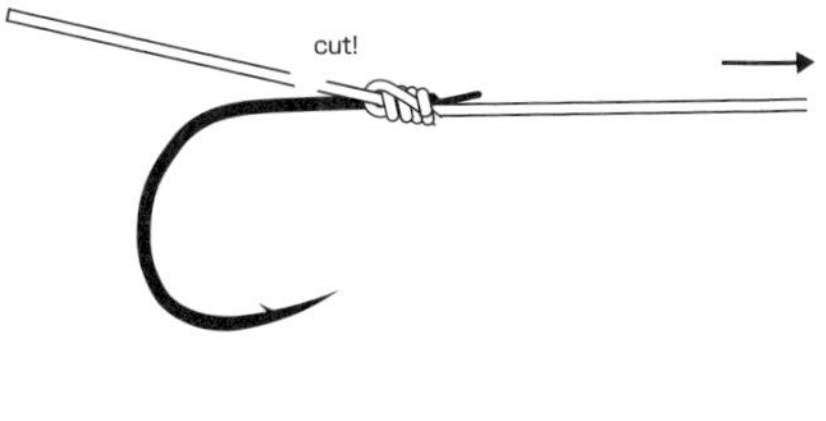

外掛け結び

1

イトをハリ軸に当てる。

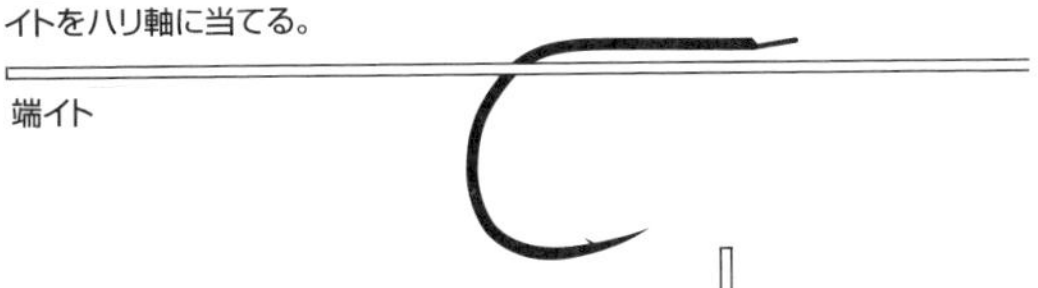

2

端イトで図のように輪を作り、チモト付近で交差させる。

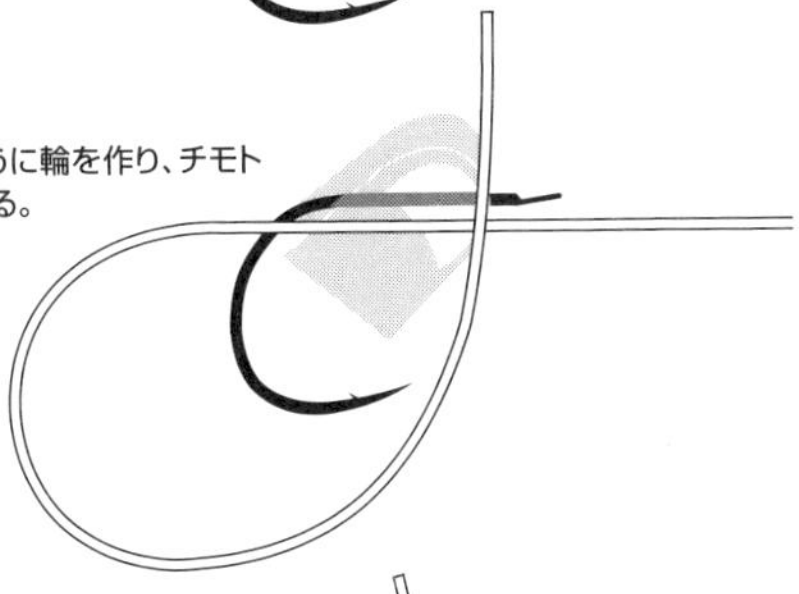

3

交差させた部分をしっかり押さえつけたまま、チモトからフトコロに向かって端イトを巻きつけていく。

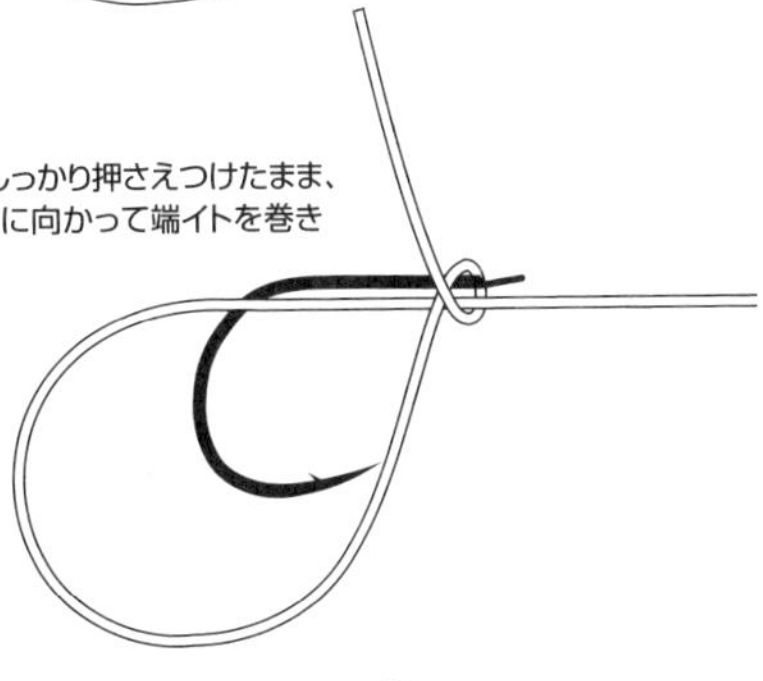

4

一般的な外掛け結びでは、フトコロからチモトに向かって巻いていくが、この方法では逆になる。

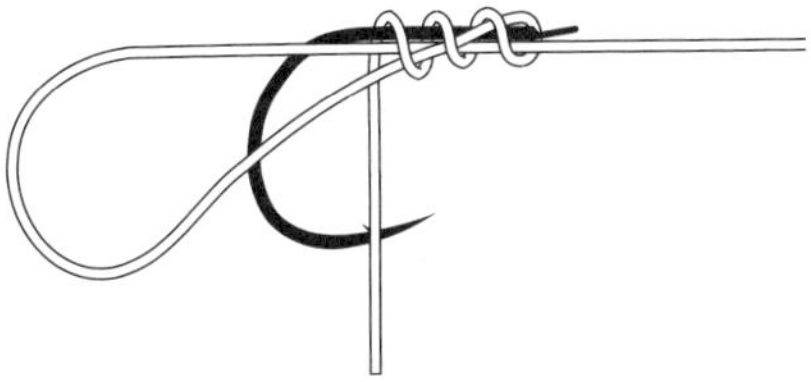

5

5～6回ほど巻きつけたら、2でできた輪に端イトを通す。

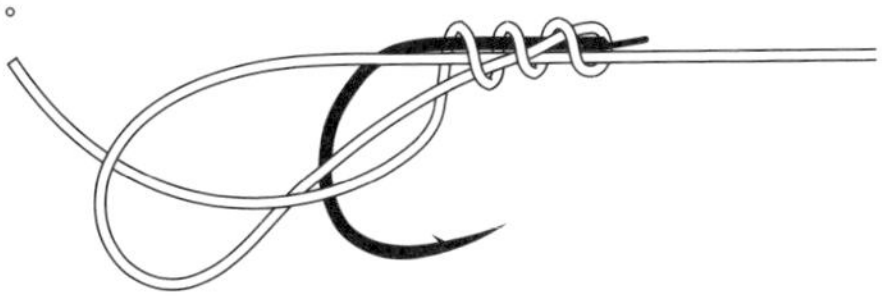

6

本線イトをゆっくりと引き締め、端イトも締める。

ほどけない程度まで締めたら、イトがチモトの内側から出るように整えて、再度しっかりと締める。

端イトを0.5mmくらい残してカットすれば完成。

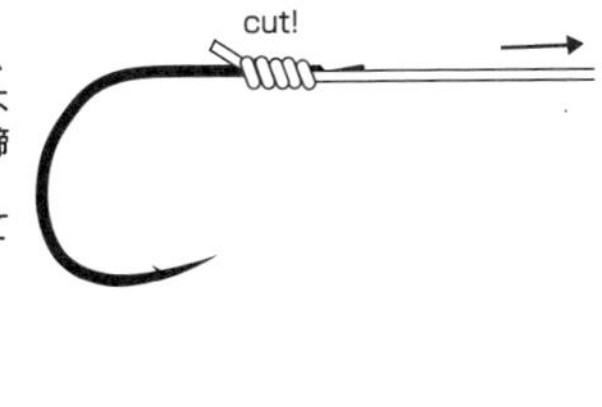

イト（糸）――（素材と強度によって使い分ける）

ミチイト（道糸）

ミチイトとは、リールに巻いておく釣りイトの呼称である。投げ釣りで使われるミチイトの素材には、おもにナイロンとPE（ポリエチレン）の2種類がある。

ナイロンはPEに比べ安価であり、素材に伸縮性がある。以前は4色に色分けしたものがキスの引き釣り、遠投釣りに使われていたが、最近はこのような用途で使う人は少ない。

現在は、食い込みのよさ、急激なショックを和らげてバラシを軽減できるといった特長を生かし、太い号数のイトが磯投げ用に使われる傾向がある。近投の大ギス、マダイ、スズキなどにもよい。

PEは伸びが少ないため感度が抜群で、海底のわずかな起伏や、シロギスの小さな前アタリまで感じ取ることができる。そのため、キスの引き釣りや遠投釣りで極細のPEが好んで使われる。以前は染色がしにくく色落ちが顕著だったが、現在はずいぶん改良されている。こうした高性能PEの出現によって投げ釣りも変化し、カワハギ釣りや根周りの釣りがしやすくなった。使い方しだいで、これからも可能性が広がっていくだろう。

チカライト（力糸）

投げ釣りでは、特にシロギス釣りで細いミチイトが使われるので、硬いサオに重いオモリを組み合わせると、投げる際のショックでミチイトが切れてしまう。かといって強度のある太いミチイトを使うと、今度は飛距離が出なくなる。

そこで、細くて強度の弱いミチイトに「太くて強度のあるイト＝チカライト」を結び、投げる時の切れを防ぐ必要がある。

チカライトは、ミチイトに結ぶ側が細く（ミチイトと同等の細さに）

釣りイトの特徴

（ラインメーカー各社発表の数値より）

イトの種類	構造	光屈折率	比重	吸水性	伸縮性	復元性	着色	接着剤	特徴、商標、原材料名
ナイロン	単イト	1.53〜1.62	1.16	10%	30〜40%	なし	○	可能	紫外線、吸水による劣化がある
ポリエステル	単イト	1.60	1.38	なし	5〜15%	あり	△	不可能	紫外線、吸水による劣化がない ホンテロン、エステル、テトロン
フロロカーボン	単イト	1.42	1.78	なし	15〜20%	あり	×	不可能	紫外線、吸水による劣化がない フッ化ビニリデン
PE	よりイト	—	0.97	なし	4%	—	△	不可能	紫外線、吸水による劣化がない 超高分子ポリエチレン
海水	—	1.33	1.02	—	—	—	—	—	

※伸縮性はワイヤーで2〜5%。
それぞれの特性と使い分けとしては、
ナイロンはしなやかで適度な伸びもありハリスとミチイトとして使われる。ヨリが入りやすい。

ナイロンは紫外線や吸水により劣化するので、保管に注意し、ミチイトは定期的に巻き替える必要がある。

フロロカーボンは耐摩耗性に優れ、復元性もあるため、主にハリスに使われる。

また、屈折率が水に近く、見えにくいことや比重が高く早く水に馴染むことから、磯の上もの用ハリスとして好まれる。

ポリエステルは、非常に硬く、復元性も高いので、仕掛けのモトスや極細ハリスに使われる。伸びが少ないことから強度は強くない。

PEは、極端に柔らかいイトで、伸びもないのでアタリが非常にわかりやすい。遠投釣りのミチイトに極細ラインを、また大もの釣りなどのミチイトとして使われる。

PEは、太さに対する引っぱり強度が強いので、ナイロンなどに比べ細いイトを使うことができる。

なっており、そこから徐々に太くなって、テンビンに結ぶ側は強度のあるように作られている。つまりテーパー状になっており、テーパーラインとも呼ばれる。

太いほうの端はナイロンで12〜16号、PEで5〜7号。長さは、ナイロンでは15mくらい、PEで12〜15mほど。チカライトは長すぎれば飛距離が落ちるが、短すぎるとテーパーが急になりすぎて、イトの硬さの差によるヨレが入りやすく、投げた時にガイドへ絡むなどトラブルが起きやすい。

また、ミチイトとチカライトは、それぞれが単体で売られている製品と、ミチイトからチカライトまでが一体となった製品があるので、購入する時に注意しよう。製品の仕様をよくみて、テーパーになっているか、長さは間違っていないかを確認しよう。

ナイロンライン。ミチイト600m巻き（奥）、チカライト（手前）

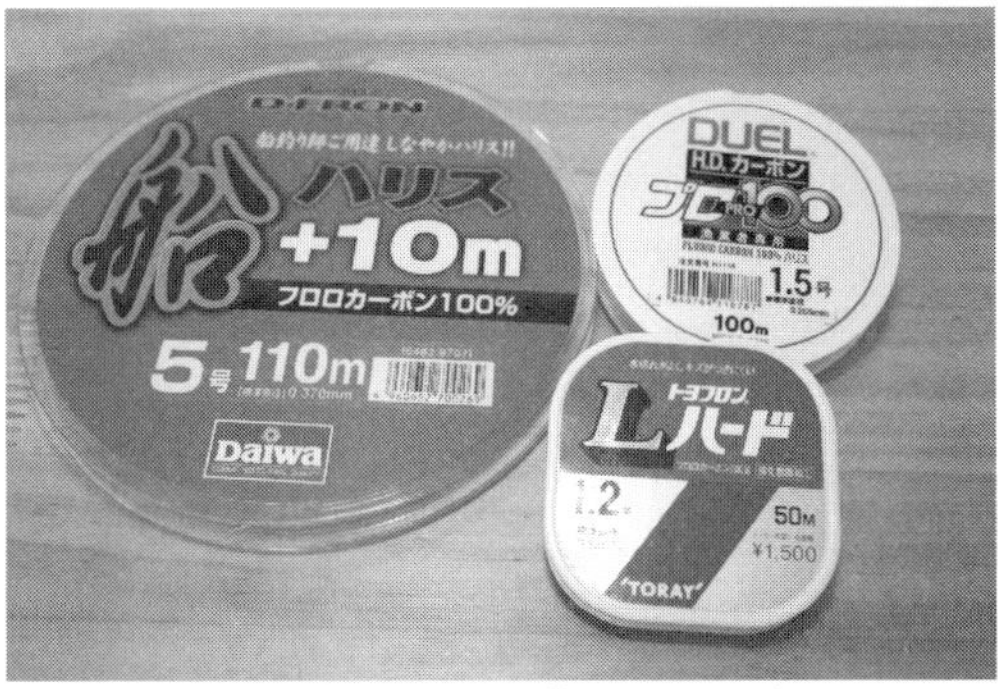

フロロカーボンライン各種。ハリスに使われることが多い

PEライン。ミチイト200m巻（4色×25m×2）、チカライト（12m×3本）

ポリエステル製ライン。キスの引き釣りに使われることが多い

スピニングリールへのイトの巻き方

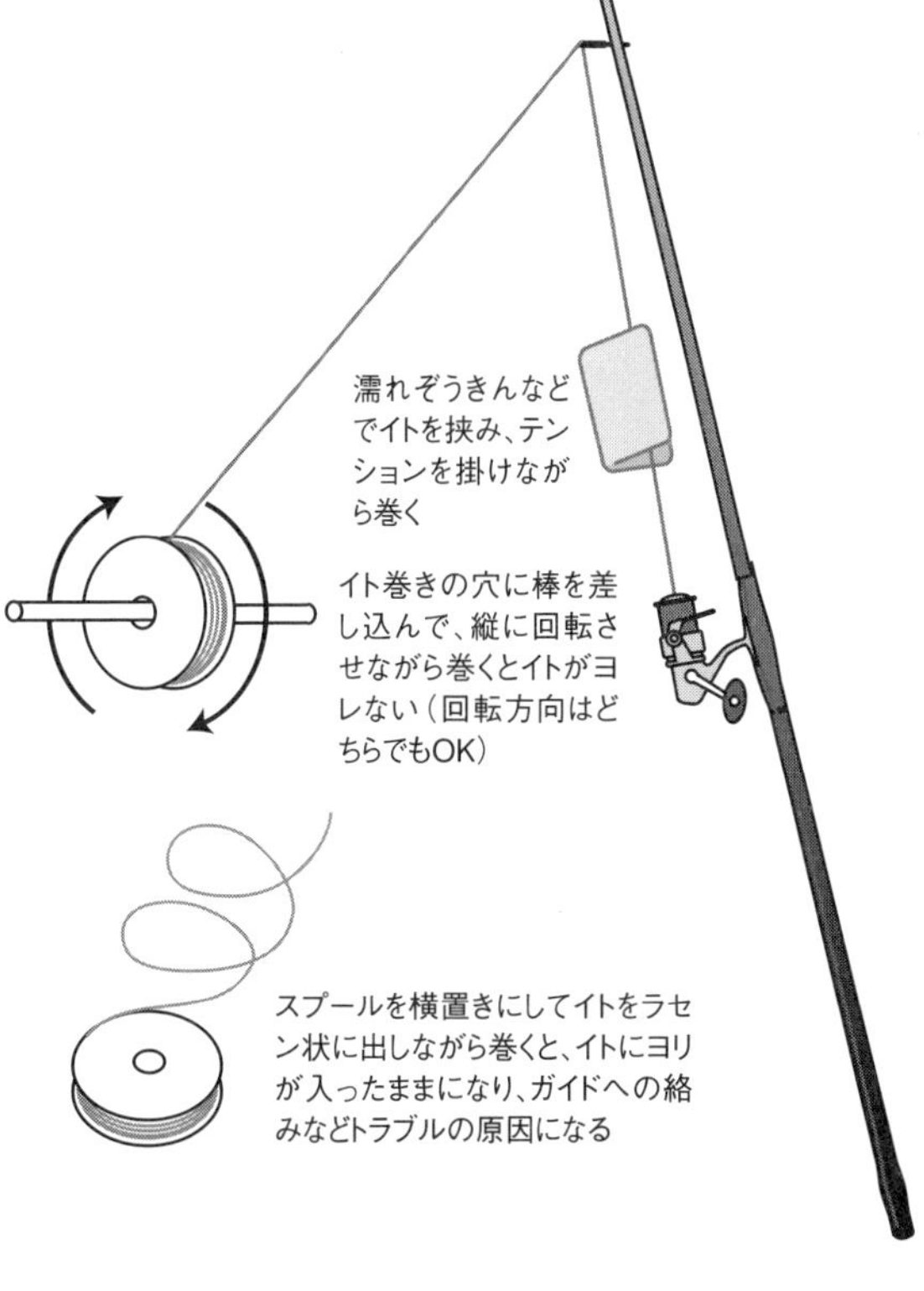

ミチイトとチカライトの結び方

電車結び(PE+PE)

1

イト同士を重ねる。

2

一方の端イトで図のように輪を作る。

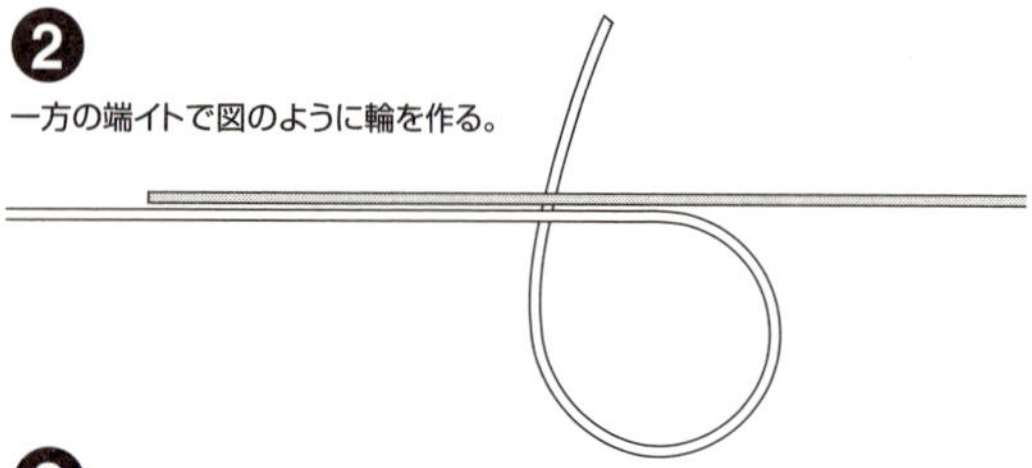

3

輪の中に端イトを通す。

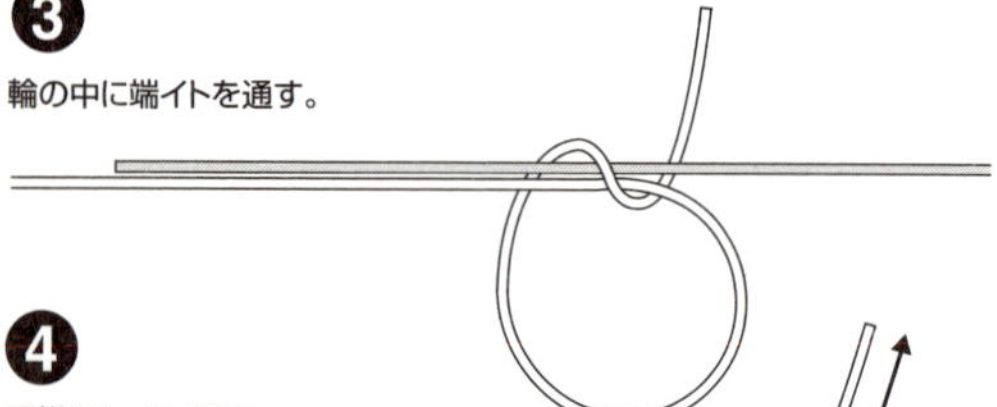

4

同様に3〜5回通す。

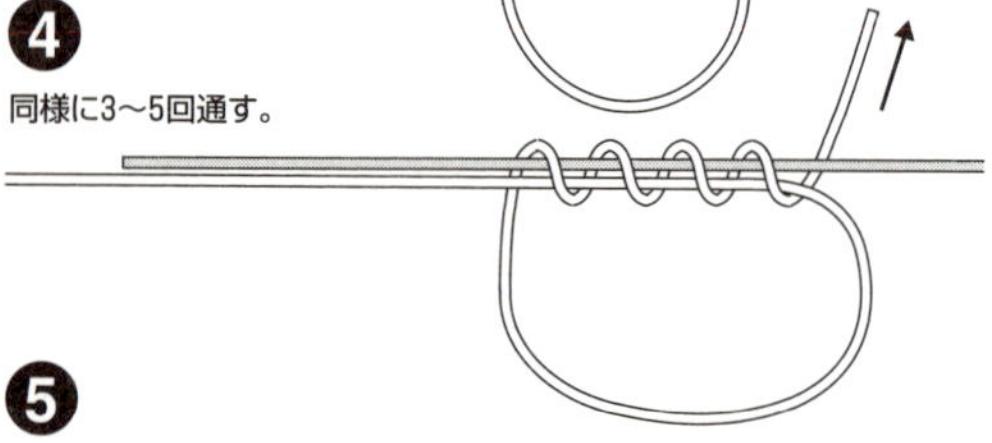

5

左側の端イトと本線イトをゆっくり引き締めて結び目を作る。

6

もう一方のイトも、同様に結ぶ。

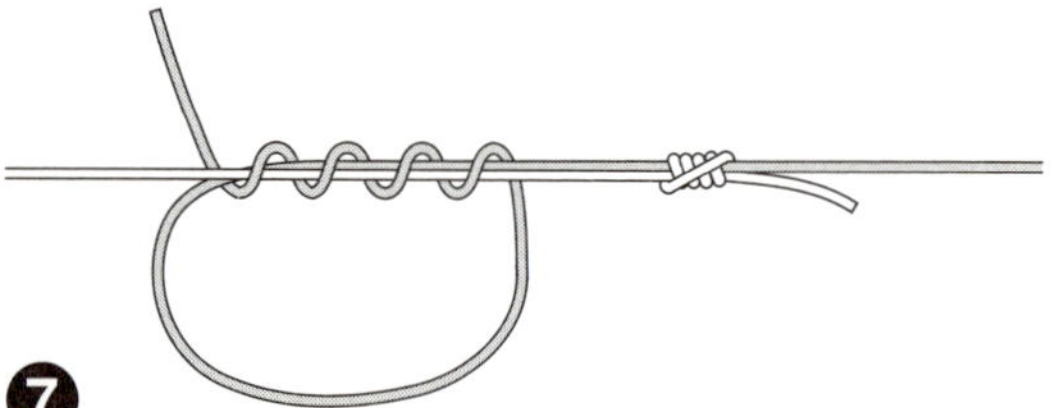

7

結び目が2つできた状態。

8

左右の本線イトをゆっくり引き締めて結び目を1つにする。最後に余りを切れば完成。

ブラッドノット(ナイロン+ナイロン)

1

イト同士を重ねる。

2

片側のイトを図のように4〜6回巻きつける。次に端イトを元の位置側に折り返す。

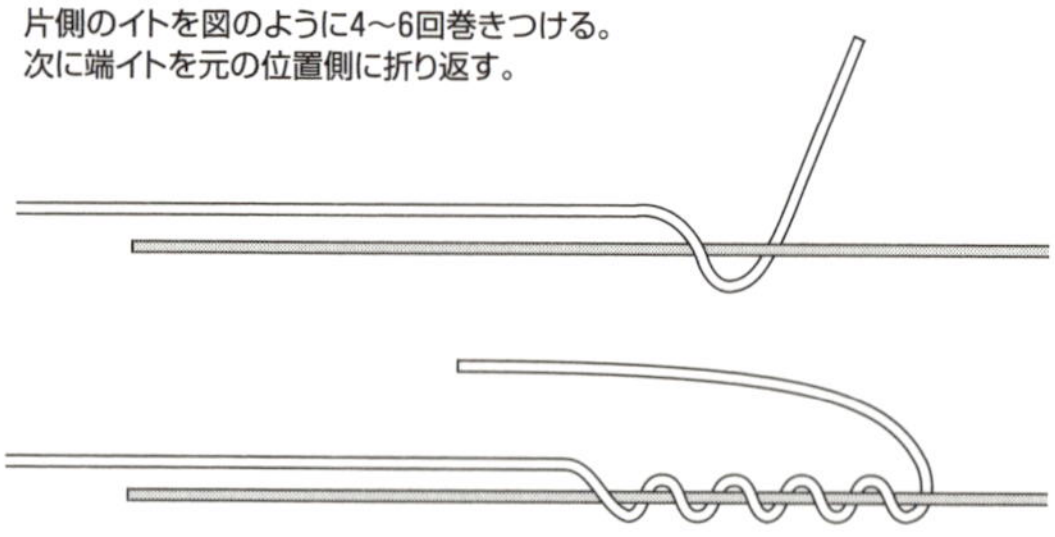

3

イト同士が交差する最初の箇所に戻して間に通す。

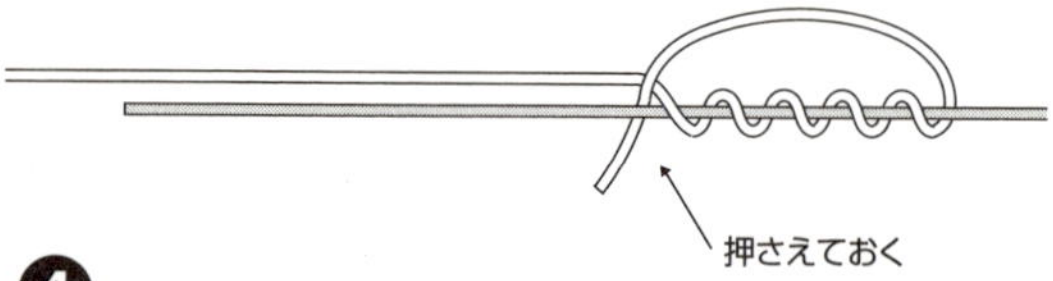

4

もう一方のイトも同じ回数で巻きつける。先端部は3と同じ位置に、ただし逆側から通す。

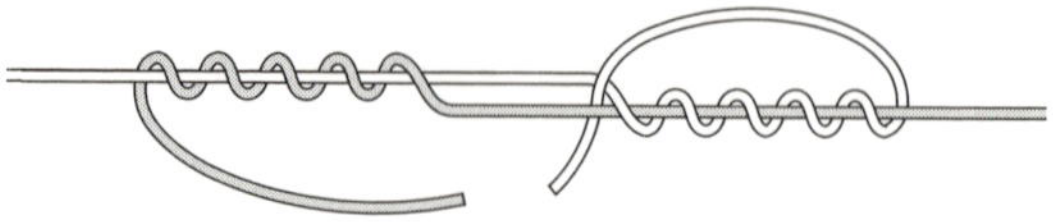

5

両側の端イトと本線イトを軽く引き、結び目ができる直前の状態にして……。

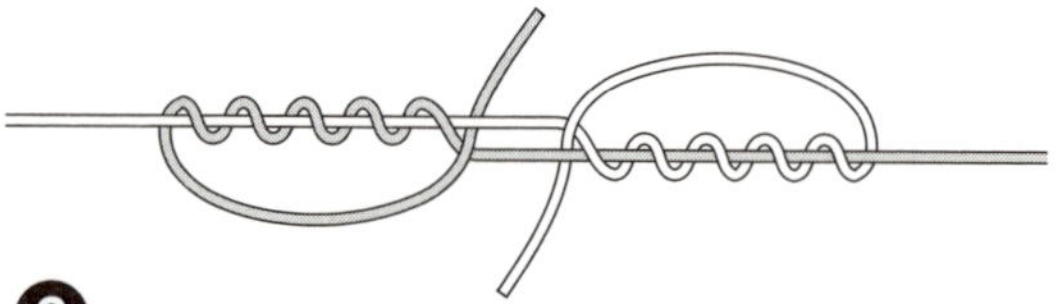

6

両側の本線イトをゆっくり引き締める。余りを切れば完成。

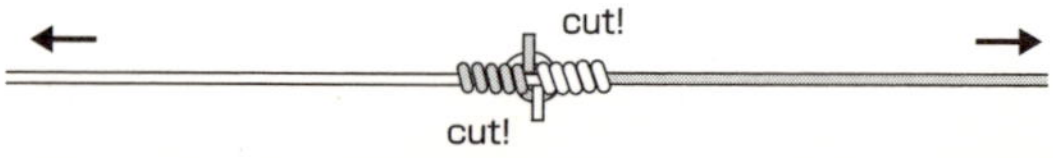

ノーネームノット・簡易版（単糸+PE）

1

チカライトで8の字を作り、ミチイトのPEをふたつの穴に通す。

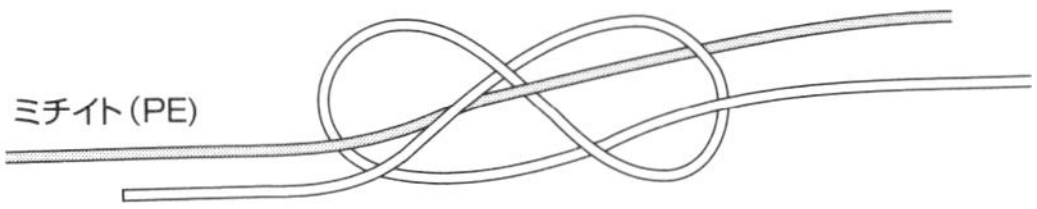

2

PEをチカライトに10回巻きつける。

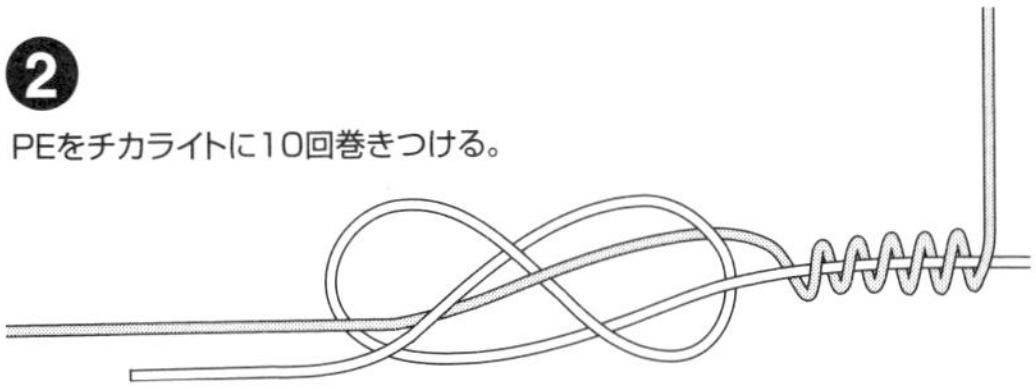

3

先程とは逆方向に10回巻きつける。

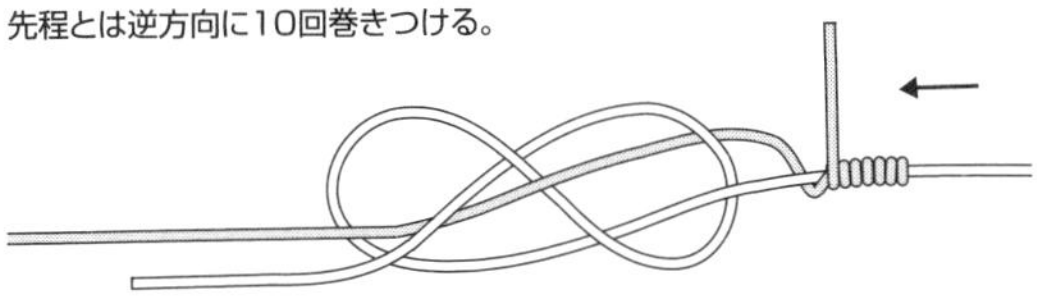

4

PEを8の字の下の穴（A）に通す。

5

1の逆側からPEを通す。

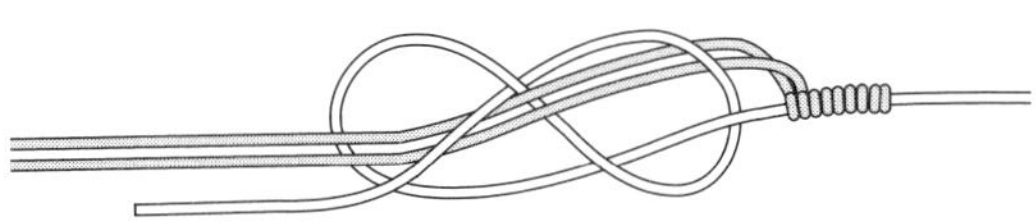

6

結び目を湿らせて、口にPE支線、右手にPE本線、左手にチカライトの本線を持ち、ゆっくりと締め込んでいく。最後に端イトをカットして完成。

※1.2号以下のPEに適している。

オルブライトノット（単糸+PE）

1

チカライトの先端側に輪を作る。

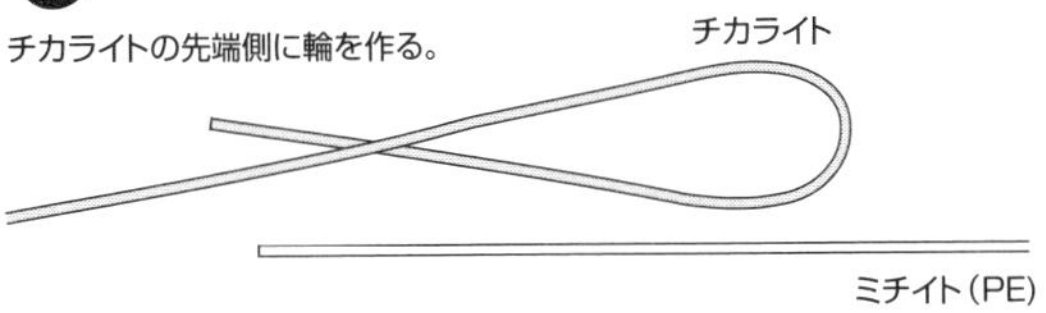

2

輪の中にPEを通す。

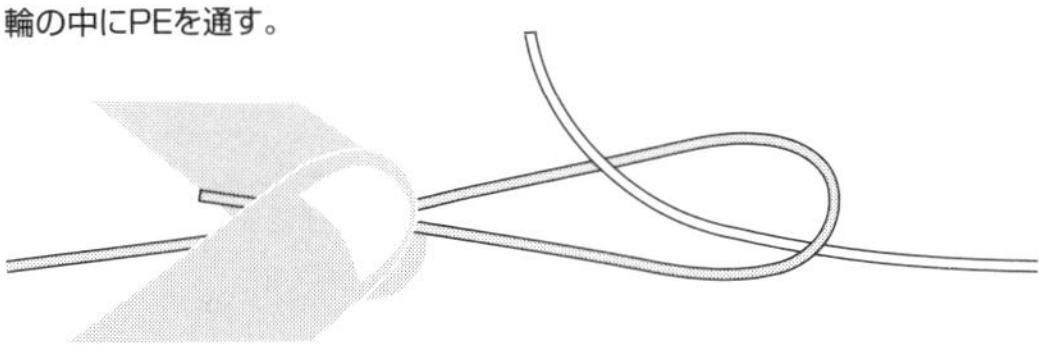

3

輪の付け根にPEを添えて指でしっかり押さえ、ここを始点に輪の先端方向へPEを堅く巻きつけていく。回数は7～8回以上。5回以下だと抜けてしまうことがある。

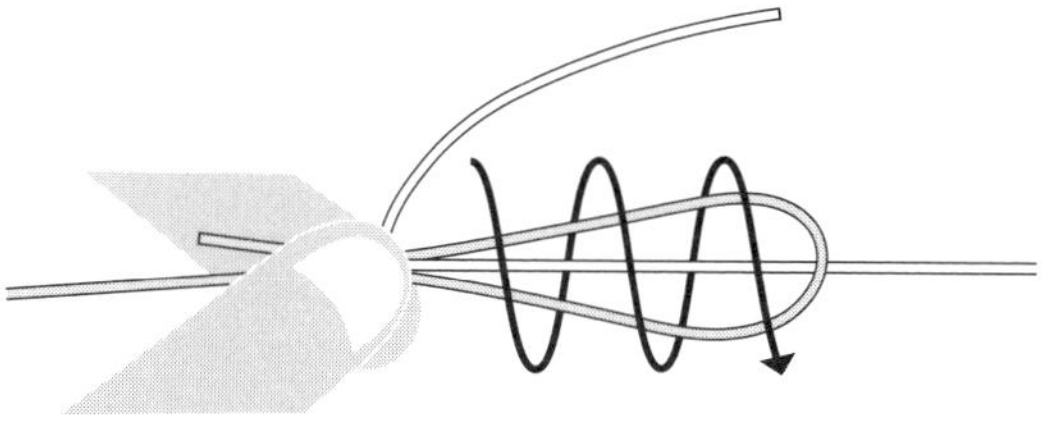

4

巻き終わりのPEの端を輪に通す。

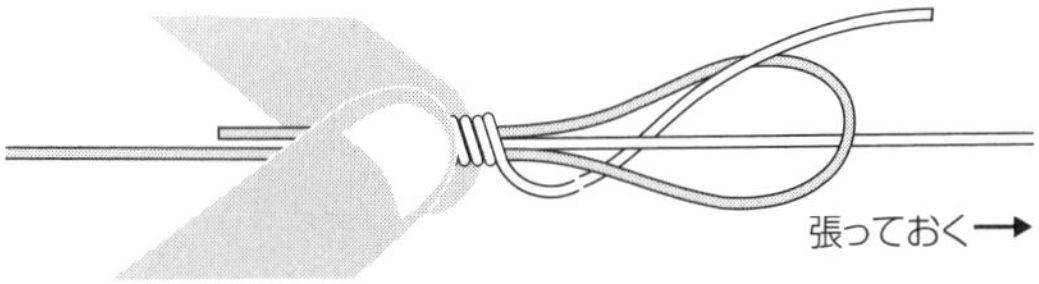

5

それぞれのイトをゆっくり引き締める。

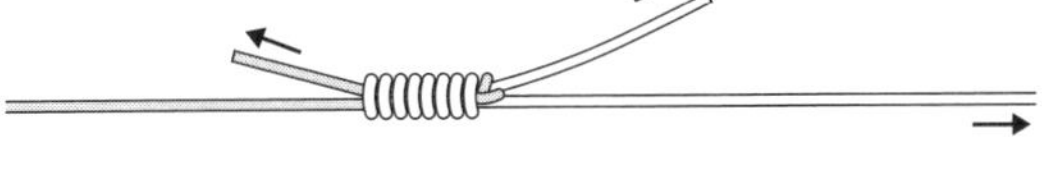

6

余りを切れば完成。

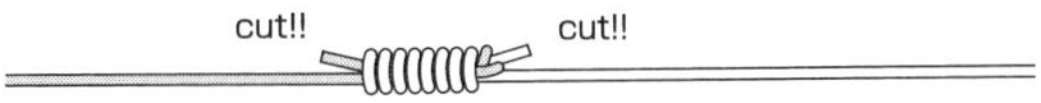

※1.2号以下のPEは不可。

そのほかの道具・小物類

クーラーボックス

　クーラーの目的は、エサの保管と魚の持ち帰り。つまり氷の保冷である。ほかに飲み物を入れたり食料を入れることもある。だから、目的（対象魚）と季節に応じてサイズ（容量）が決まってくる。もちろん大は小を兼ねるが、投げ釣りの場合、船釣りのようにカー・ツー・シップとはいかず、歩いて長短の場所移動が必要になるから、あまり大きなものは実用的でない。特に渡船を使う釣り（沖堤防など）では、荷物渡しの時に迷惑になるのと危険なことからあまり大きなものは使わないように配慮したい。

　投げ釣りで使うクーラーのサイズは、浜のシロギス釣りで使う8ℓ程度からカレイ釣りで使う20ℓまでが一般的だ。大もの釣りの場合は、魚が釣れると20ℓでは間に合わないことが多いので、車載用として大型のクーラー（26～40ℓ）を別に用意しておくといい。またシロギス釣りでも夏場などは魚が傷みやすいので、やはり車載用として20ℓ程度のクーラーに氷を入れておくと、釣った魚もエサも傷めずにすむ。

　クーラーの重さは、残念ながら保冷力に比例する。船釣りの場合はクーラー内に海水と氷を入れて魚を保管するので、そもそも大重量になるのが前提であり、保冷力重視で大きさを選ぶ傾向にある。しかし、前述のとおり移動を伴う投げ釣りでは、保冷力の高さだけで購入すると釣り場で往生することになる。自分の体力と現場の状況、移動の長短、季節などを考慮して、保冷力にはある程度目をつむることもやむを得ない。

クーラー には様々なサイズがある（右奥から50、30、20、21、16、12、11、8ℓ）

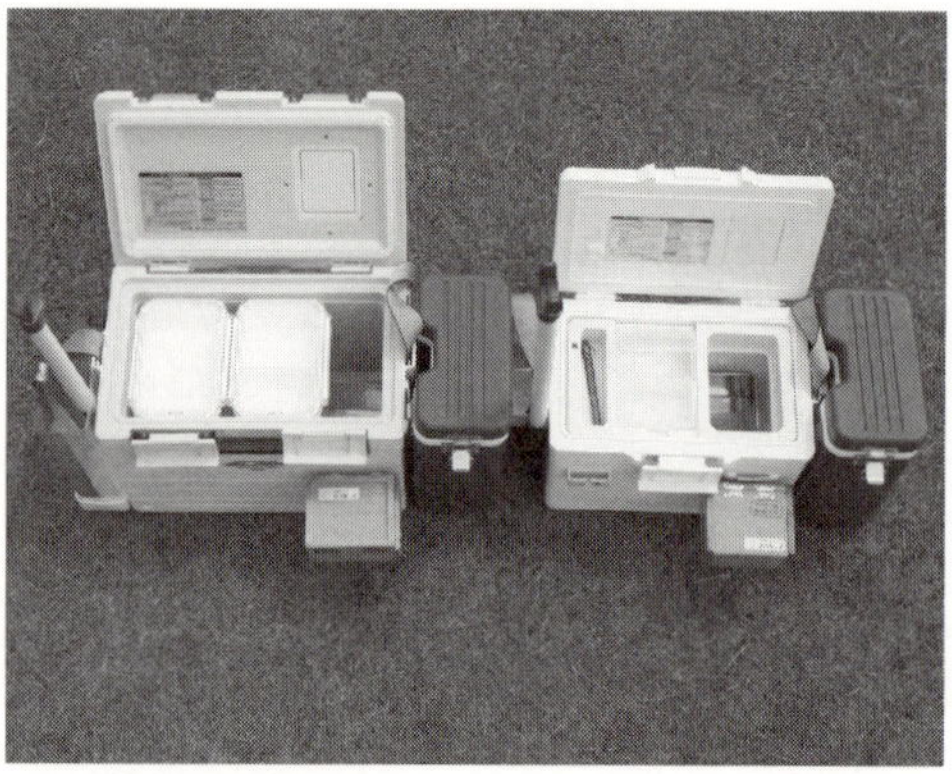

浜のキス釣り専用クーラー

　それから、実際のクーラー内の温度は、保冷力よりも、中に入れる氷と冷やすものそれぞれの量や、氷の位置によるところが大きい。氷をクーラーの下部に入れてしまうと、上部にあたるフタの下は夏場だと20度以上の高温となる。クーラー内の上部に氷を入れれば下部まで全体に冷えるが、冬場などはエサが冷えすぎることもある。氷を新聞紙で包んだり（溶けにくくなる）、壁面に立てて入れるなど、いろいろと工夫してみよう。温度計を入れて時々見るような習慣づけをすると、そのあたりのバランス感覚が身につく。

サオ立て／三脚／サオ掛け（受け）

　投げ釣りは砂浜が釣り場になることが多い。だが砂の上に直接サオを置いてしまうと、リールの大敵である砂があちこちに付着してしまう。細かい砂や泥が内部にまで入り込むと、回転部分がゴリゴリガリと不快な感触を伝え、故障の原因にもなるだろう。砂質がジャリや小石であれば、リールのスプールエッジやサオのガイドに傷が入ることに繋がり、それが原因でミチイトが切れることもある。堤防や磯場でも、地面に直接サオを置くとやはりリールやサオ、ガイドを傷つける心配があるので感心しない。サオに傷を付ければ、それが原因でのちのち折れることもあり得る。

砂浜の釣りに適したサンドポール

　そこで、砂浜では1脚のサンドポールがあると便利だ。もちろん終始1本ザオの手持ちでサビくのであれば、クーラーに取り付けるタイプのサオ掛けだけでも充分だが、浜では「ちょっとしばらく置きザオで」という場面や「置きザオでの釣り」ということもあり得るので、サンドポールは必需品である。

三脚は中心の1本足が釣り人側に来るようにセットする

　堤防や磯では、サオ受けだけでも用が足りることもあるが、2本並べる時は三脚があったほうが釣りやすい。三脚の立て方だが、中心の1本足を前にするよりも、両脇の2本足を前方へ出す方が倒れにくい。その際は2本を長めに、手前の1本を短めにして、三脚が釣り人側に傾斜している状態が一番安定する。

エサ箱

　エサ箱には、クーラー内での保管用と、小出しにするためのエサ付け用があり、それぞれに木製と密封できる樹脂製がある。それぞれ一長一短があり、用途により使い分ける。

　木製は通気性がよく保湿保温効果があり、イソメ類の保管には適しているが、密封性がないので海水を入れたままの保管はできない。また、クーラー内で氷が溶けた真水に浸かってしまったり、移動中に真水が入ってしまう心配もある。そのため、エサの種類と量が少なければ木製が適している。

　樹脂製は密封できるので、チロリやイワイソメ、ユムシなどを海水中で保管しておくこともできる。また小分けにして収納しやすく、傾けても真水が浸入する心配がない。多品種、多量のエサを使う場合や、長距離、長時間の移動などに適している。

　小出しにするエサ付け用のエサ箱は、石粉などをまぶすためと、短時間分のエサをクーラーから出しておくためのものである。外で使うものなので、雨の日でも水の浸入しない構造（フタ）のものを選びたい。

　シロギス釣りで使うものは小さめで、カレイ釣りや大もの釣りで使うものはエサの量が多いので大きめのエサ箱となる。

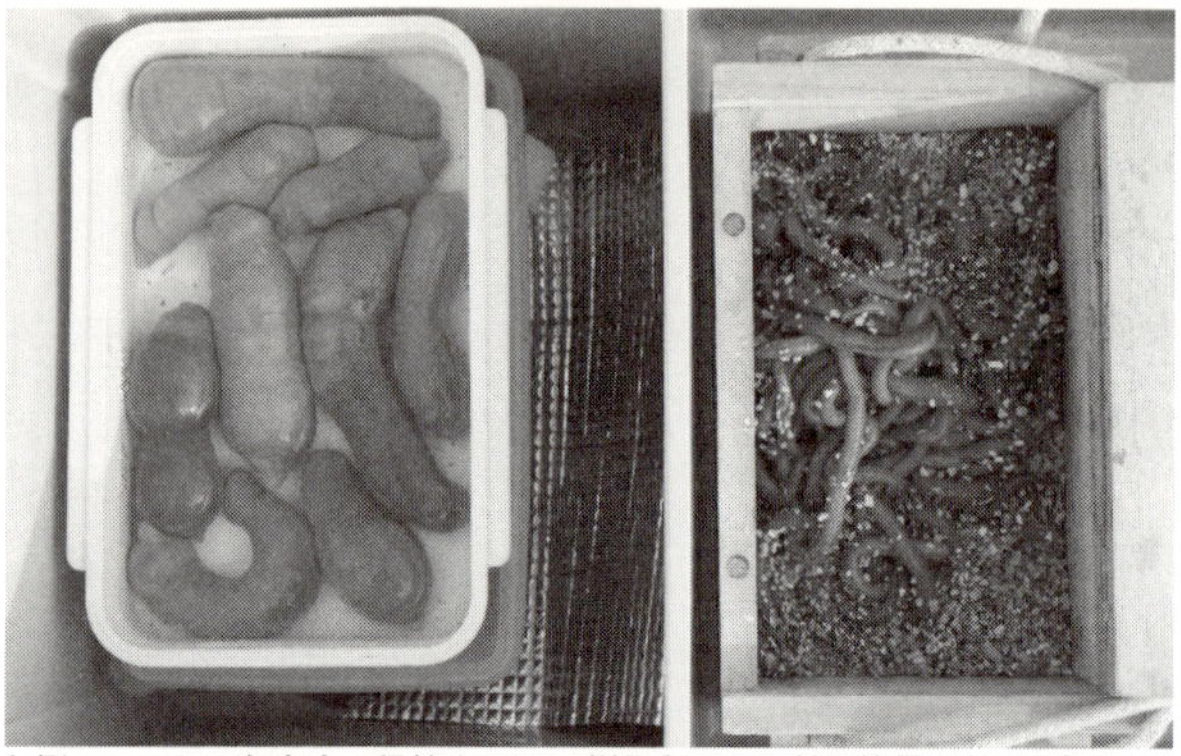

左側のユムシは海水内で保管するため、樹脂製のエサ箱を使用。右は通気性に優れた木製のタイプ

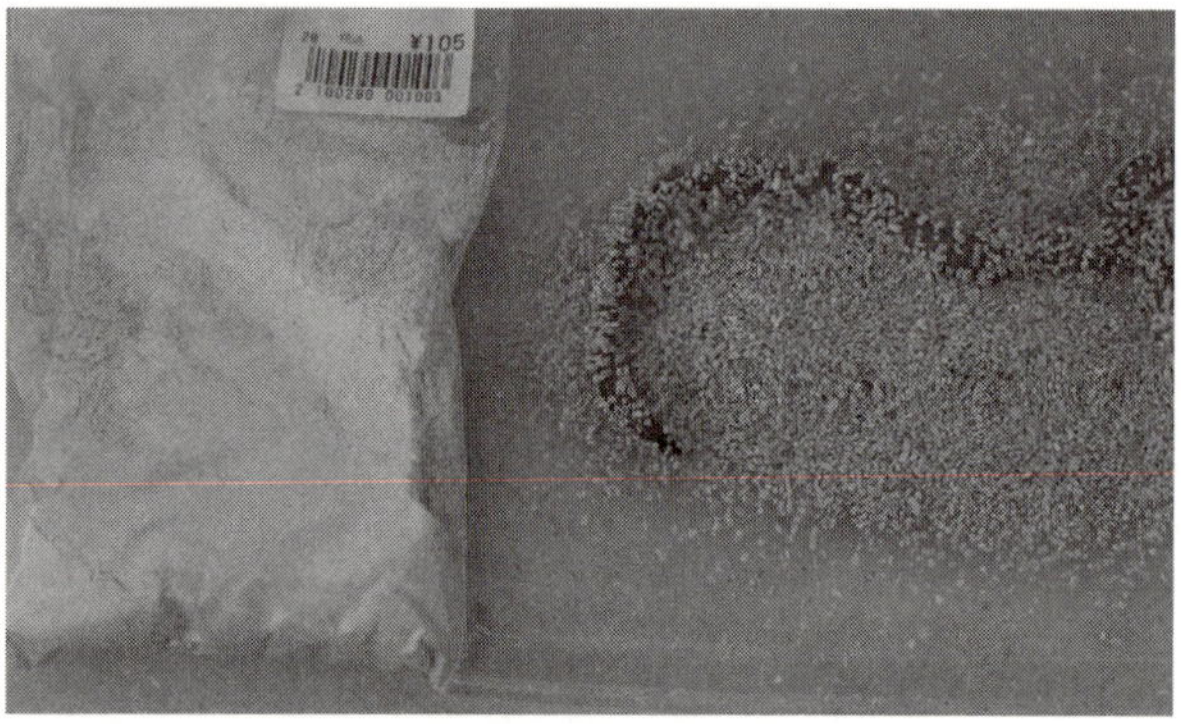

石粉（左）と、バーミキュライトをまぶしたイワイソメ

石粉（イシコ）

　シロギス釣りのなかでも、特に砂浜での引き釣りではかなり小さなハリにジャリメやアオイソメ、チロリなどを小さく切って付けるわけだが、エサがヌルヌルしているのですばやく付けるのは難しい。もたもたしたりエサを強くつかむと、つぶれてしまったりしてエサの状態が悪くなる。すると、魚の食いもハリ掛かりも悪くなる。

　そこで、石をすりつぶした「石粉」をまぶせば、エサが滑らず一連の動作が要領よく行なえるようになる（もちろん慣れが必要だが）。こうするとエサの状態を良好に保ったまま多数のハリへエサ付けでき、手返しよくロスのない釣りができる。

　大もの釣りなどで使うイワイソメやチロリといったエサには、石粉でもいいけれど、バーミキュライト（蛭《ひる》石）など、より粒子の粗いものが使いやすい。

　粘液の強いこれらの虫エサは、素手で触ると体表から粘液を出し、身体を硬直させブツブツ切れてしまう。硬直してしまうとハリの形状どおりに曲がってくれず、上手く通し刺しできない。バーミキュライトなどをまぶすと、直接皮膚に触れていないせいか虫が硬直せず、柔らかいままハリに刺すことができる。

　石粉やバーミキュライトなどを使い慣れてしまうと、逆にこれらがないとエサが付けられないような気がするほどだ。ちなみに、バーミキュライトは天然鉱石であり、土壌改良用や建築資材として使われている。非常に軽く、保水性と通気性にすぐれ無菌状態である。そのため、イソメの出す排泄物などを吸収し保湿する効果もある。粒子の大きさなどでいくつかの種類がある。

ハリ外し

　投げ釣りは、ウキ釣りやフカセ釣りなどと違い、ハリを飲み込ませて釣ることが多い。小型のシロギスであれば、飲み込まれても簡単に外せることが多いのでハリ外しの出番はほとんどないと思うが、口内の硬い大きなシロギスや他の魚種では活躍する機会も多い。

　たとえば、夜釣りをしていると毒魚であるゴンズイが入れ食いになることがある。ハリスごと切っていちいちハリを結び替えていてはロスが多いし、気持ちが滅入るが、このような時にハリ外しがあると便利だ。魚体に触れずに外すか、あるいはメゴチバサミでつかんでハリ外しを使う。

　また、口が小さくノドの奥が硬いベラ類にハリを飲まれた時は、強引に外そうと思ってもハリが曲がるかハリスが切れる。この場合も、ハリ外しの扱いに慣れれば簡単に外すことができるようになる。

　小型の魚をリリースする場合もハリ外しが役に立つ。小さい魚ほど、直接手で持ってハリを外すと弱りやすいので、魚には触れずにハリスを持ってハリ外しを使おう。

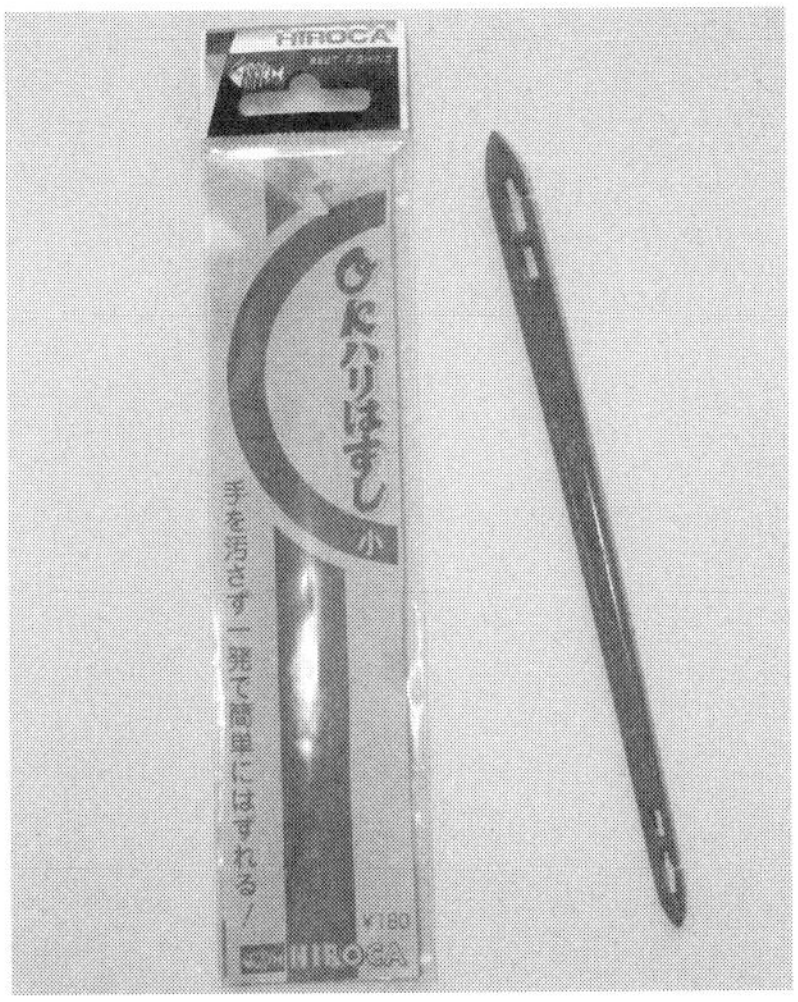

ハリ外し

メゴチバサミ

　メゴチ（ネズミゴチ、ネズッポ）のヌルヌルは手にまとわりつくので、なるべくなら触りたくない。タオルでつかんでハリを外すこともできるが、使ったタオルがまるで鼻水をかんだようにガビガビになってしまうのもいかがなものか。そこでメゴチバサミというものができたわけだ。

　メゴチに限らず、ヒイラギやアナゴ（噛みつくので要注意）、トゲのあるベラ類、カサゴ類（暴れると背ビレで手を切ってしまう）、毒棘を持つゴンズイやハオコゼが釣れた場合にも便利だ。ウミケムシの入れ食い時などはケムシバサミとして非常に重宝する。

メゴチバサミ

フィンガープロテクター（指サック）

　軟らかいサオで軽いオモリを投げるだけなら素手でも大丈夫だが、投げ釣りの場合、釣りザオの中でも一番硬い棒のようなサオで100g前後の重いオモリを投げるので、リリース時に人差し指の腹にかかる負荷が非常に大きい。1日投げていると水ぶくれができるか、下手をすれば切れてしまうため、指を保護するためにフィンガープロテクターを着用しよう。

フィンガープロテクター

仕掛け巻き

　ハリ数が2本以内の仕掛けなら、仕掛け入れに丸めて収納する。3本以上になると、仕掛け巻きに収納した方が現場で仕掛けを出す時に便利だ。特に浜のシロギス釣りでは5〜10本バリになるため、仕掛け巻きに収納するしか方法はない。

　現在はさまざまな優れた市販品が出ており、コンパクトに多数収納できるものが好まれる。仕掛けは折り曲げずに丸めて収納するのが基本だ。

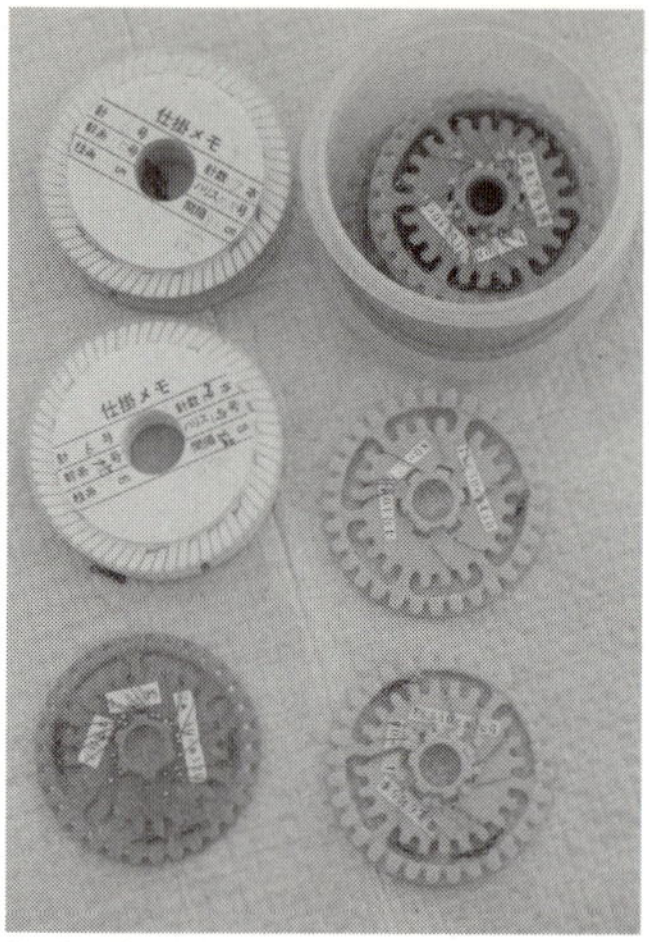

仕掛け巻き

穂先ライト

夜釣りで置きザオにする時は、穂先に化学発光ライトやLEDライトを付けてアタリを見る。ライトが付いてないと、サオを数本並べている時にどのサオが当たっているかわからない。1本ザオであっても、一晩中サオを握って釣りをすることはないだろうから、必ずライトを付ける。

だが、穂先ライトの一番の役割は、周りの人へサオの存在を知らせることだ。一度、穂先ライトを付けていない人と並んで釣りをしたことがあるが、頻繁にオマツリはするし、何より恐くて投げることも動くことも不自由で、非常に困ったことがあった。特に複数本サオを出す時は、周りの人や後から釣り場に入る人のためにも、必ず穂先ライトは付けてもらいたい。それが夜の投げ釣りのマナーだ。穂先ライトの付いているサオは、サオから出ているイトの方向も何となくわかるものだ。これも穂先ライトの効用である。

なおサオへの取り付けは、ワンタッチでできるものもあるが、LEDなどをテープで取り付ける時は、医療用のサージカルテープが便利だ。一般のテープでは濡れると剥がれてしまう。

それからLEDなどでは、光源を手前（リール側）に向けて取り付けると見やすい。取り付ける位置は、投げた時のイト絡みと破損防止のため、トップガイドからなるべく離れた位置に取り付けたい。

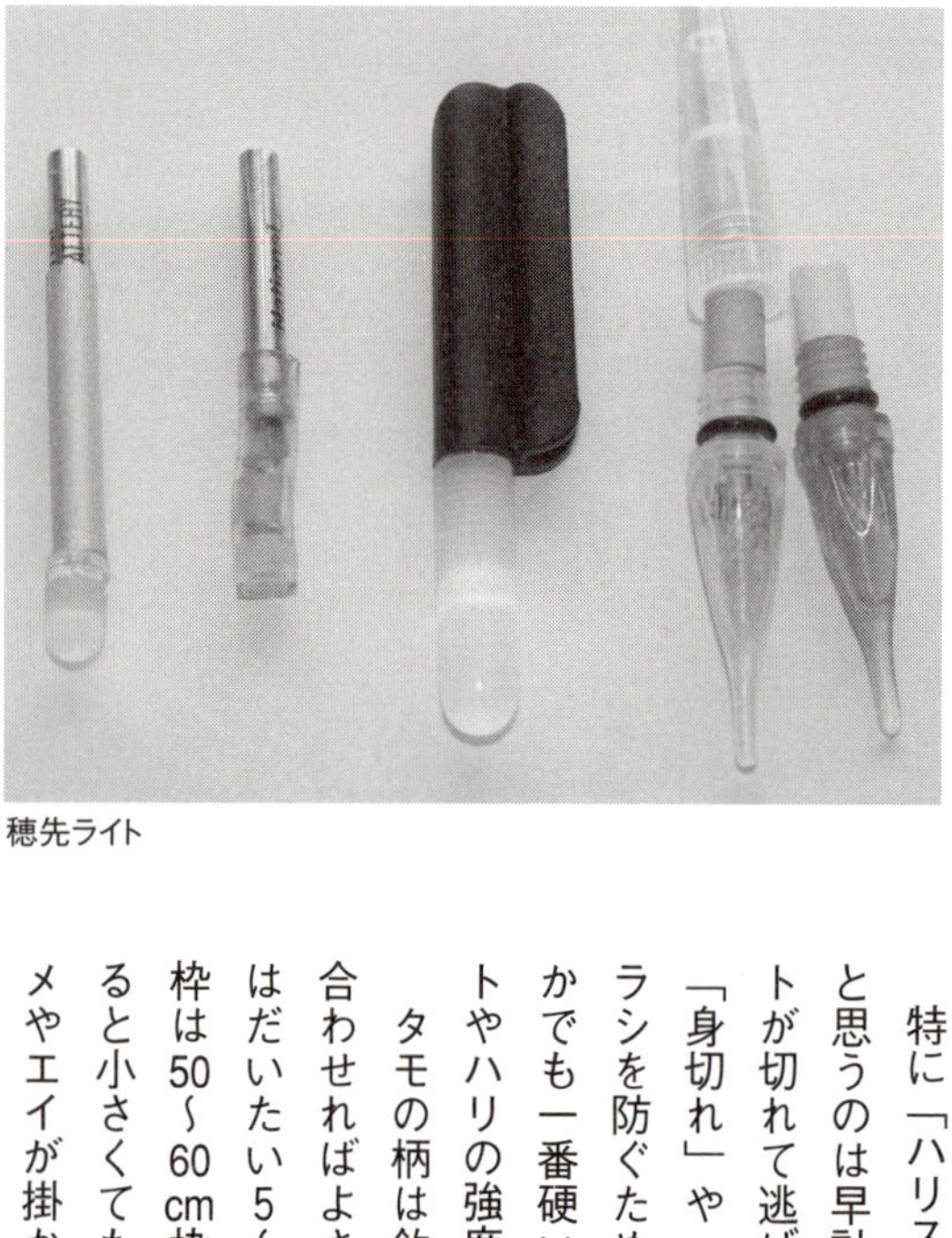

穂先ライト

玉網（タモ）……大もの釣り用

投げ釣りに玉網を使うなど、昔は考えられなかったが、道具の進化からエサの流通、釣り場開拓と釣り方の進歩により、大ものが掛かる機会も増えてきた。砂浜の場合は、だましだまし取り込むことができるが、足場の高い堤防などではバラして後悔することになる。せっかく掛けた大ものだからこそ、確実に取り込もう。

特に「ハリスが太いから切れる心配がない」と思うのは早計だ。玉網で取り込むのは、イトが切れて逃げられるのを防ぐためではなく、「身切れ」や「ハリが伸びる」ことによるバラシを防ぐためだからである。釣りザオのなかでも一番硬い棒のような投げザオでは、イトやハリの強度を生かすことが難しい。

タモの柄は釣りに行く地域の足場の高さに合わせればよさそうなものだが、投げ釣りではだいたい5～6ｍの柄が必要だろう。網の枠は50～60㎝枠が必要となる。スズキが掛かると小さくても50㎝ほどはあり、1ｍ近いサメやエイが掛かることも多い。これらは取りり込む必要がないとはいえ、取り込まないとハリが外せないので大型の網でないと対応しづらい。

ヘッドライト

夜釣りで必要なことはいうまでもなく、昼間の釣りでも朝夕の時間帯はゴールデンタイムとなるし、安全のことを考えても必需品だ。

実際に釣りを始めるのは夜が明けてからだとしても、釣り場に入る時は辺りが真っ暗であることが多い。夜釣りをする人は予備の電池も持っていたほうがいいだろう。

雨具

これまた雨の日だけではなく、朝夕の防寒やウインドブレーカーとしてカッパを愛用している人は多い。夜釣りでも、夜露に濡れるのでカッパがあると重宝する。快適な釣りをするために、透湿性のある素材のものを使いたい。

そのほか（ナイフ／ハンドタオル／サージカルテープ／ビニール袋／水溶性ティッシュ）

大型魚が釣れた場合、現場で魚を絞めるためにナイフが必要だ。現場ではらわたを出して持ち帰る時にも使う。ハンドタオルはエサで汚れた手を拭くため、また魚を安全につかむのにも便利。

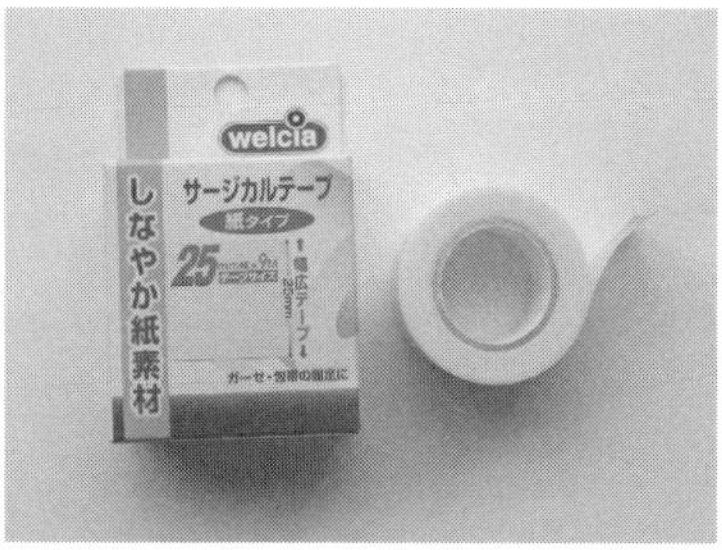

医療用のサージカルテープは、紙製なので手で簡単に切ることができ、水に濡れても剥がれない。穂先ライトをとめるほか、指サックを忘れた時に巻いたり、切り傷に絆創膏替わりに使えるので、あると何かと便利だ。ビニール袋はゴミ入れや魚入れなどに。

ライフジャケット

玉網同様、ライフジャケットもひと昔前の投げ釣りでは必要とされていなかった。だが「磯釣り＝ライフジャケットは必須」という考えから、現在は沖磯だけでなく沖堤防の釣りにも普及しており、今後は地磯や陸っぱりの堤防釣りでもスタンダードになっていくだろう。

毎年、釣り具メーカー各社から新製品が多数発売されており、カラーやデザイン、機能面も豊富で、釣りスタイルや好みに合わせ選びやすくなった。「ライフジャケット＝野暮ったい」などという人は釣り人失格である。特にベテランは初心者やファミリーの安全のためにも率先して着用してもらいたいものだ。

ライフジャケットの形状には、オーソドックスなポリエチレン発泡材のものと、水を感知して膨張する自動膨張式がある。前者はベスト形状になっていて、浮力はもとより衝撃に対する安全性が高いため、渡船を使用した釣りに使われることが多い。冬場は防寒の役目も果たす。自動膨張式のものは携帯性に優れており、夏場の釣りには暑くもなく使いやすい。

釣り情報のいろいろ

情報の種類が多様化している現在、適切に取捨選択をして効率的な釣りをしよう。

◇釣り新聞（週間）

主に船釣りの情報だが、季節に応じたさまざまな釣りを取り上げ、身近な情報が多い。釣果など情報の鮮度も月刊誌よりは新しく、釣行の参考になる。

◇釣り雑誌（月刊）

数少ない総合誌が中心だった時代から、釣りの細分化とともに専門誌化が進み、その後インターネットの進化とともに淘汰されてきている。月刊であるため釣果という点においてはタイムリーな情報ではないが、発売時期に合わせた企画が掲載されており、釣り方や釣り場紹介などはかなり参考になる。

◇インターネット

情報量、利用者が急速に増え続けており、今後も主要な情報源となっていくだろう。釣具店、船宿、渡船業者などの情報は生活がかかっているので、情報の鮮度はこれが一番。一方で、個人のホームページやブログは無数にあり、雑誌などの印刷媒体では得られないような貴重な情報もあり宝の山だ。しかも無料である。

商売上の情報は、それ自体がコマセになっているので多少割り引いて考えよう。また個人発のものは、心情的に「詳細を隠したい」という作りになっていたり（仕方ないことだと思う）、雑誌には出せない場所や釣果も多いのだが、隠された部分を想像するのも楽しみのうちだと思えばいかがだろうか。いずれにしても、自分で判断する目を養おう。

◇釣り仲間

何といってもこれが新鮮で正しい情報だ。仲間が多方面に多くいればいるほど「よい情報」が増えるわけで、これが昔から「釣りクラブ」の効用のひとつである。遠征好きで日本中を釣り場にする人は、全国組織の団体に入って各地の会員と知り合いになると得るところが大きいだろう。

◇釣り場で

自ら現地へ釣りに行って、ほかでは得られない情報を入手することもできる。事件の捜査ではないが、やはり「現場を自分の目で見る」というのは大切なことで、雑誌や画面からは見えないものに気づくことがある。

また、現地に精通した地元の釣り人の情報などは貴重なものが多い。親しくなれば穴場を教えてもらえることもある。

ここで大事なことは、釣り場で周りの釣り人にそれとなく挨拶すること。「釣り」という遊びの性格上、釣り人は寡黙になりがちだが、もともと同じ遊びを理解し合っているのだから、きっかけさえあれば旧知の仲のように話が弾む。聞き上手に徹し、自慢、自信、横柄な態度は慎もう。

インターネットの釣果投稿サイトも大いに参考になる。

キャスティング――（すべての投げ釣りの基本技術）

オーバーヘッドキャスト（Over Head Cast）

最初の構えは、両足を揃えた状態から左足を一歩前に出す形でもよい。そのほうが、意識しなくても自然に体重移動ができる。

両腕（手）の構えとサオの軌跡は剣道の「面を打つ」時と同じ（ただし足の動きは剣道とは逆になる）。この軌跡がオモリの飛ぶ方向となる。

体重を右足から左足へ（前方向に）移動させながら、腰、背筋と腹筋、肩、腕、サオへと力を増幅させて円運動に変え、フィニッシュ（チカライトのリリース）となる。

円運動に変えるというのは、遠心力を使うということである。オモリの重さを利用して（遠心力で）サオを曲げないと、遠くに飛ばすことはできない。オモリを無視した振り（サオだけを力一杯振っている）では、全く距離が出ない。逆に遠心力を利用すれば、現在のタックル（高弾性振り出しザオ、投げ専用リール、PE0・8号、オモリ25号）では、軽く振っただけで100m以上の距離を出せる。

力糸をリリースするタイミングは、よく「時計の○時の方向で」という表現が使われるが、実際にはサオの反発が速すぎて「投げている本人と画像」との感覚にズレがありすぎる。またスリークオーターなどではサオが斜めになっており、「○時の方向」というと混乱を来たすので、意識せずに実際に投げてみて離す（離れる）タイミングを身に付けるほうがよい。

目線はどうしても水平線を見てしまうので、最初のうちは意識して上空の斜め45度方向を見るような感じで顔を上げ気味にするといい。

フィニッシュでは、左手を腹の前に持ってくると右腕が窮屈になるので、左手は身体の左脇へ流すようにすると楽になる。左手の引きつけは全く必要ないが、サオ尻をしっかり握っていないと右手でサオを曲げられない。

仕掛けの着水・着底時のイトさばき

この方法はオーバーヘッドだけでなく、すべてのキャスティングにおいて有効である

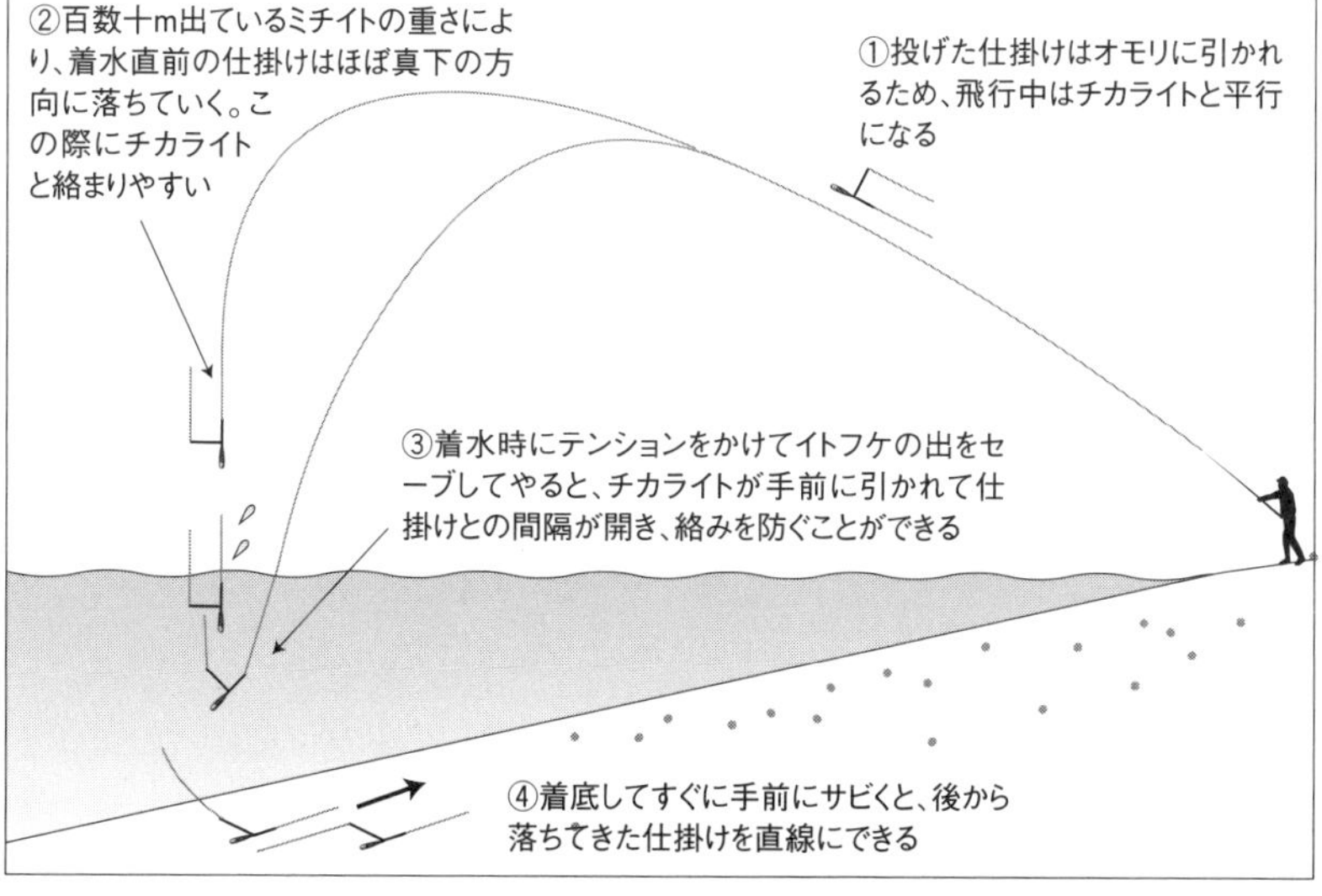
②百数十m出ているミチイトの重さにより、着水直前の仕掛けはほぼ真下の方向に落ちていく。この際にチカライトと絡まりやすい
①投げた仕掛けはオモリに引かれるため、飛行中はチカライトと平行になる
③着水時にテンションをかけてイトフケの出をセーブしてやると、チカライトが手前に引かれて仕掛けとの間隔が開き、絡みを防ぐことができる
④着底してすぐに手前にサビくと、後から落ちてきた仕掛けを直線にできる

Over Head Cast オーバーヘッドキャスト

1　サオを構えた状態。この時、重心はまだ右足にある。

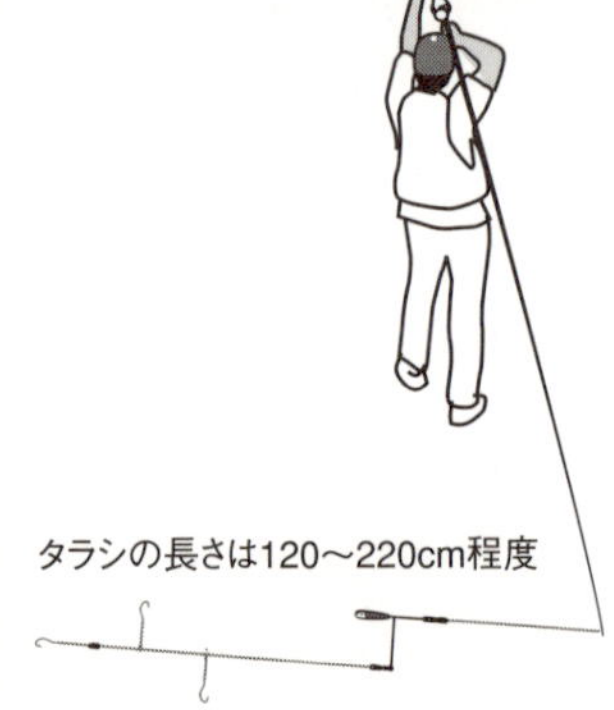

投げる際に仕掛けが絡まないよう、図のように横向きに置く。ここからスイングに入れば、仕掛けはオモリ側から順番に引っぱられていく

2　右足から左足へ体重移動しながら上半身も始動。

3　下半身のパワーはすでに上半身（背筋、腹筋から肩へ）に移動しており、下半身は支えるだけ。

4　すでにリリースは終わっている。

5　フォローは左手を体の左脇へ抜くようにすると、右腕が楽になり、サオの振幅を止められる。
※この画像は斜め左後方から撮影したためサオの軌跡が斜め（スリークオーター気味）に見えるが、実際にはほぼ真上に振っている。
※後と横のアングルは、同時撮影ではありません。

潮汐について――（釣行前に必ず潮の状況を調べる）

干満のサイクルと地域差

海に潮の干満、満ち引きがあることはご存じだろう。この潮の上下動は、主に地球の周囲を回っている月の引力によって起こされている（図1）。

満月から次の満月までの周期はおよそ30日。そのなかで2度の大潮（満月と新月）があり、大潮から中、小、長、若、中、大潮という15日（2週間）の周期で回っている。この1ヵ月のサイクルは、月と太陽の引力バランスによって成り立っている（図2）。

ただし、実際の干潮、満潮の時間は地形や潮流など、それ以外の様々なものにも影響されているので、地域による時間差が大きく、月が真上にあったからといってその時間が満潮になるとは限らない。

地形と潮位の関係

海釣りに出かけるなら、特に陸っぱりの釣りである投げ釣りと磯釣りは、潮位の状態を理解した上で釣り場に行こう。「釣れない」とか「釣りにくい」だけではなく、「釣りそのものができなくなる」こともあるからだ。

水深のある釣り場（伊豆半島に多い）では、釣り場に常に海水があるので釣り自体は必ずできるが、潮が動いていないと魚が食わない場合が多い。

それに対し、水深の浅い釣り場（房総半島に多い）では、干潮時に行くと海が干上がっていて釣りができないことがある。また、目の前に邪魔な根や岩盤が露出していると非常に釣りがしづらい。逆に、潮位が極

図1 ／満潮～干潮のサイクル（1日の動き）

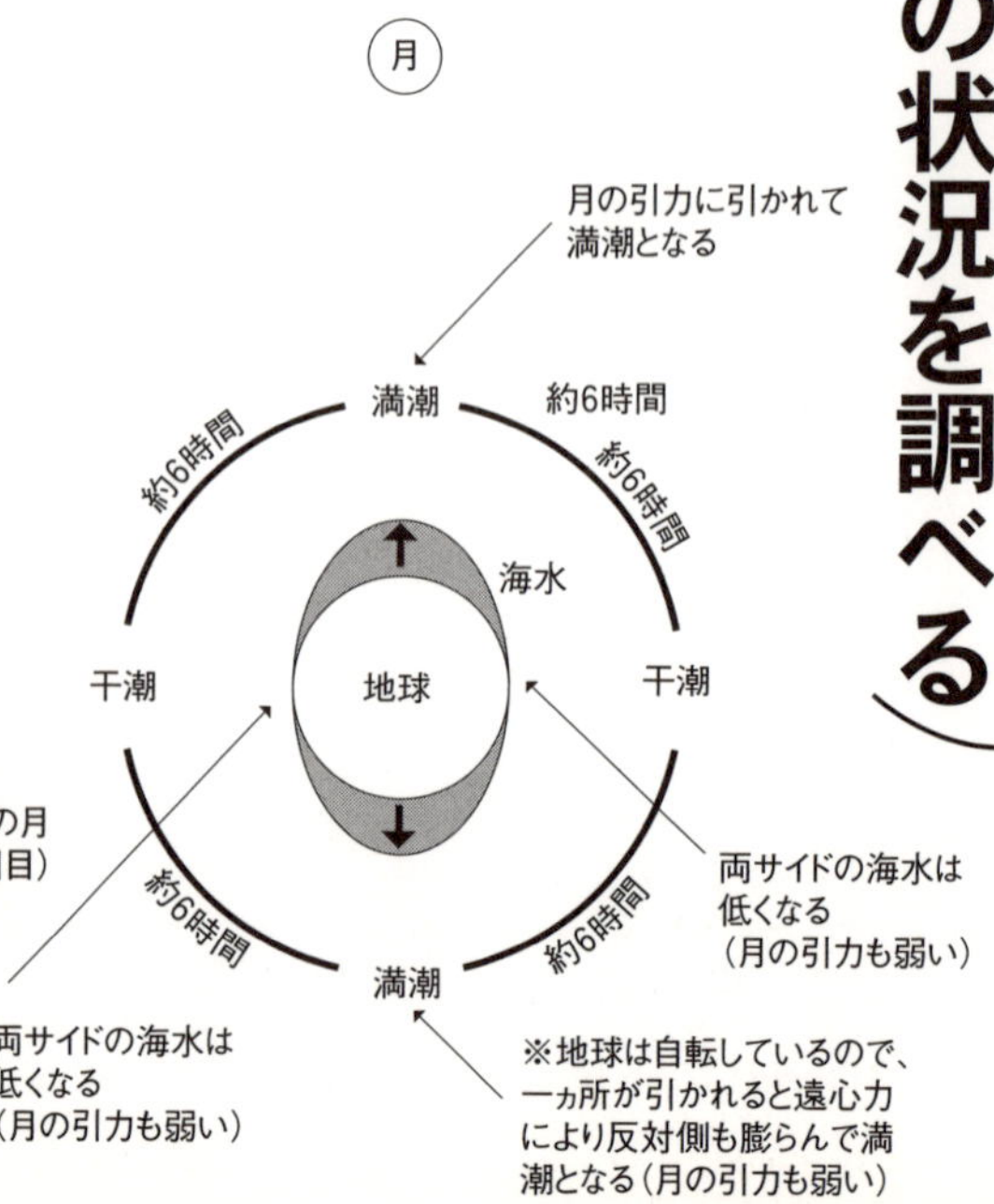

図2 ／大潮～小潮のサイクル（1ヵ月の動き）

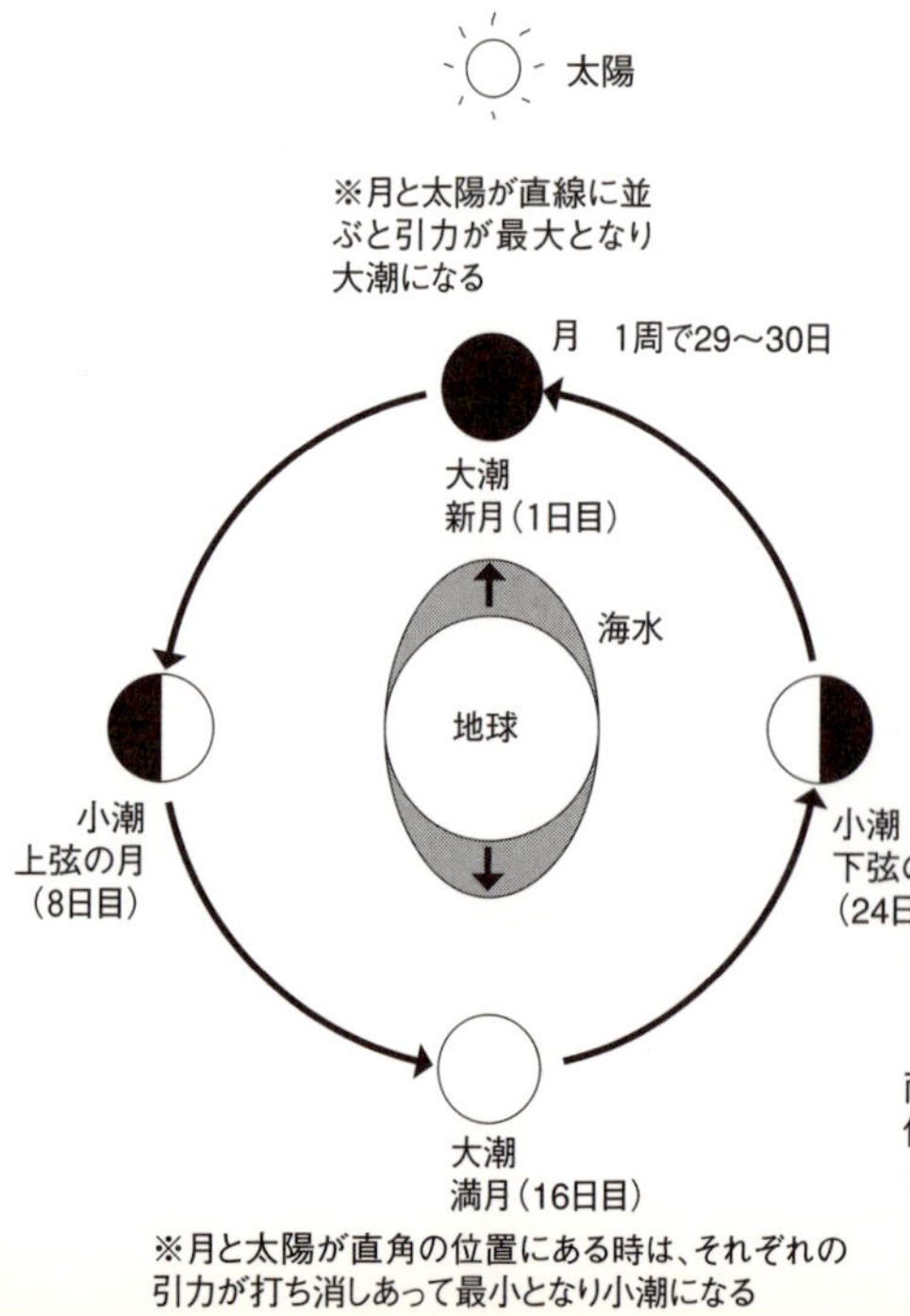

端に低い時（春先の大潮）にいつも海面下にある磯が露出すれば、その上に乗って釣りをすることができるというメリットもある。

浅い砂浜では、干潮時～上げ三分（干潮から約2時間）ごろまでは魚がほとんどいない（沖に出ている）場合が多い。そのため満潮を挟んだタイミングで釣りをすると、上げ潮・下げ潮のどちらかでよく釣れることがある。

このように潮位は陸っぱりの釣りでは重要なものなので、まずは釣りに行く日がどういう潮回りなのかを確かめて、それから戦略を立ててゆくことになる。

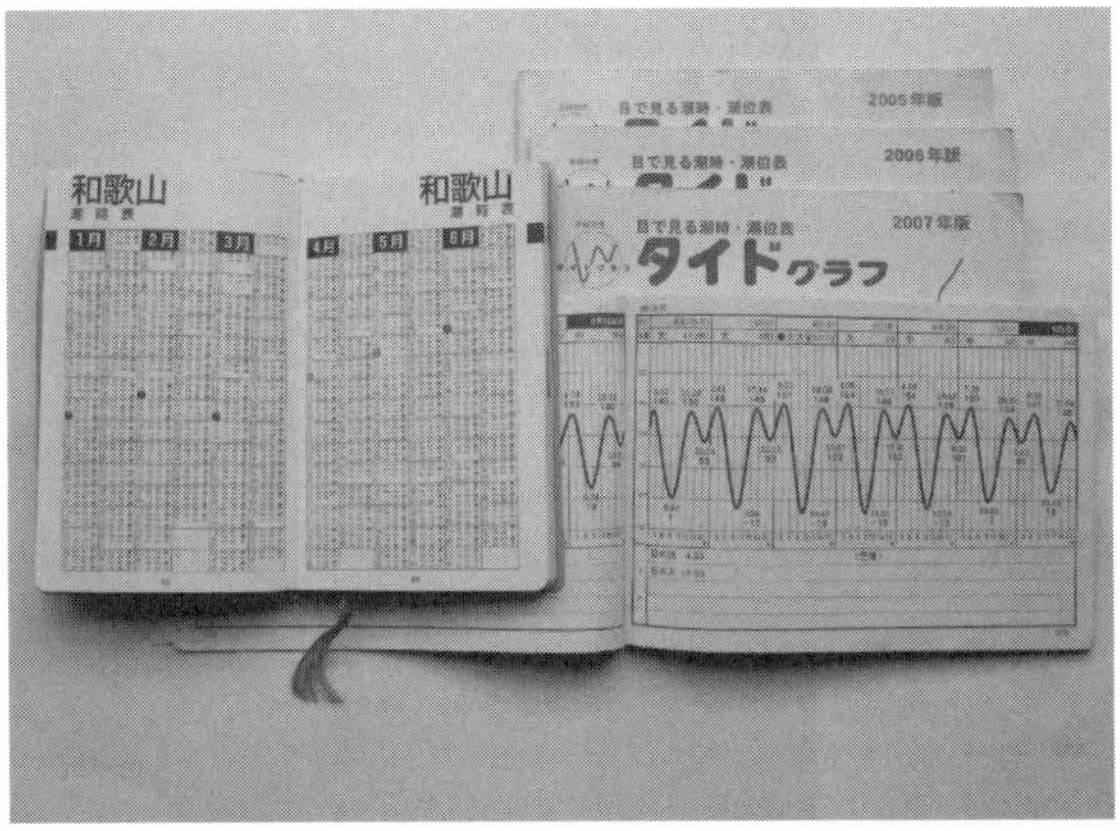

潮見表（左）とタイドグラフ

情報の入手方法

潮位を確認するには、新聞（気象欄ほか）や釣り雑誌、ネットなどさまざまな媒体から調べられるが、一般的には潮見表（無料で配付しているものも多い）やタイドグラフ（商標・有料）を入手する人が多いだろう。特にタイドグラフは潮位を図で表わしているので、時間と数字だけを表示した潮見表よりも分かりやすい。

そのほか、覚えておくべきことがいくつかある。春の大潮は昼間によく引き、夜はあまり引かない。逆に晩秋の大潮は夜中によく引き、昼間はあまり引かない。

台風や低気圧が近づくと（気圧が低くなると）海面は高くなる（潮位が上がる）ので、低い磯や堤防は水没することがある。

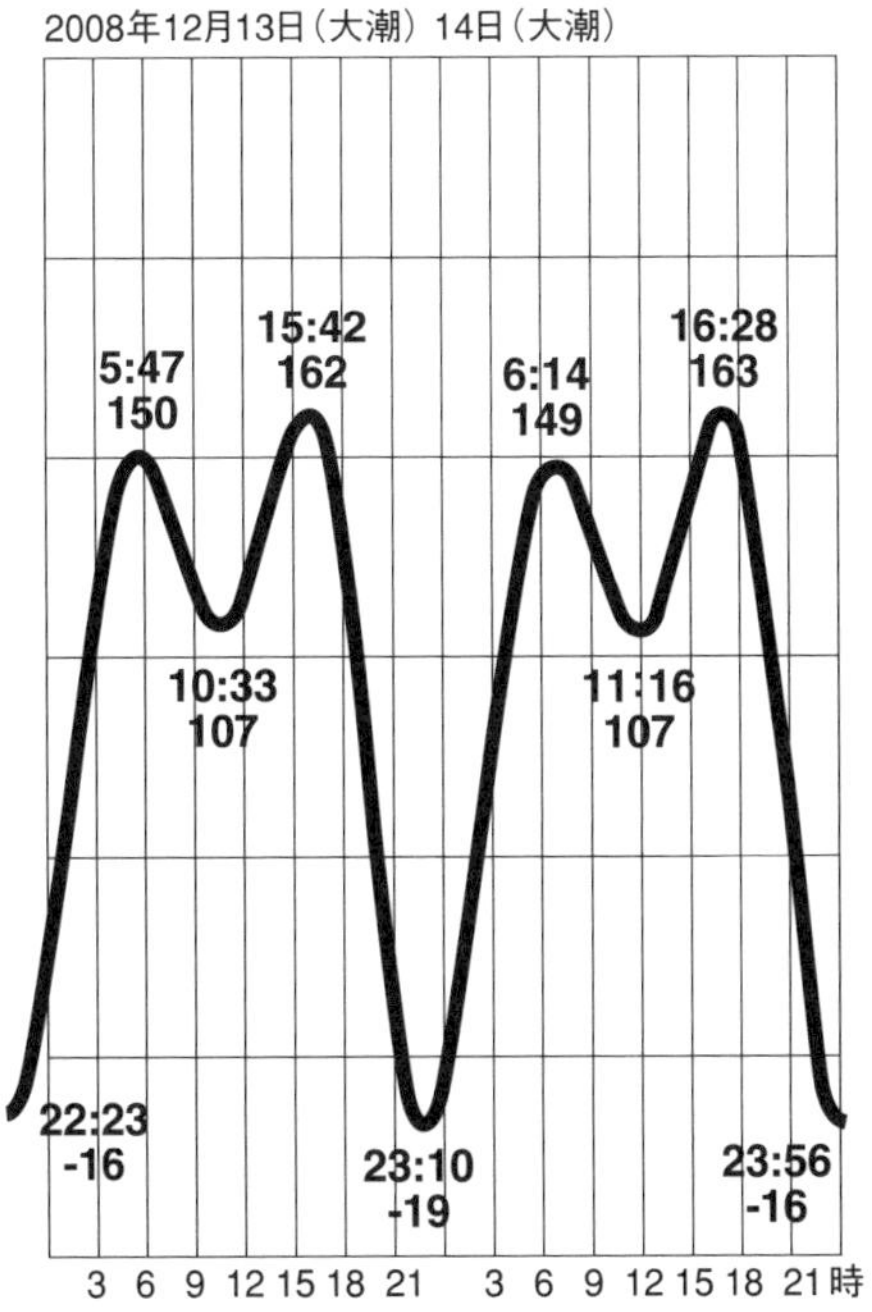

晩秋の大潮は夜間によく引く

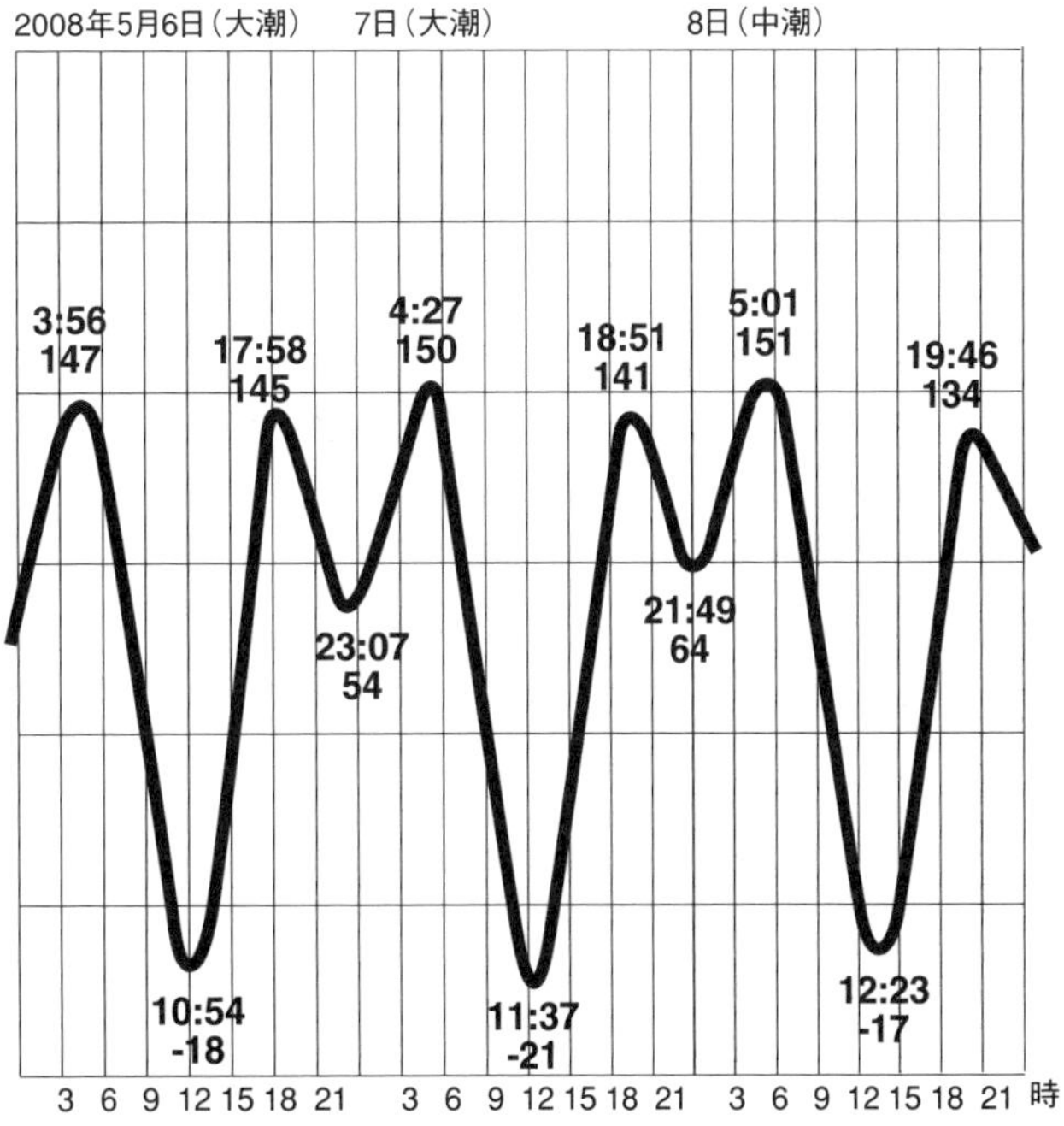

春の大潮は日中に大きく引く

危険魚・毒魚

正確な知識を持とう

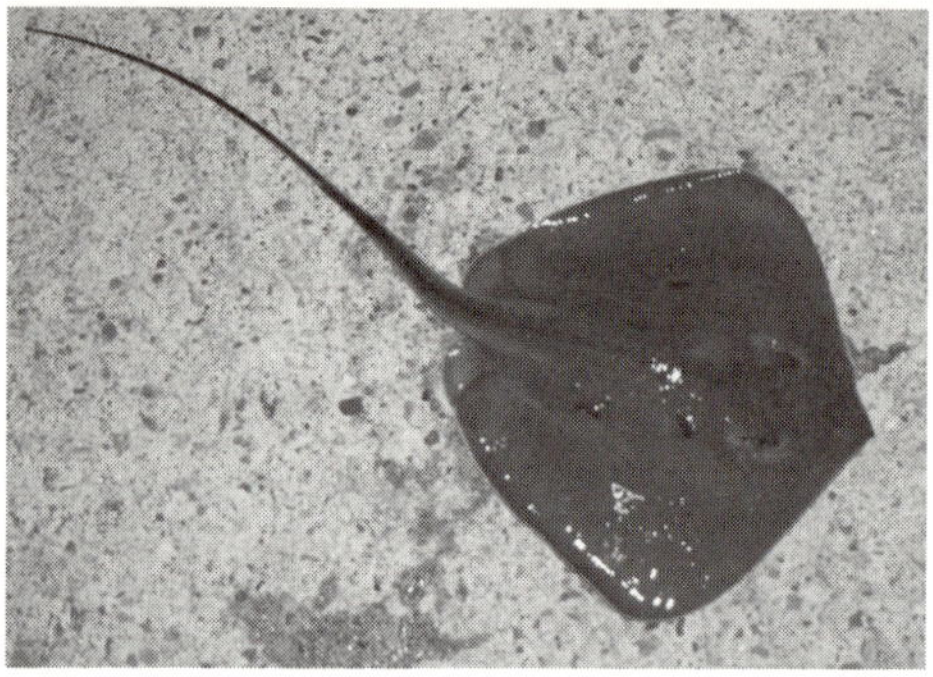

アカエイ
夜釣りの代表的な外道のひとつ。尾の付け根に毒バリがある。

ウツボ
歯が非常に鋭く、噛まれると大ケガになることも。

ハオコゼ
背ビレ、胸ビレなど各ヒレのトゲに毒があり、刺されると強烈に痛む。

シュモクザメ
独特な形状の頭部を持つサメの一種。波打ち際付近まで接岸し、身エサなどで釣れることがある。人を襲うことは少ないが、性質が獰猛な部類なので注意が必要。

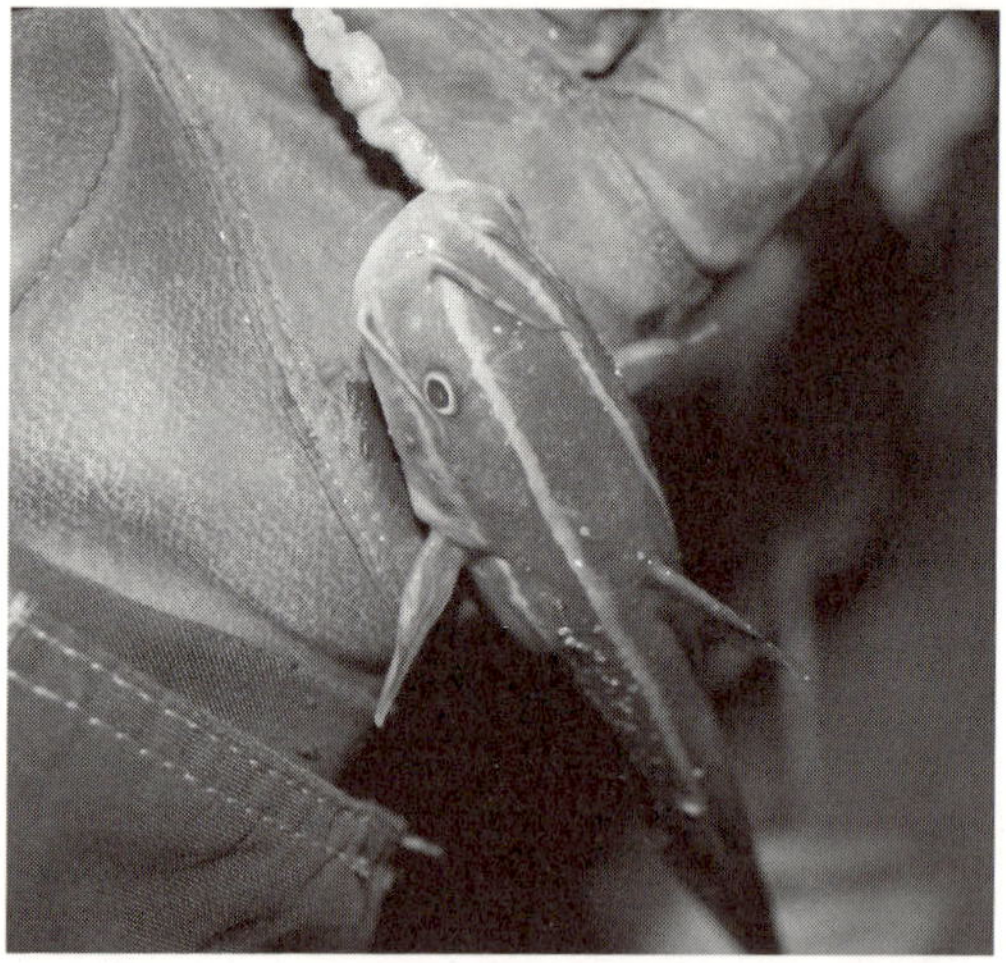

ゴンズイ
背ビレと胸ビレのトゲに強い毒があるので、決して素手では触らないこと。

ミノカサゴ
背ビレおよび胸ビレに毒のあるトゲをもつ。

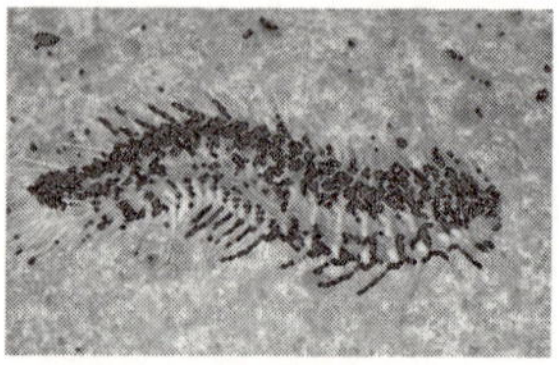

ウミケムシ
ゴカイやイソメの仲間。体の両側にある剛毛が皮膚に刺さると炎症を引き起こす。

クサフグ
海釣り全般でよく釣れる外道。非常に毒が強く食用厳禁。フグの仲間は種類が多いが、素人料理は絶対に避けよう。

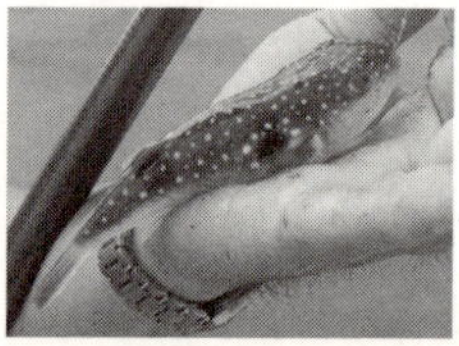

第二章

シロギス釣り

最もポピュラーな投げ釣りの対象魚、
それがシロギスだ。
手軽に始められる港のチョイ投げから
本格的な大ギス釣りまで、
多彩な楽しみ方がある。

「シロギスという魚について」

シロギスの魅力

シロギスという魚は、北海道や東北の一部を除くほぼ日本中の沿岸に生息しており、古くから日本人にとってポピュラーな魚だ。ポピュラーというのは「身近で好まれている」ということであり、昔でいえば「食用にされる」ということも重要な要素だ。

同じような魚としてはクロダイとスズキもいるが、これらとシロギスが決定的に違うところは、数が多く釣りやすいということである。また、身近であっても「容姿が悪い」「臭い」「不味い」となると人気はないが、「姿が美しく」「魚臭がなく」「旨い」「俊敏で身体のわりに引きが強い」となると、釣り人に人気があるのは当然であろう。川魚ではアユの立場に似ている。

私にとっての釣りの楽しみには、「食べる楽しみ」も含まれるので、日本中でさまざまな魚を食べているが、クロダイ、スズキ、マダイなどに感じることは「季節」「生息場所」によって味（身の状態）に極端な差があるということだ。

これに対してシロギスは、日本中いつどこで釣っても美味しいことがほとんどで、これも全国的に好かれている理由であると思う。「食」という視点からは、アジの立場にも似ている。もっとも近年は「塩素臭のするシロギス」が全国的に増えてきている。これはシロギスに原因があるのではなく、汚染によるものと思われるが、詳細は不明である。

生態と釣りのシーズン

シロギスは水深30m以内の砂地に生息しており、厳冬期以外は10m以内の浅瀬にいる。クロダイ、スズキと同様に人間の生活圏に近いところや川の流れ込みも好むが、汚染への順応は弱い（※水深30m以内という生息域は、ボート釣り、船釣り、漁獲方法等を考えると関東地区や太平洋側では正しいと思うが、新潟県や山形県の漁業資料では水深70～80m以内となっている。これは沿岸の傾斜角や地質の違い、冬季の海水温の差などによる生態の違いではないかと思われる）。

近年は温暖化の影響か、釣り人の技術の進歩、釣り場の調査も進み、ほぼ1年中釣ることができるようになった。だが本格的なシーズンは、関東でいえば季節風の弱まる3月中旬～ゴールデンウィーク前に開幕し、梅雨時に大型が浅場に乗っ込んで、7月に盛夏の釣りが各砂浜で本格化する。以後も10月、11月と各地で落ちギスが釣れ盛り、最後は黒潮に近い浜で季節風を追い風にした12月、1月の落ちギス釣りで1年が終了するというサイクルだ。

シロギスは多回産卵魚で、産卵シーズン（およそ6～9月）には何度も卵を産む。ある実験データでは7月には毎晩産卵するという。たしかに関東で夏場にキスを釣ると、ほぼ全部のキスが腹に卵か白子をもっている。この産卵行動は、浅い場所で夜間に行なわれるのだから、この時季とその前後は、当然水深の浅い場所が釣り場となるわけだ。

具体的には、穏やかな海況なら水深3m以内、海が荒れれば10m付近で待機と、沿岸の状況によって行き来していると思われる。このような季節には、冬場によく釣れる深い場所（20m前後）をねらっても単発でしか釣れない。

港のシロギス釣り
投げ釣り入門に最適なターゲット

①釣り場とポイント

港で釣るメリット

港や堤防からの釣りでは、「砂浜から投げてやっと届くような距離」に釣り座があるのだから、当然砂浜よりも沖へ、深い場所へ投げることができる。そして足もと（直下）もある程度の水深があるためポイントとなり、沖から広範囲を探れるのも魅力である。「チョイ投げ」の威力が発揮される場所でもある。

漁港でのポイントと注意点

堤防先端は船道をはじめ、広範囲に探れるのでシロギスの好ポイントとなる。しかし、船の往来が激しくミチイトを引っかけられる危険性も高い。サオを多数置きザオにしたり、投げたまま長時間放置しておくと、まず間違いなく引っかけられる。この場合、引っ掛けた側が悪いのではなく、引っ掛けられた釣り人側が悪い。投げ釣りで船にイトを引っ掛けられるというのは「恥ずべき行為」だと考えよう。

堤防の基礎際は、エサとなる甲殻類、海藻類があるため、

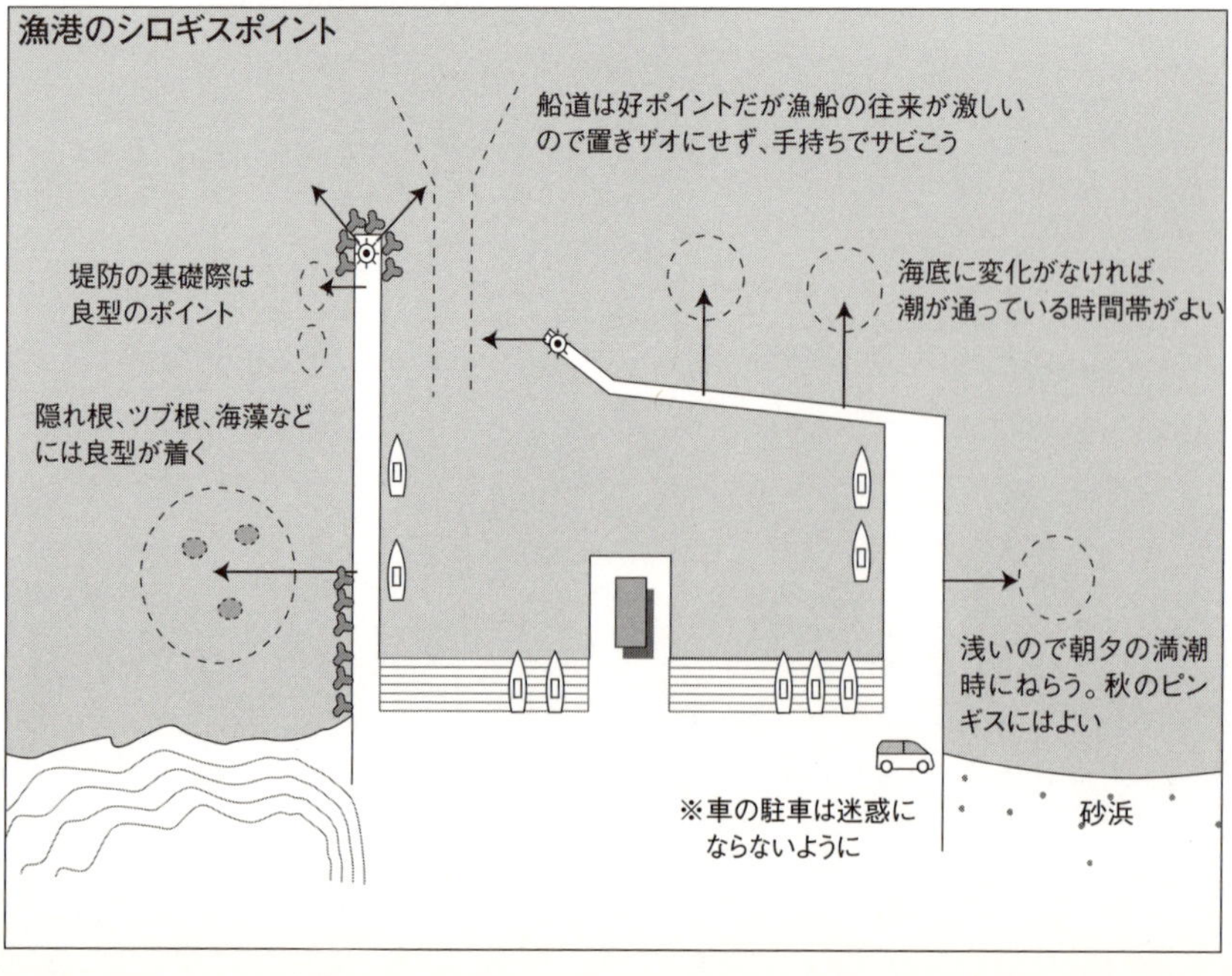

必要な道具
・サオ
＝振り出し投げザオ25号～27号　4.0～4.25m
・リール
＝投げ釣り専用スピニング（ドラッグの有無はどちらでも可）
・そのほか
＝クーラー（投げ専用11～16ℓ）、小型リュック、サーフベスト、メゴチバサミ、ハリ外し、スニーカー

さまざまな魚のポイントとなっていてシロギスは良型がねらえる。また、沖の隠れ根や海藻帯があると良型の好ポイントとなる。

漁港では、よく車を堤防の先端に近い場所に止めようとするのを目にするが、堤防に乗り入れるのは漁船への荷物の積み下ろしのためであり、釣り人の駐車は邪魔なだけである。漁港入口の邪魔にならない場所へ駐車しよう。

最近はさまざまな釣り人が夜の釣りを漁港で楽しむこともあり、漁港関係者は安心して眠れないことだろう。また、夜間の密漁（貝類、イセエビなど）、船外機の盗難などもあり、夜間の釣り禁止という場所が増えてきている。釣りが許されている漁港では、飲酒、騒音、焚き火などはもってのほかだ。漁港は組合員の仕事場である。自分の仕事場に知らない人が入ってきて、飲酒、宴会をされて怒らない人はいないだろう。分別のある行動を心がけたい。

工業港の場合

周辺の地形によって海底の状態を想像しよう。たとえば、その周囲がもともと浅い干潟や砂浜だったら、周囲は砂底なので、砂が堆積しやすい。すると大型船の通るルートは頻繁に砂を浚渫しなければならない。浚渫すると、その周囲にカケアガリができたり、港の基礎や岩盤、岩礁が露出したりと、好ポイントになる要素が非常に多くなる。

工業港の場合、小型船が多数繋留していることがないので、港内にロープ類が少なく足場のよい広い岸壁が釣り場となるが、一方で「改正ソーラス条約」による立入禁止区域（フェンス）が設けられていることも多く、意外と釣り場が限られてしまう。

制限区域のお知らせ
千葉県　木更津港湾事務所
下記の図で示された区域は、「国際船舶・港湾保安法」に基づき、
「正当な理由なく」立入ることが制限された区域です。
国際埠頭施設名称：木更津港 富津地区 富津ふ頭E岸壁
国際水域施設名称：富津水域
◎ 陸域・水域の制限区域図

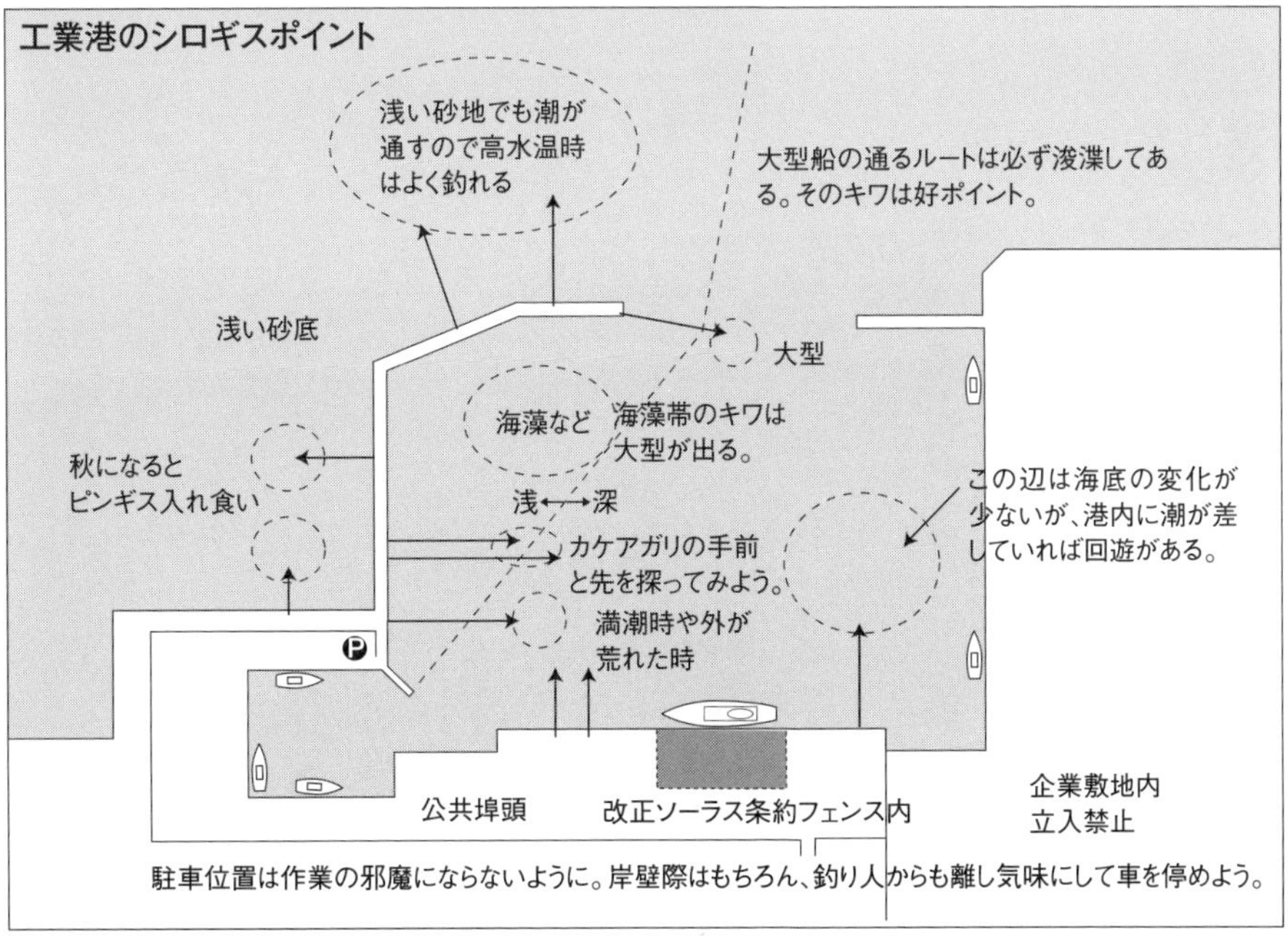
工業港のシロギスポイント
浅い砂地でも潮が通すので高水温時はよく釣れる
大型船の通るルートは必ず浚渫してある。そのキワは好ポイント。
浅い砂底
大型
海藻など
海藻帯のキワは大型が出る。
秋になるとピンギス入れ食い
浅←→深
カケアガリの手前と先を探ってみよう。
この辺は海底の変化が少ないが、港内に潮が差していれば回遊がある。
満潮時や外が荒れた時
P
公共埠頭
改正ソーラス条約フェンス内
企業敷地内立入禁止
駐車位置は作業の邪魔にならないように。岸壁際はもちろん、釣り人からも離し気味にして車を停めよう。

工業港の開放度合いは、都道府県による温度差も大きいが、年々管理が厳しくなっている。理由はさまざまだが、利用する釣り人のマナーの悪さも一因であろう。工業港は港湾

関係者の仕事場だという認識で、フェンス内への侵入、ゴミの放置はもってのほか、駐車マナー、焚き火、飲酒なども節度をもった行動を心がけてほしい。

よく見かけるのが、車を岸壁際まで乗り入れ、そのすぐ横で釣りをしている人だ。「ここは俺の場所だ」と自己主張し、周りへの配慮が全く感じられない。車が釣り座に近いと見晴らしが悪く、オモリがぶつかる危険性や小さい子どもの事故などが心配される。車は釣り座の後方へ離して駐車しよう。

②仕掛け
絡みを防ぐための工夫

一般的な堤防釣りに使うシロギス仕掛けは、図（48ページ）のような構造になっている。一方、市販品はテンビン側に20〜30cmスナズリという2本ヨリがほどこされている場合が多い。これは仕掛けの絡み防止のための構造だ。しかし、仕掛けの絡みは「幹イト素材の質」と「投げ方」で100%回避できるので、2本ヨリは必要ない。幹イトには、腰があって張りのあるフロロカーボン製かポリエステル製が適している。

シロギスは小型のものほど多数の群れで回遊しているので、釣れる時は複数尾で掛かる。そのためハリ数は1本ではなく、堤防などでは3本バリが一般的だ。そこで、幹イトの途中に枝バリを付けるためのチチワ部分が作られている。

テンビンと仕掛けの装着部には脱着のしやすいスナップスイベルを結び、先端のハリスの手前にもヨリモドシ（スイベル）を付ける。ヨリモドシがあると、根掛かりや魚にハリを飲まれてしまった時に、ハリスから先の部分だけの交換ですみ、仕掛けのロスが少なくなる。

また、シロギス釣りではさまざまな小魚が掛かり、複数尾掛かった時など魚によってはクルクルと回転しながら上がってくるため、スイベルのない仕掛けでは仕掛け全体にヨリが入ってしまい使えなくなる。

テンビン部分と幹イト先端部分にヨリモドシを付けて無駄なトラブルを回避しよう。またヨリが入るとイトそのものの強度が極端に下がるので、ヨリモドシは仕掛けやハリス切れの防止にもなる。

長くしなやかな仕掛けが理想

ハリスの太さは、ミチイトの強度よりも少し弱くするのが一般的なバランスだ。そうすることにより、根掛かりした時にハリスだけが切れ、少ないロスですむことになる。また、ハリをハリスの強度よりも弱い（伸びやすい）細軸にすることにより、根掛かりしても海底に何も残さないような釣りも可能だ。

ここに紹介した仕掛けでは、全長が170cmとなっている。初心者では投げにくいかも知れないが、これ以上の長さの仕掛けでも絡ませずに投げられるようになりたい。シロギスの仕掛けは、小型のものほど長くしなやかな仕掛けに掛かりやすい。

特にテンビンからひとつめの枝バリまでの距離が重要で、小型のシロギスほどテンビンやチカライトの存在を意識しており、テンビンからの距離を最低90cmは取りたい。できれば1ヒロ（150～160cm）あってもいいくらいだ。

市販の仕掛けは全長が短いものが多い。そのような時は、スナズリ部分を切り捨て、幹イトをブラッドノットで継ぎ足して使うと、シロギスの食いがよくなる。

港のシロギス仕掛け

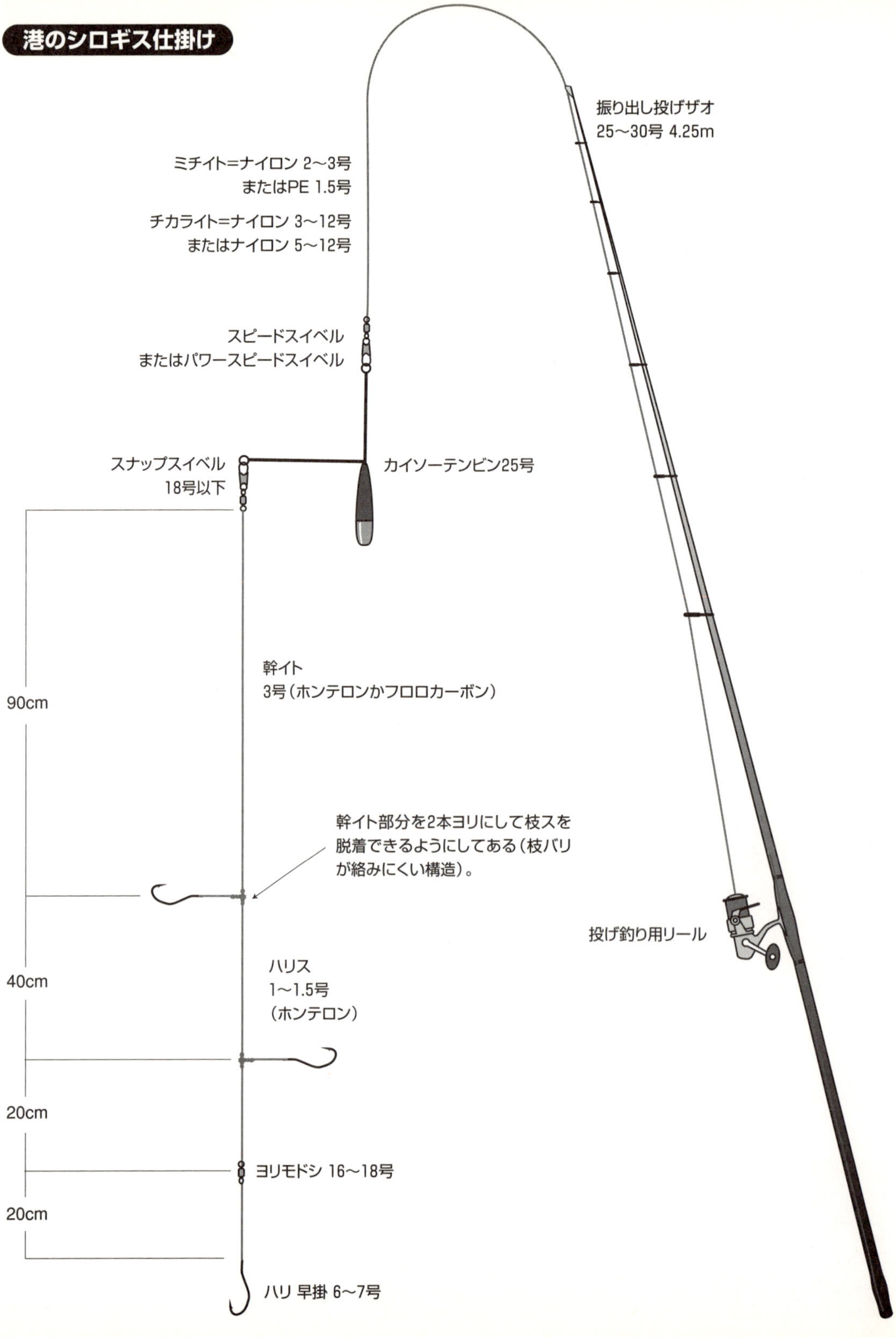
振り出し投げザオ
25～30号 4.25m
ミチイト=ナイロン 2～3号
またはPE 1.5号
チカライト=ナイロン 3～12号
またはナイロン 5～12号
スピードスイベル
またはパワースピードスイベル
スナップスイベル
18号以下
カイソーテンビン25号
幹イト
3号（ホンテロンかフロロカーボン）
90cm
幹イト部分を2本ヨリにして枝スを
脱着できるようにしてある（枝バリ
が絡みにくい構造）。
投げ釣り用リール
ハリス
1～1.5号
（ホンテロン）
40cm
20cm
ヨリモドシ 16～18号
20cm
ハリ 早掛 6～7号

幹イトのヨリチチワの作り方

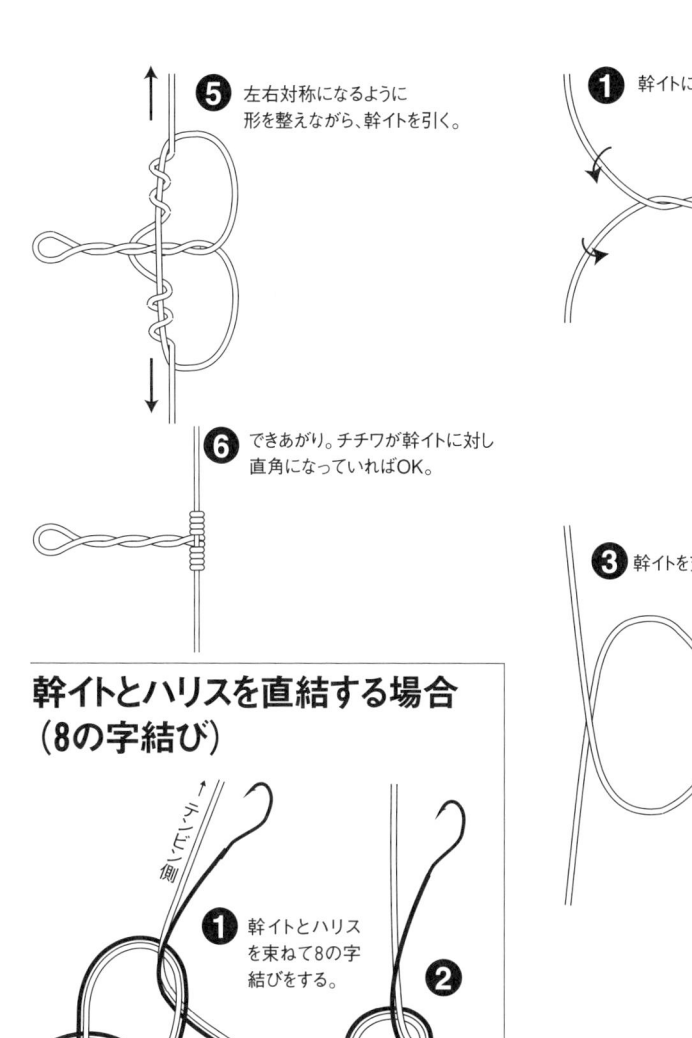

❶ 幹イトにヨリを入れる。

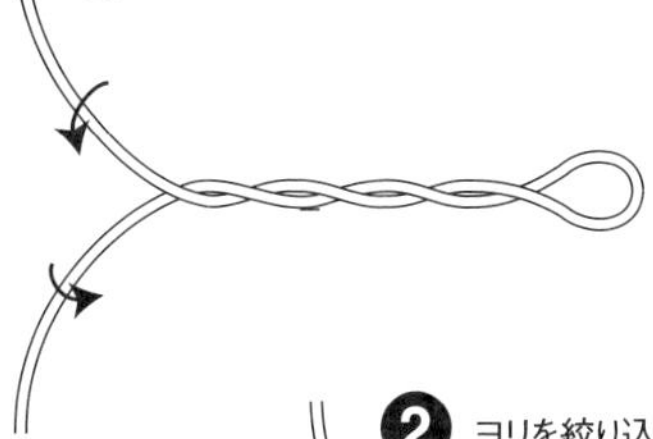

❷ ヨリを絞り込んで先端の輪を小さくする。

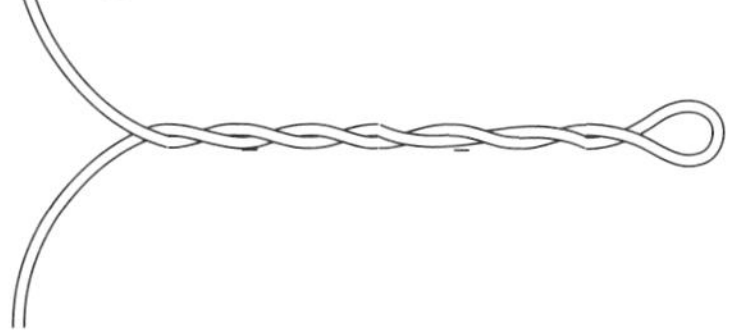

❸ 幹イトを交差させて、中央に輪を作る。

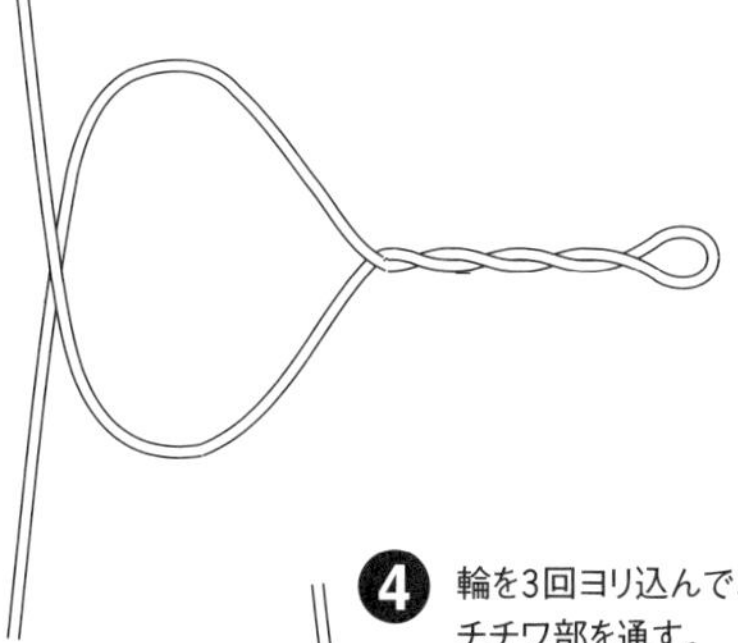

❹ 輪を3回ヨリ込んで、作った穴にチチワ部を通す。

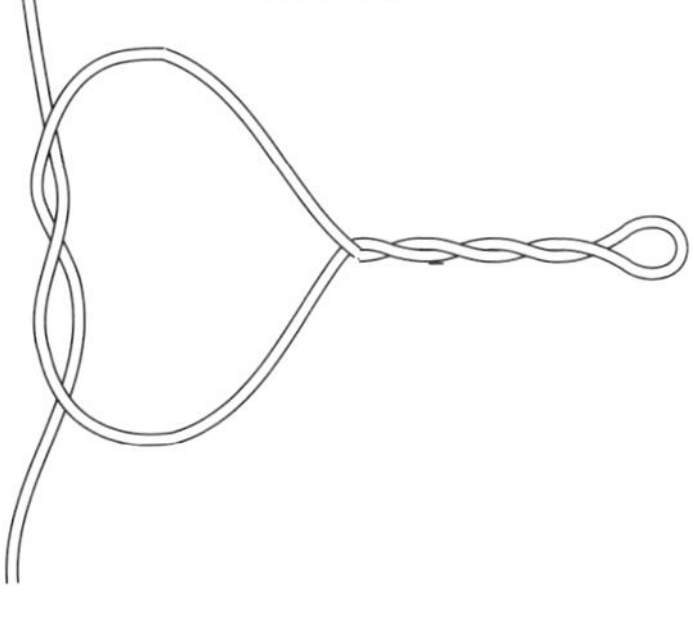

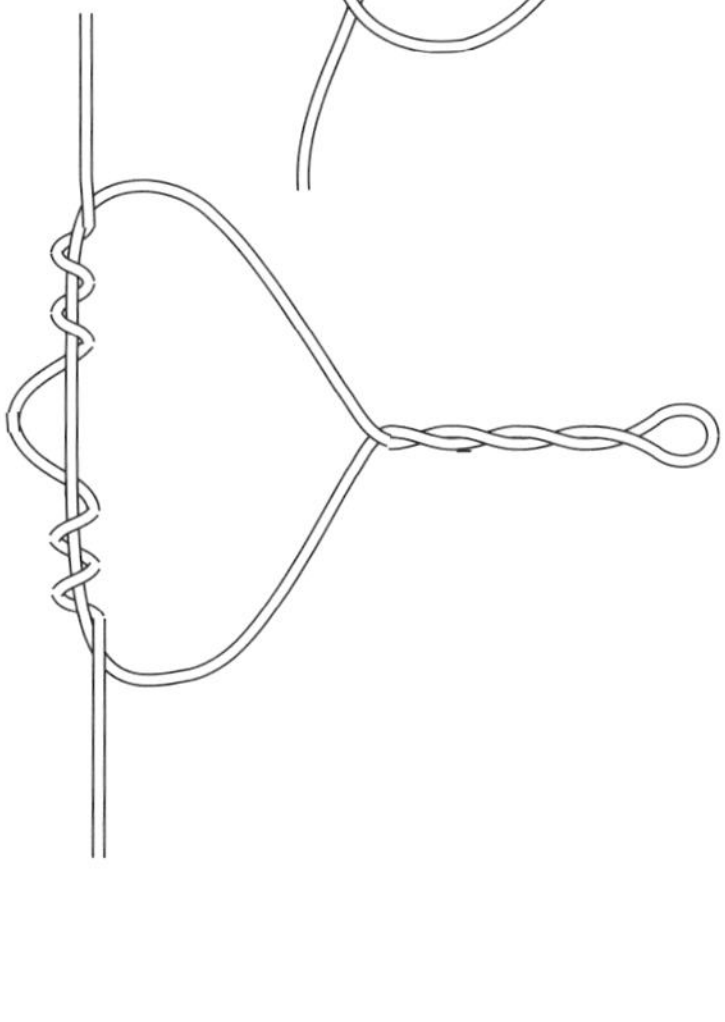

❺ 左右対称になるように形を整えながら、幹イトを引く。

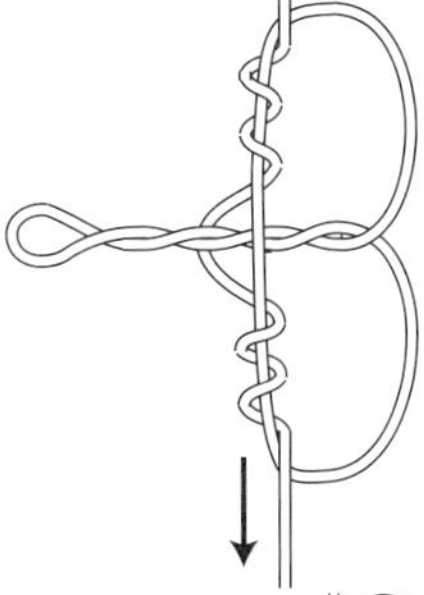

❻ できあがり。チチワが幹イトに対し直角になっていればOK。

幹イトとハリスを直結する場合（8の字結び）

❶ 幹イトとハリスを束ねて8の字結びをする。

❷

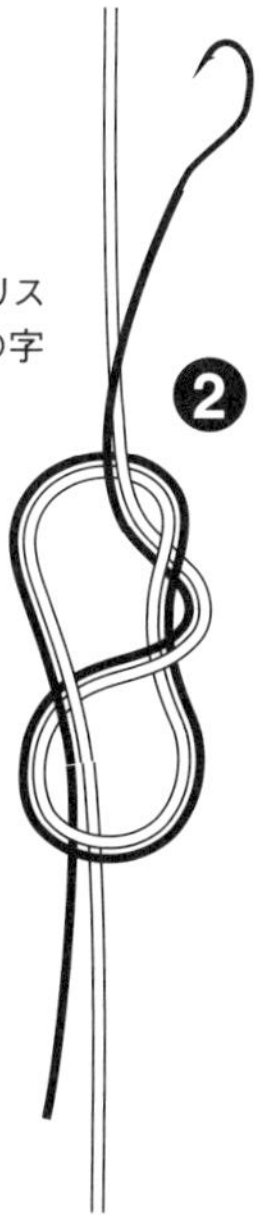

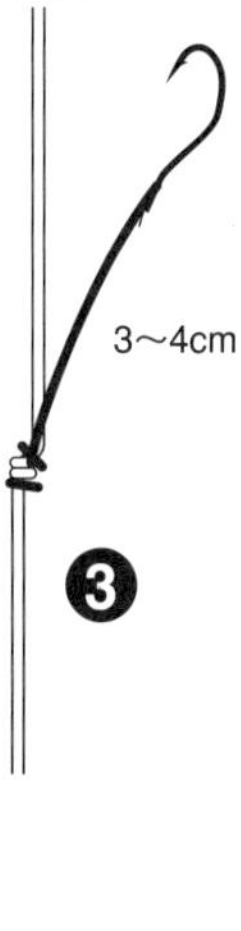

❸

③エサ

ジャリメ、アオイソメ

港のシロギス釣りでは、昼間の釣りということでジャリメ（イソゴカイ・イシゴカイ）かアオイソメがメインとなる。どちらも500円ほどのパック、あるいはグラム単位で売られている。

ジャリメは国内で養殖されたもの。細めで身の赤いものがよいが、一般には太めで白っぽいものが多い。薄緑色のものは身が柔らかく使いにくい。

アオイソメはすべて輸入物（主に中国）で、さまざまな太さがある。大きいものでは全長20cm以上、太さも5㎜くらいある。太いものはスズキ釣りなどに好まれ、中くらいのものはカレイを始め万能的に使われる。シロギス釣りにはアオイソメでも一番細いもの、できればジャリメにより近い細さが理想だ。

どちらのエサも、細くヌメリがあるのでそのままではハリに刺しにくい。そのため、石粉や粒子の細かいバーミキュライトなどの滑り止めが必要となる。

ジャリメはシロギス釣りのオーソドックスなエサだ。

エサの付け方

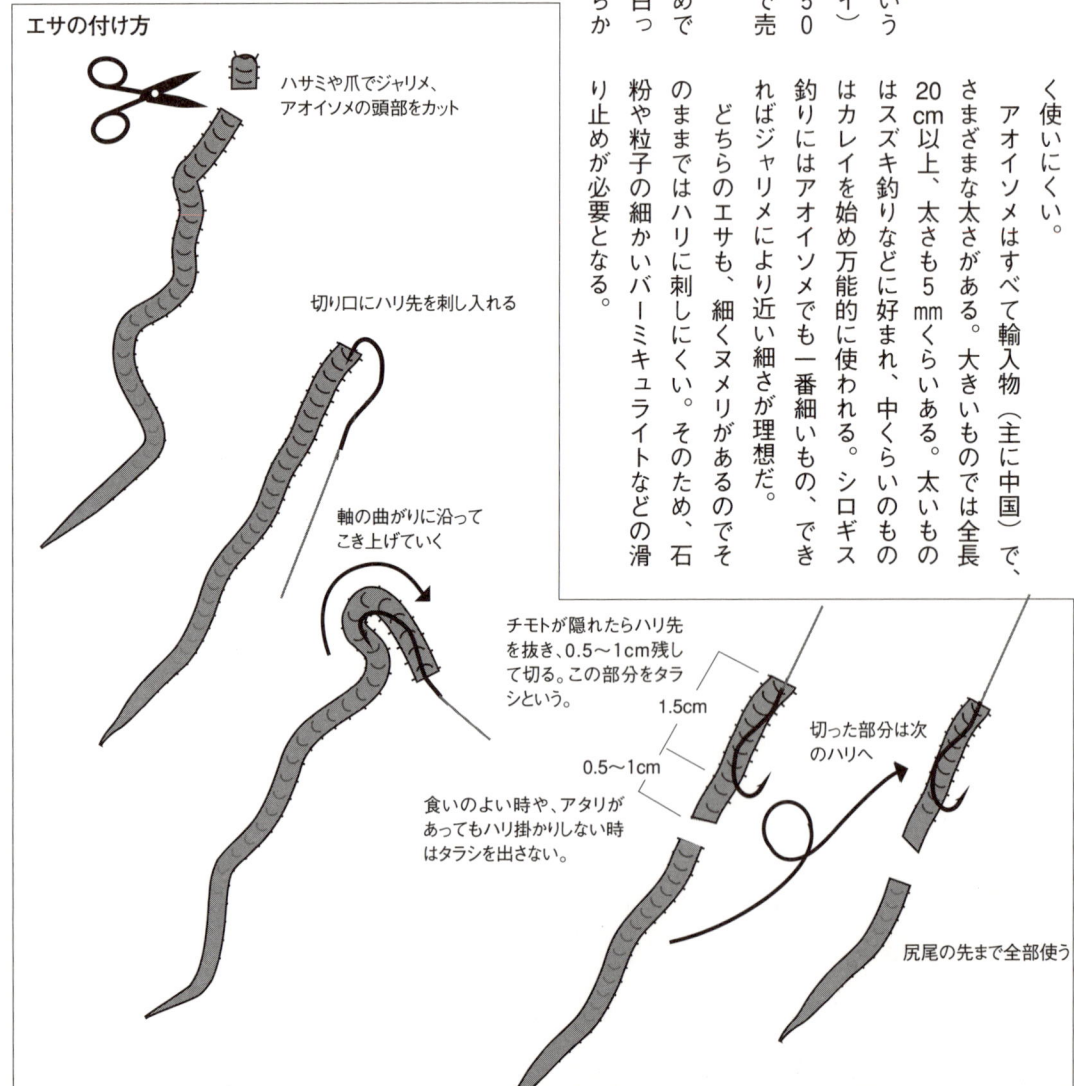

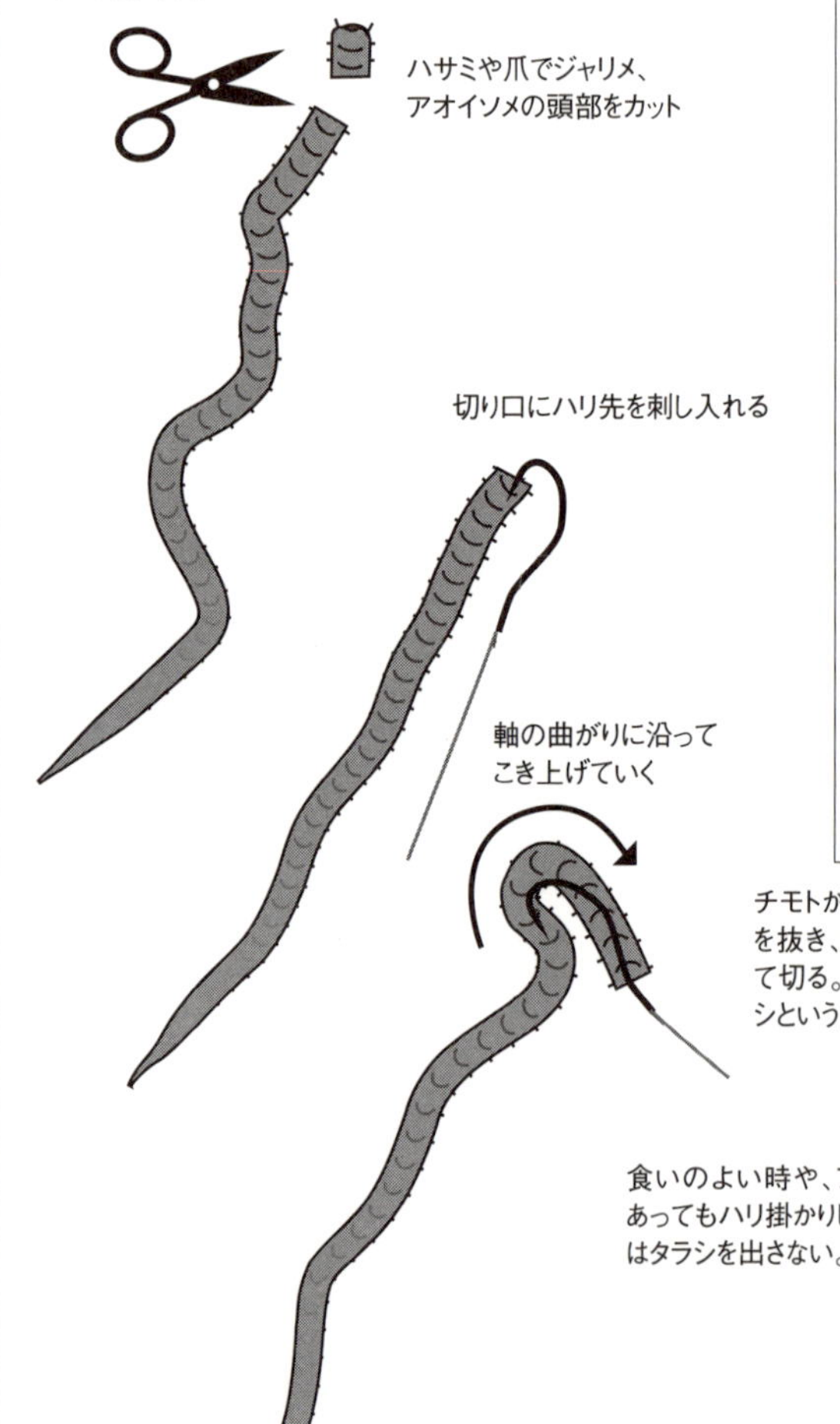

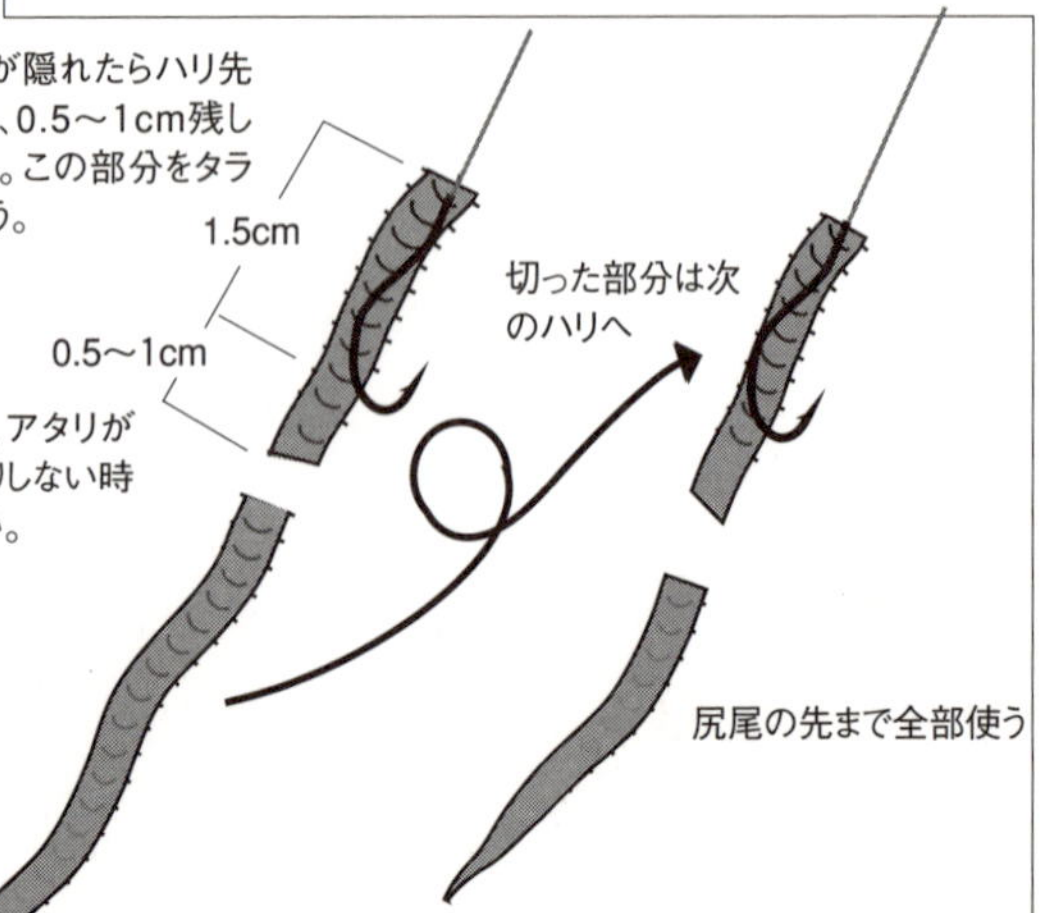
チモトが隠れたらハリ先を抜き、0.5〜1cm残して切る。この部分をタラシという。
食いのよい時や、アタリがあってもハリ掛かりしない時はタラシを出さない。

④釣り方

仕掛けを動かして誘う

シロギスのアタリは明確だ。サオを手にしていれば手のひらに「ブルブルッ」というアタリが感じられる。

この「ブルブルッ」はすでにハリ掛かりしている状態で、アワセは必要ない。アワセを入れると、テンビンや仕掛けが不自然に動いてしまい、周囲にいるシロギスを驚かせてしまう。するとシロギスの群れが散ってしまい、その後の釣れぐあいが悪くなる。

「ブルブルッ」を感じたら、まずはひと呼吸おいてもう一度ミチイトを張り、掛かっているかどうかようすをうかがってみよう。この時、再びアタリを感じたら確実に掛かっている証拠なので、そのまま巻き取りに掛かる。もし何も感じられなければハリ掛かりしてないので、そっと仕掛けを動かすと（「サビく」という）、ツンツンそしてブルブルというアタリがあり、ハリ掛かりすることもある。

このように、シロギス釣りはサオを手に持って仕掛けをサビくのが基本である。エサを動かしてやると、近くでようすをうかがっているシロギスがエサに飛びつく。動かないエサにはなかなか反応してくれない。このような行動は、ほかのほとんどの魚でも同じである。何らかのアクション、不自然な動きに対して本能的に反応してしまうのだろう。

取り込む際の注意

魚が掛かったら、リールは一定の速度で巻くのがポイントだ。この時、遅すぎると海底や堤防際にある障害物に引っ掛かるし、速すぎると海面に飛び出してしまって、いずれもバラシの原因となる。巻きながらオモリの位置をイメージし、仕掛けの先のシロギスの重さを感じられるようなテンションで巻くのがいい。魚を自由に泳がせてしまうのもバラす原因となる。

最後に海面から抜き上げる時も、リールを巻く動作を止めず、巻き上げからの一連の流れで一気に抜こう。そのためには、抜き上げる前に堤防の高さ、サオの長さ、仕掛けの長さをイメージしておこう。

まとめると、巻き上げと取り込みは「掛かったシロギスに一定のテンションをかけ続ける」ということが基本だ。これは堤防に限らず砂浜でも同じである。

次の1尾を釣る工夫

シロギスが1尾釣れたら、次も同じポイントを探りたいが、掛かった場所へオモリを直接投げ込むと、ドボンという着水音で魚が散ってしまう。そのため、少し遠めに投げ入れてから、掛かったポイントまでゆっくり引いてくる。すると同じポイントでブルブルッがあるはずだ。これを繰り返して数を伸ばすわけだが、よほど数が多くて活性が高いか小さなシロギスが群れている時はともかく、得てして2〜3投で掛からなくなるだろう。そこで今度は、投げる方向を変えてサビく。その方向にシロギスがいればまた掛かる。

このように、堤防ではあまり広く動き回れないので、投げる方向を頻繁に変え、ポイントを荒らさないようにイメージして釣ろう。しばらく投げ込んでいないポイントは、時間が経つとまた釣れ始めることもある。

市販の仕掛けについて

従来の市販仕掛けの欠点

投げ釣り用 の市販仕掛けは、昔からある「一見、堤防で使えそうなキス釣り用３本バリ仕掛け」と、近年種類が増えている「装飾品の多いカレイ仕掛け」の２タイプが主流。いずれも台紙に巻かれて２セット〇〇円というのが一般的だ。

だが近年、「引き釣り用」「浜のキス釣り用」として、50本バリ連結のタイプが丸い仕掛け巻の状態で売られるようになった（ちなみに初めて私がこの仕掛けを目にしたのは、昭和60年代の新潟県柏崎市の釣具店か、柏崎サーフの人だったと思う。発祥の地は柏崎では？）。

これまでの製品は台紙に巻きつけてあるため、イトに折りグセがついてしまっていた。せめて幹イトがポリエステルかフロロカーボン製ならクセをしごいて直すこともできるが、安価なナイロン製ばかりだった。せっかく「スナズリ」がついていてもミキイトの巻きグセが取れずに絡みやすく、しかもシロギスの食いは悪くなる。

メーカーがあれだけ熱心にハリや装飾品にこだわる割りに、どうしてもっと基本的な所を改良しようとしないのか不思議だった。

それに対して「50本連結仕掛け 」は、さすがに細部にこだわる「キスの引き釣り」製品だけあって、奇をてらわず基本に忠実に作ってある。丸い仕掛け巻、幹イトにフロロカーボン、そしてハリスにポリエステルを使っているのは折りグセを付けないための工夫で、昔からこの釣りの基本条件である。実際、この仕掛けを使ってみると、自分の作ったものと遜色なくよく釣れる。普段の釣りはこれで充分だ。

「50本バリ連結仕掛け」の活用法

まず、スナズリ部分はフロロカーボンかポリエステルで90cm～1ヒロ（約160cm）とる。テンビン側にスナップスイベル（無くても可）、仕掛け側には18号ぐらいの ヨリモドシを付け、そこに「50本バリ連結仕掛け」を結ぶ。あとは必要なハリ数だけ引き出してハサミで切るだけ。つまり、釣り場でハリ数を調整できるわけだ。たとえば堤防でのキス釣りでは根掛かりも考慮して３本バリに、砂浜では10本バリにと自由自在である。

この仕掛けとフロロカーボン２～３号50m巻、ヨリモドシがあればどんな場所でもことが足りる。ハリ数やハリのサイズごとに多種多様な仕掛けを用意せずに済むので、荷物もコンパクトになる。

価格は店頭で2000円前後。意外と高く感じるが、50本で割ると１本あたり40円となり、台紙に巻かれた２～３本バリ仕掛けとそれほど差はない。無駄なく使えるおすすめの逸品だ。

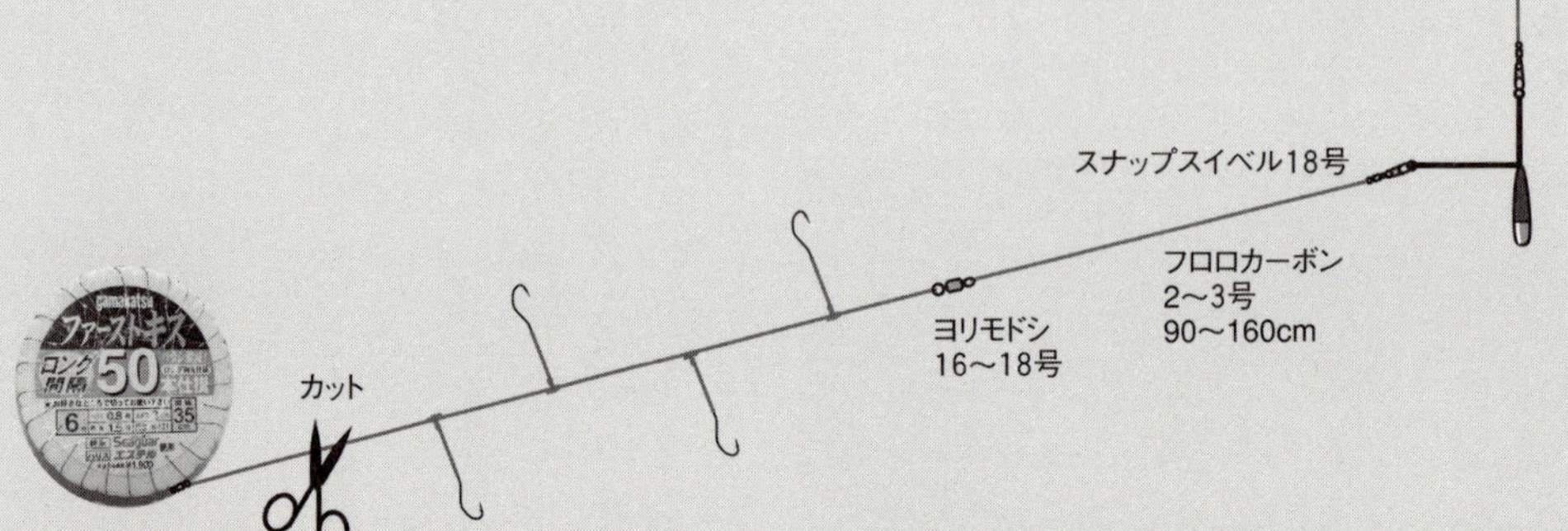

さまざまなキャスティングの方法

スリークオーターキャスト
サイドハンドキャスト

オーバーヘッドキャストの欠点

砂浜のシロギス釣りは、「長く繊細で多数のハリの付いた仕掛け」を絡ませずに投げられなければ釣りが成り立たない。極端な場合、「全長4m以上の10本バリ仕掛け」を投げることもある。これだと、オーバーヘッドキャストではすぐに絡んでしまう。

オーバーヘッドの場合、サオの軌跡は水平線に対して直角になり、テンビン（オモリ）に付いている仕掛けも同じ軌跡をたどる。そのため、テンビン自体にスピードがあるうちはミチイトと仕掛けは平行に飛ぶが、着水地点に近づいてテンビンの速度が落ちると、ミチイトの上に仕掛けが落ちることになり絡んでしまう。また、投げる瞬間もミチイトと仕掛けに間隔がないため絡みやすい。

それに対し、スリークオーターキャストで横方向にサオを振れば、投げる瞬間にミチイトはオモリに引かれ、仕掛けはあらかじめ外向きに引かれているので双方の間隔が開く。また、終速でもテンビンが横向きになっているため、ミチイトと仕掛けが真下に落ちたとしても絡むことがない。

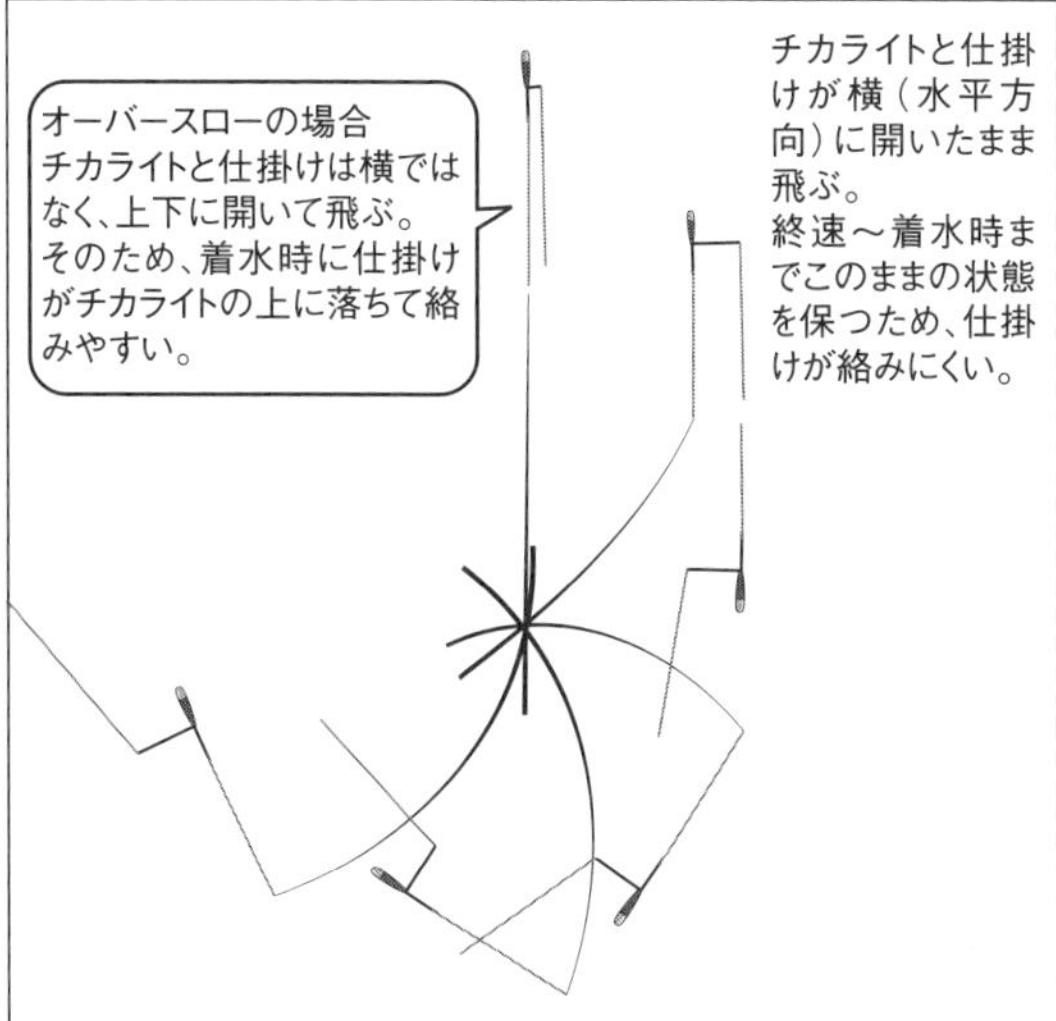
オーバースローの場合
チカライトと仕掛けは横ではなく、上下に開いて飛ぶ。
そのため、着水時に仕掛けがチカライトの上に落ちて絡みやすい。
チカライトと仕掛けが横（水平方向）に開いたまま飛ぶ。
終速〜着水時までこのままの状態を保つため、仕掛けが絡みにくい。

スリークオーターおよびサイドハンドキャストにおけるオモリと仕掛けの軌跡（真上からの図）

ミチイト絡みの防止

次に、ガイドへのミチイト絡みの対処法について。これは現在の「ローライダー＋並継ぎザオ」ではあまり起こりえないが、昔のハイスピンダーガイド時代には多く、現在では振り出しザオのガイドで発生するのでやはりマスターしておくべきだ。

オーバーヘッドキャストはサオの振り幅が小さく、フォロースルーも取りにくいので、フィニッシュの瞬間にサオが水平線に対して直角に振幅する。この時、チカライトやチカライトとミチイトの結び目付近がガイドに絡み、仕掛けが切れるという現象が起きやすい。特に、フィニッシュ（イトを離したあと）で「振り止め」すると百発百中でガイドに絡む。

それにくらべて振り幅が大きくフォロースルーもとれるスリークオーターでは、サオの軌跡を大きくし（ゆっくり振り始める）、フィニッシュで「振り止め」せず振幅を止めることによって、ガイドへのミチイト絡みをなくすことができる。

フィニッシュで「右腕をガッチリ棒のように止めたまま」にしてしまうと穂先に振幅が残り、オーバーヘッドと同じようにガイドへのミチイト絡みが起こる。そこで、フィニッシュでは「振り切った瞬間に右腕全体をリラックスさせる」ような感じにすると、サオ先の振幅が瞬時に消える。そもそもフィニッシュではすでにサオの反発は終わっており、ここで力を入れても飛距離には関係がない。

以上のように、オーバーヘッドだけでは解決できないケースがあるので、投げ釣りを「より楽しむ」ために、ぜひスリークオーターキャストはマスターしておこう。

スリークオーターキャスト

オーバーヘッドキャストのステップのまま、サオ（腕を振る軌跡）を斜めにする。またはオーバーヘッドよりも左足のステップを開くようにすると、左肩が開くのでより楽に振れる。

オーバーヘッドでは、右手が頭上を通るので、右腕に体重を乗せにくいが、スリークオーターではオーバーヘッドほど右脇が開かず、より楽に右腕を振ることができる。

また、オーバーヘッドと違い腰の回転（横方向）が使えるので、（左足からリードした）体重を腰の回転を使って右肩からサオに乗せやすい。

オモリの位置をオーバーヘッドよりも深くできるため、サオの振り幅を大きく取ることができ、より遠心力を利用しやすくサオを曲げやすい。下半身の体重移動を上半身の円運動につなげるのはオーバーヘッドと同じである。

欠点は、軌跡が斜めなので慣れないとコントロールが難しく、着水点が左右へずれてしまう。

※後と横のアングルは、同時撮影ではありません。

1　構えた状態。この状態ではまだ重心は右足にある。

2　右足から左足へ体重移動しながら上半身も始動。

3　下半身のパワーはすでに上半身（背筋、腹筋から肩へ）に移動しており、下半身は支えるだけ。

4　フォロースルー。サオが反対側に振幅している。ここで右腕を棒のようにロックするとイトが絡む。

5　フォローは左手を体の左脇へ抜くようにすると、右腕が楽になり、サオの振幅を止められる。

サイドハンドキャスト

現在サイドハンドキャストと呼ばれているものは、昔でいう回転投法やＶ字投法の後半部分であり、フィニッシュはスリークオーターと変わらない。つまりスリークオーターの振り幅を広くした（助走部分をつけた）ものがサイドハンドキャストだと思っていただければいい。

というのも、サイドハンドの文字どおりサオを横振りに近い軌道にすると、背筋、腹筋が活かせず腰と上半身の回転だけで投げるため、飛距離は出ない。飛距離を出すには、スリークオーターのようにある程度縦振りでないとサオを効率よく曲げることができないからだ。

「スリークオーターの振り幅を広くする」というのは、投げ始める際のオモリの位置が、海に向かって自分の左側にくるようなイメージだ。つまり、海に向かって真横に開く体勢からスタートすることになる。

振り幅が広がると、下半身の体重移動と腰の回転運動をより大きく上半身に伝えることが可能なので、スリークオーターよりも強い円運動ができ、より大きな遠心力を得られる。

スタート時のスタンス（足の置き方）は、体力のある人なら海を背にした体勢からでも最後まで振り切れるが、伸びがないPEチカライトを使う現在のスタイルだと、体力のない人はサオの反発が速すぎてオモリが右方向へ飛んでしまうだろう。

写真のように半身に構え、狭い振り幅で瞬間的にサオにオモリの負荷をかけるほうが、実践的で楽に投げられコントロールしやすい。ちなみに写真のモデルは筆者だが、身長170cm、体重63kgで体力はあまり強くないほうだ。飛距離の大小は、下半身の力をいかに効率よく上半身に伝えられるか、その力でサオを深く曲げ、強い反発を得られるかどうかによって決まる。

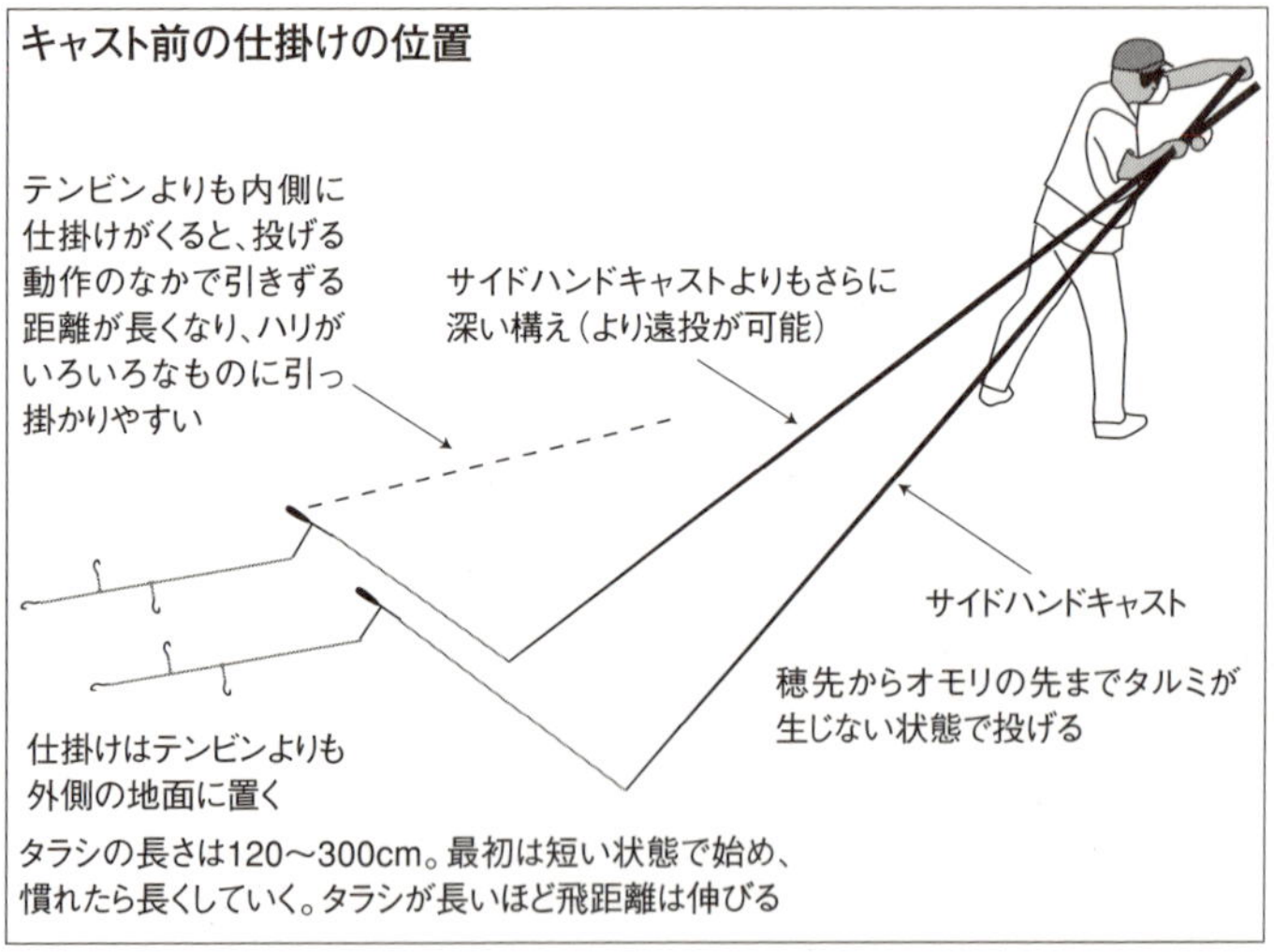
キャスト前の仕掛けの位置
テンビンよりも内側に仕掛けがくると、投げる動作のなかで引きずる距離が長くなり、ハリがいろいろなものに引っ掛かりやすい
サイドハンドキャストよりもさらに深い構え（より遠投が可能）
サイドハンドキャスト
穂先からオモリの先までタルミが生じない状態で投げる
仕掛けはテンビンよりも外側の地面に置く
タラシの長さは120～300cm。最初は短い状態で始め、慣れたら長くしていく。タラシが長いほど飛距離は伸びる

1　構えた状態。

2　右足へより大きく体重を乗せることにより、左足への強い体重移動が可能になる。

3　左足へ体重移動しながら、腰の回転を利用してサオを振り始める。

4　背筋・腹筋を使いパワーを肩から腕に乗せる。首を支点に肩を回す。

5　フォローは左手を体の左脇へ抜くようにすると、右腕が楽になり、サオの振幅を止められる。

※後と横のアングルは、同時撮影ではありません。

砂浜のシロギス釣り

ダイナミックなキャスティングの爽快感

①釣り場とシーズン

広い視点で地形を読む

　砂浜には数kmに及ぶものもあれば、数百mほどの小規模なものもある。前者は外洋に面した場所に多く、変化が見つけにくい。後者は入り江や内湾に多く、周囲が磯に囲まれていたり沖にカクレ根があったりと変化が見つけやすい。

　下の図は外海に見られる砂浜で、このように描いてみると変化があるように見えるが、実際に浜に出てみると、図のように上から見渡せるわけではなく、地上からの視線で一方向しか見えないため、変化は見つけにくい。

　サッカーの試合をテレビやスタンドで観るのと、実際にグラウンドでやってみるのとでは周囲の状況が全く違って見え、現場にいる当事者はあまり全体が見えていないのと同じであろう。

　したがって、まず砂浜に出たら高い位置から全体をよく観察したい。その際には海のほうばかりでなく、後ろの地形、周囲の陸の地形なども観察すると、海底が徐々に立体的に見えてくる。

　そして釣りをしている最中も、波の崩れ方、方向、潮の流れ方、海底の砂の変化など、さまざまな情報を目と手から吸収し、シロギスのいる場所と動く方向を絞ってゆく。そんなことを意識しながら釣っていると、意外と現場

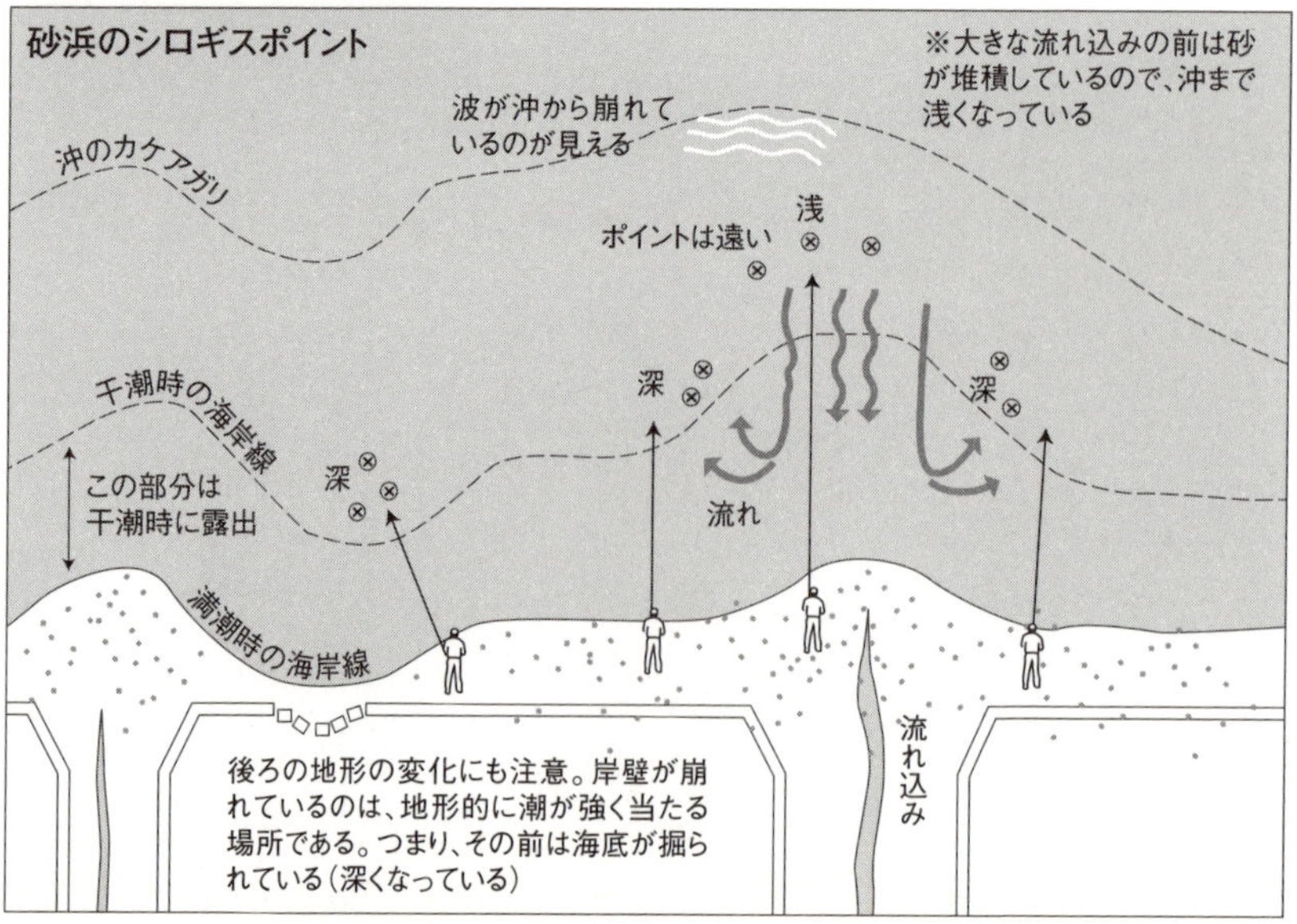

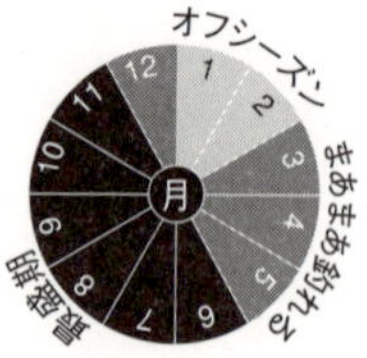

3～5月（特に内湾）、12月（外海）

必要な道具

・サオ＝並継ぎ投げザオ25～35号　4.05～4.25m

・リール＝遠投用スピニングリール（ドラッグ無し）

・そのほか＝投げ専用クーラー11ℓ、小型バッグ、サンドポール、サーフベスト、メゴチバサミ、ハリ外し、ハンドタオル、エサ箱、石粉、指サック、サーフサンダルまたはブーツ

で見えるものは多い。

季節ごとの条件

3〜4月頃はまだ水温が低いので、浅い浜や潮通しの悪い場所では、晴れた日の午後に日差しによる水温上昇があると食いが立つことがある。この時期はわずか1度の水温上昇でも釣果に大きく影響する。そのため早朝はあまりよくない。また外洋では水温上昇が遅く、概して釣れる距離が遠い（120m以上）。沖のカケアガリをねらうのが基本だ。

梅雨時からは、外洋もようやく水温が上昇し、キスの活性が高くなる。釣れる距離は波の大きさに比例し、穏やかだと近い距離で入れ食いになる。

5月〜真夏までは、潮は満潮から下げをねらいたい。特に梅雨時〜初夏は干潮直前に一番活性が高くなる。

真夏〜初秋は海水温が高く潮がよどむので、内湾の浅い浜では波打ち際で30度前後になることもある。そうなると、高水温と酸欠により魚が岸から離れてしまう。10m以上の水深にいったん避難するように思われる。この時期には風波で海水が攪拌される日や時間によく釣れることが多い。また、日が落ちてから

外洋に見られる砂浜の断面図

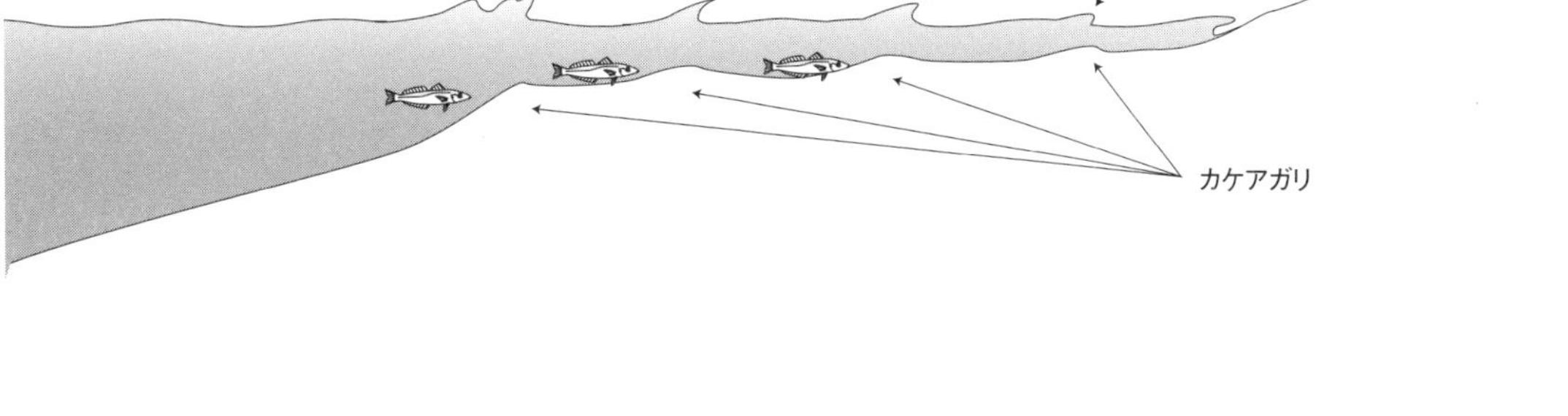
白波の立つ所
カケアガリ

台風一過の断面図

海底は見事にフラットになる
波打ち際や浜に海藻、流木、ゴミなどが
打ち寄せられている

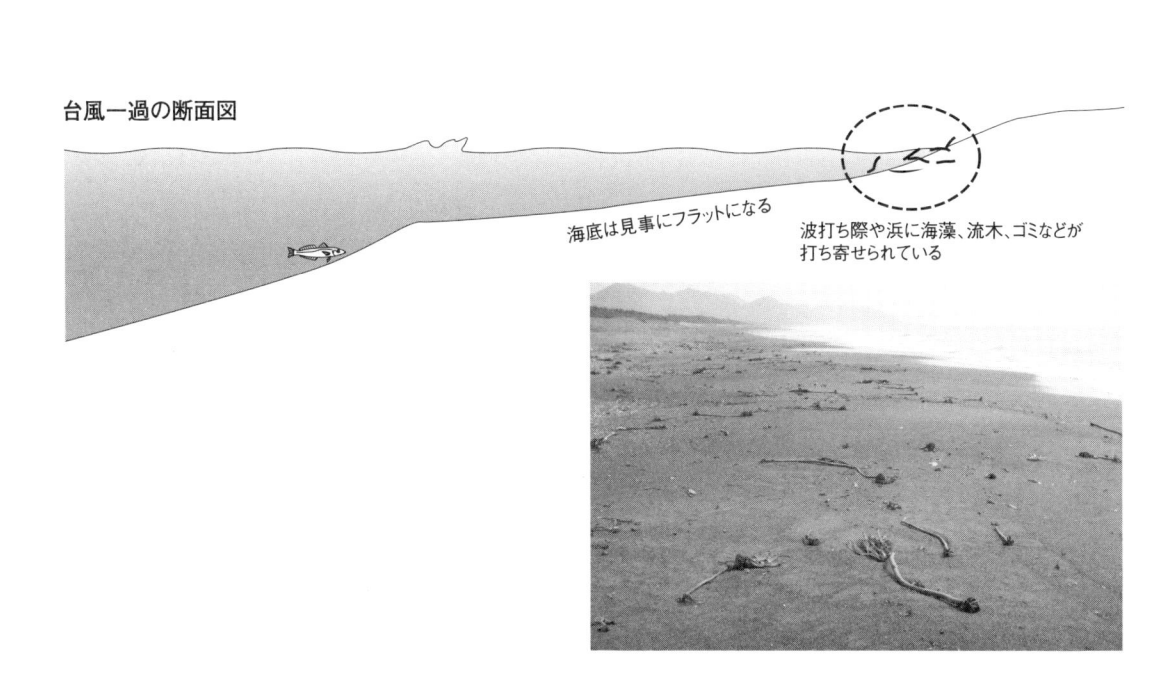

もねらいめだ。

　内湾とは逆に、外洋に面している浜や南に大きく開けている浜では、連日午後から吹く南風に攪拌され、また潮流もあるため著しい高水温にならず、よく釣れる。特に白波の立つ周辺やその手前の白波の中、小川の流れ込み周辺もよい。南からのウネリ（台風による）はダメだが、南風による風波はよい影響をもたらす。

　8月後半から10月初旬にかけて、内湾では「秋ギス」と呼ばれる12cm前後のピンギスが波打ち際でたくさん釣れる。これは当歳魚でハゼのように簡単に釣れるが、無益な殺生になるので食べる分だけを持ち帰ろう。

　秋も10～11月になると大きな群れを作り、潮の干満にかかわらずかなり岸近く（10～30m）の浅い（1m以内）ポイントで釣れる。ただし、砂浜のどこでも釣れるわけではなく、部分的に大きな群れを形成する。

　この時期は15～20cmと型が揃い、シロギス釣り入門には最適なシーズンだ。ただし秋は台風シーズンでもあり、台風が来た前後は一時的にいなくなってしまう。それも単発で来るならはまだいいが、年によっては毎週のようにやってくることもある。このような年回りは沿岸の海底（砂浜）が落ち着かず、あま

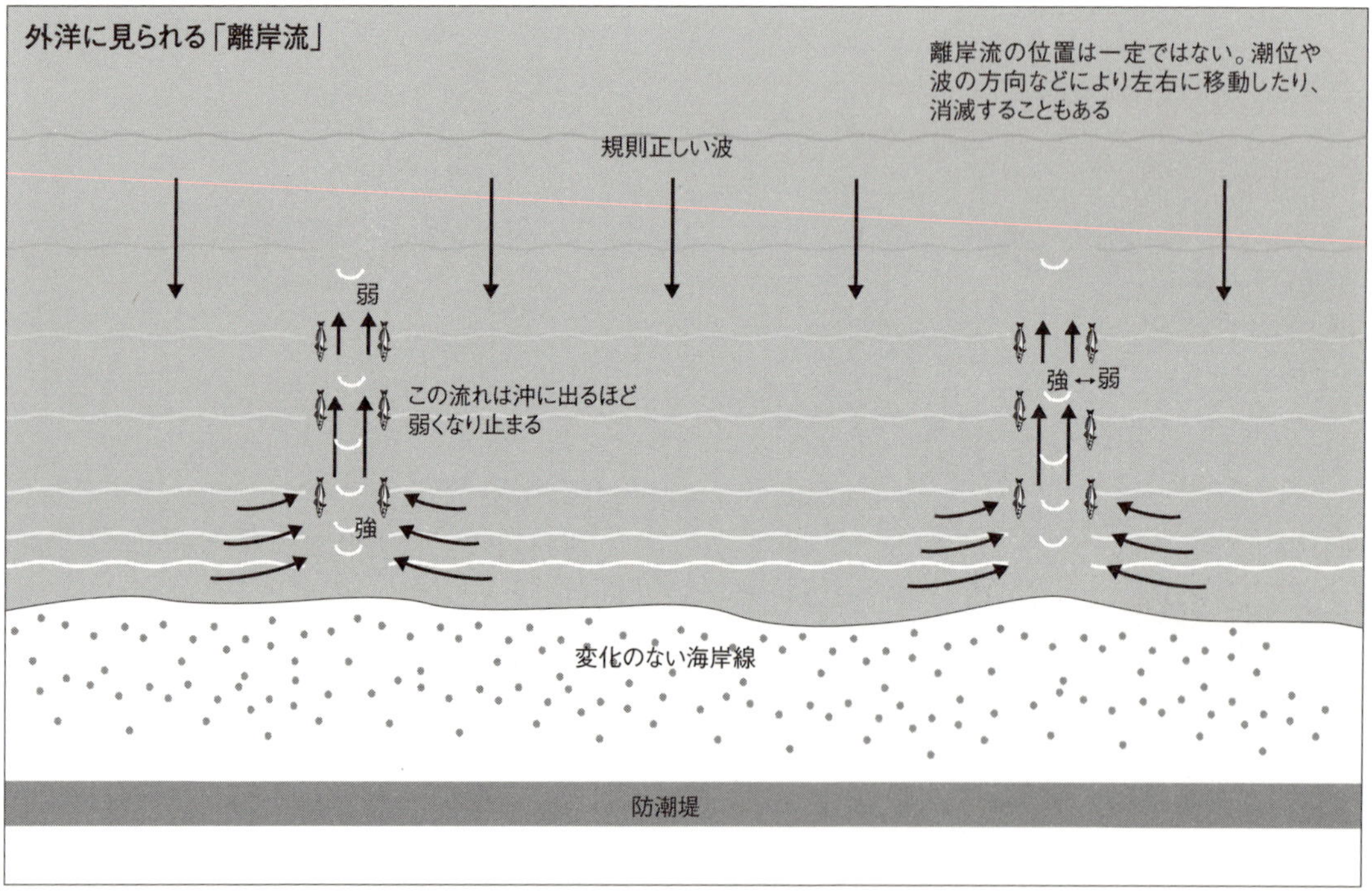

外洋に見られる「離岸流」
離岸流の位置は一定ではない。潮位や波の方向などにより左右に移動したり、消滅することもある
規則正しい波
弱
この流れは沖に出るほど弱くなり止まる
強
強↔弱
変化のない海岸線
防潮堤

シロギスの適水温

　どんな釣りでも「前日より1℃でも水温が上がれば釣れるが、下がれば口を使わない」とよくいわれる。人間でも、11月に季節風が吹き始めると、気温が15℃あってもそれまでの暑さに慣れた身体には非常に寒く感じられる。それに対し、3月頃の15℃なら同じ気温でも寒さに慣れた身体には非常に暖かく感じられる。

　ましてや近海の魚たちは年間の温度差がたった12℃しかない世界に暮らしているのだから、人間よりもはるかに変化に敏感である。わずかな温度差が活性に大きく影響する。人間は水温で1℃の差なら区別できるだろうが、魚類はわずか0.05℃の変化を感知できるらしい。変温動物である魚にとって、海水温と同じ体温が1℃でも上がれば、生理活動が盛んになり食欲も旺盛になるだろう。ただしこれも適水温の範囲内のことであって、シロギスでは16～26℃が適温であろう。

り芳しくない。また絶好調に釣れ盛っていたものが、一発の大型台風によりパタッと音沙汰がなくなり、1ヵ月以上サッパリ釣れなくなることもある。

12〜1月は微妙な季節で、浅い内湾ではシーズン終了だが、黒潮の影響を受ける場所では落ちギスが入れ食いになる年も多い。この時期、気温はすでに真冬の状態になっているが、海水温は下がりきっておらず、特に季節風が追い風になるような場所は波も穏やかで条件はよい。

②仕掛けとエサ

長い仕掛けをバランスよく作る

砂浜のシロギス釣りの醍醐味は「一投多点」である。そのため、仕掛けは堤防釣りの仕掛けを発展させて「ハリ数を増やす」→「仕掛けが長くなる」→「絡まないようにバランスよく」→「遠投と掛かりのよさを優先し、軽く繊細に」といった条件で作られる。

具体的には図を参照のこと。枝バリの付け方は「直結」と「チチワ」があり、チチワもかなり短めに作る。直結仕掛けは、チチワのない分、細かいゴミなどに強く、仕掛け全体が繊細に軽くできる。ただし、フグなどにハリスを切られた時にすぐに補修しづらく、ヨリも入りやすい。

チチワへの枝バリの装着の仕方は、枝バリ側にチチワを設けてもよいし、直接クリンチノットで結んでもよい。幹イト（モトス）に対して枝バリが直角になるように結ぶのが基本である。

チチワを含む枝バリの長さは、長くても短くても「食い」にはあまり影響はないが、だいたい3〜5・5㎝で作っている人が多いと思う。ここの全長を短く作ろうと思うと、枝バリはチチワ結びでは難しくなる。

ちなみに、仕掛けの全長は第1枝までの長さとハリ数にもよるが、おおよそ3〜4ｍとなる。

エサの付け方は、「港のシロギス釣り」の項（50ページ）を参照。ただし、エサのタラシは2〜3㎜と短めにする。

砂浜のシロギス仕掛け

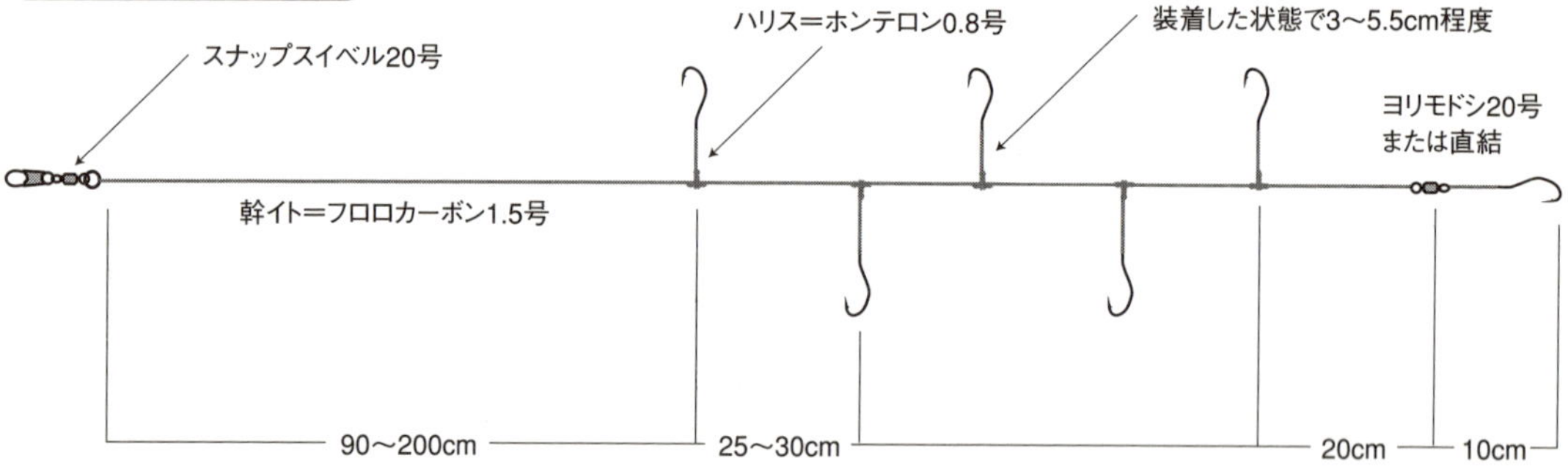

8の字結び

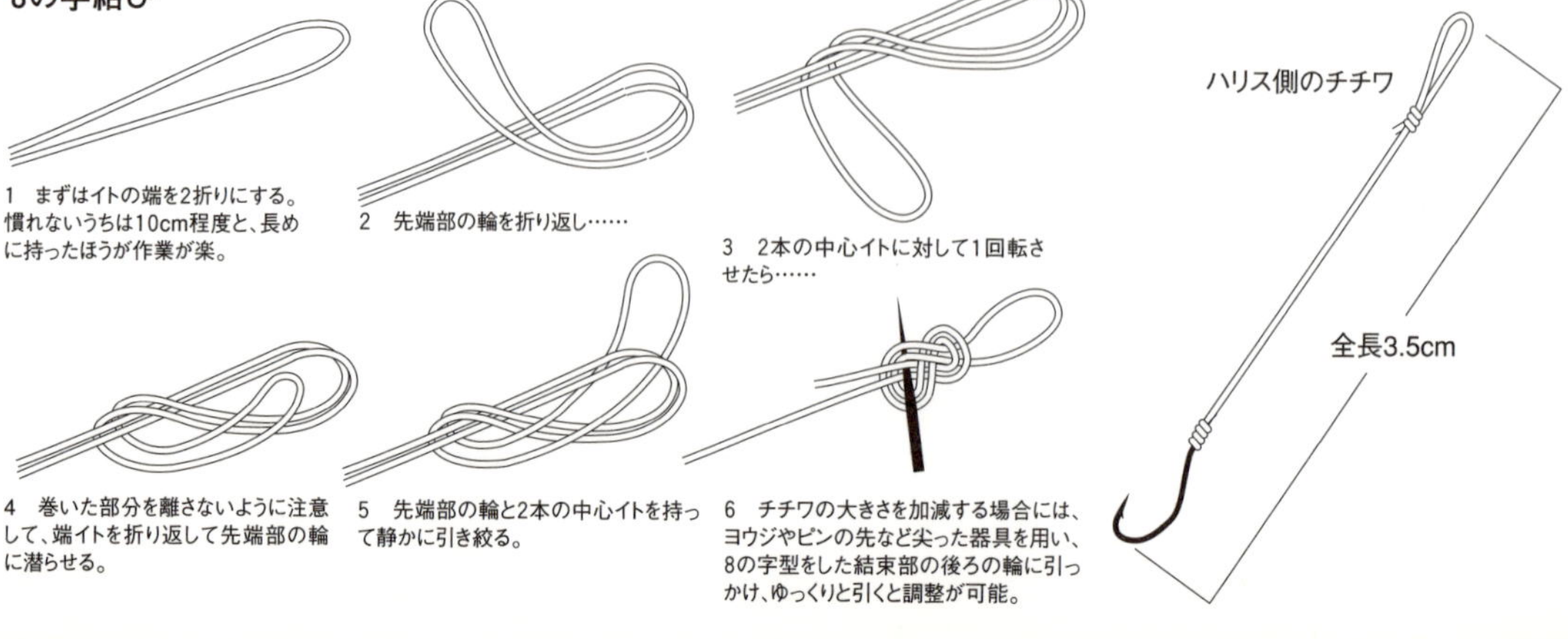

1　まずはイトの端を2折りにする。慣れないうちは10cm程度と、長めに持ったほうが作業が楽。

2　先端部の輪を折り返し……

3　2本の中心イトに対して1回転させたら……

4　巻いた部分を離さないように注意して、端イトを折り返して先端部の輪に潜らせる。

5　先端部の輪と2本の中心イトを持って静かに引き絞る。

6　チチワの大きさを加減する場合には、ヨウジやピンの先など尖った器具を用い、8の字型をした結束部の後ろの輪に引っかけ、ゆっくりと引くと調整が可能。

仕掛けの作り方

❶

スナップスイベル
第一の枝バリまでの長さを決め、幹イトを出す。
クリンチノット

❷

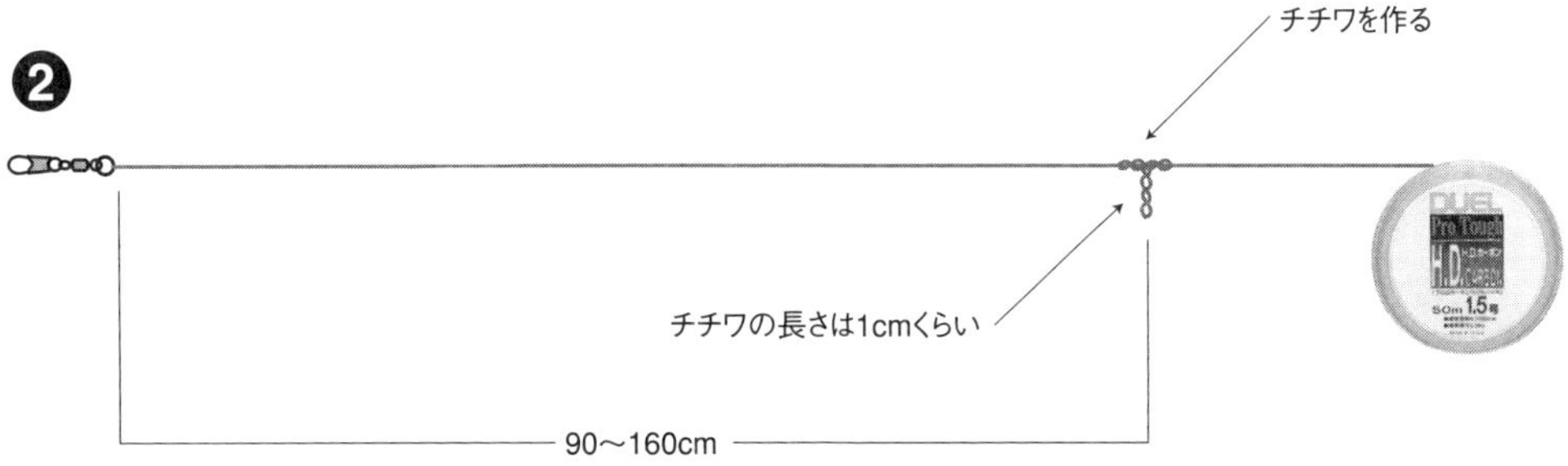
チチワを作る
チチワの長さは1cmくらい
90〜160cm

❸

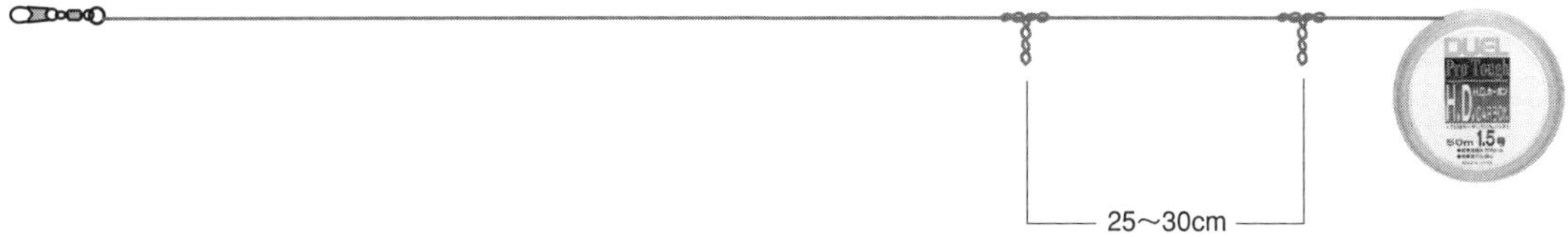
25〜30cm

チチワを作る（49ページ参照）。この時に仕掛けがよれるので、時々ヨリを戻しながら作業をする。
スナップスイベルの方向へ戻していくとよい。

❹

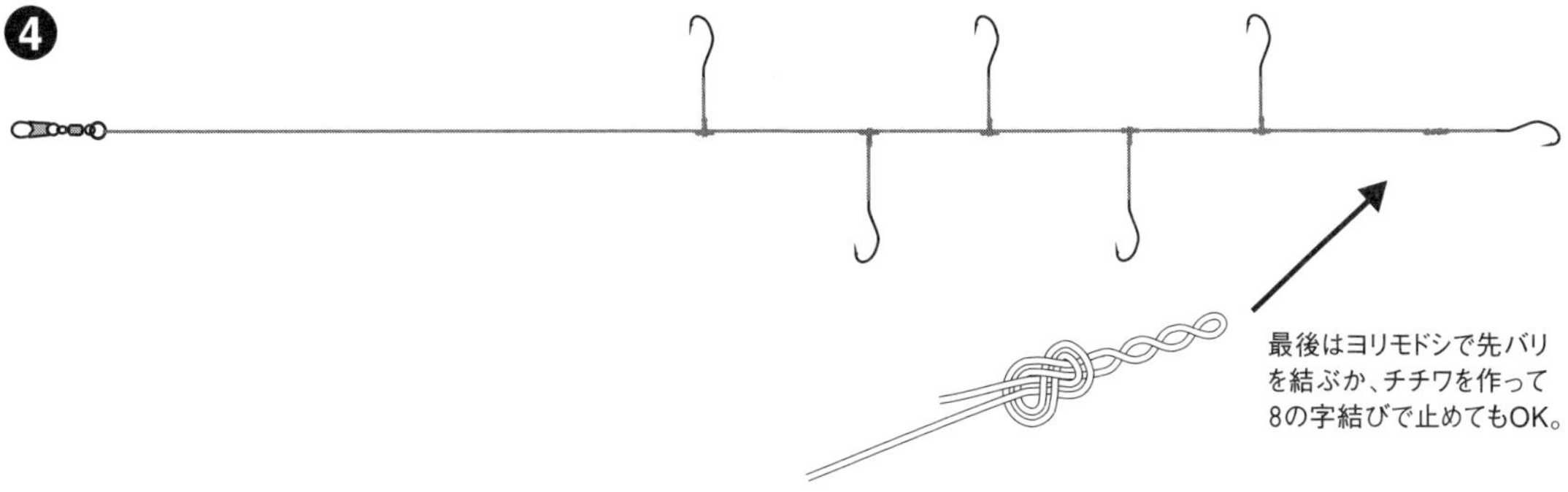
最後はヨリモドシで先バリ
を結ぶか、チチワを作って
8の字結びで止めてもOK。

③釣り方

基本のテクニック

堤防や磯では、仕掛けにエサを付け投入してサオ立てに置いておくだけでもシロギスは釣れる。だが砂浜では、エサを付けて放置しておいては釣りにならない。

砂浜のシロギス釣りでは、「一投多点」で魚を釣るべく多数のハリが付いた長い仕掛けを使うため、その仕掛けを絡ませずに投げて回収する必要がある。砂浜で釣る中・小型のシロギスは、絡んだ仕掛けには99%掛からないといっていいだろう。時々仕掛けが絡んだ状態で釣れてくることもあるが、それはキスが掛かったあとに仕掛けが絡んだためである。

サオ尻を太ももに挟むと安定して疲れにくい。

この長い仕掛けを、常に波が打ち寄せている浅い浜で絡ませないようにするには、ゆっくり手前に動かせばいい。これを「サビく」とか引くといい、その釣り方から「引き釣り」とも呼ばれる。サビく動作はシロギスを釣る基本テクニックだ。シロギスに限らず多くの魚は動くもの（エサ）に興味を示す。

砂浜のシロギス釣りではサビくスピードが季節や条件によって違い、サビき方が釣果の差となる。サビく速度の目安として「アリの歩く速さで」という表現があり、これが一番確実に掛けられる速さではある。しかし実際には、もっと速いスピードのほうが釣れる時もある。あえて表現するなら「丁寧に仕掛けを踊らせずに」ということだろうか。

リールでサビく

ミチイトにほとんど伸びのないPEを使う場合は、サオを動かして仕掛けをサビくよりも、リールでサビくほうがやりやすい。また、速いスピードでサビいてしまいたい時、探る距離が長い時、魚が多い場合などもリールでサビくと楽である。

この時、サオは身体の正面に立てて構え（楽な姿勢という意味）、サオの角度は一定にして動かさず、リールのハンドルだけを回してサビいてくる。ハンドルの回転速度がそのままサビく速度となる。サオでサビく場合と同様、途中で間を入れることもできる。

仕掛けのサビき方①　リールでサビく

オモリが遠くにある場合や、急深な浜などでは、サオを立て気味にしたほうがサビきやすい。
またサオが持ち重りしないので、長時間の釣りでも楽である。
※リールを巻いてサビく時も、このスタイルになる。

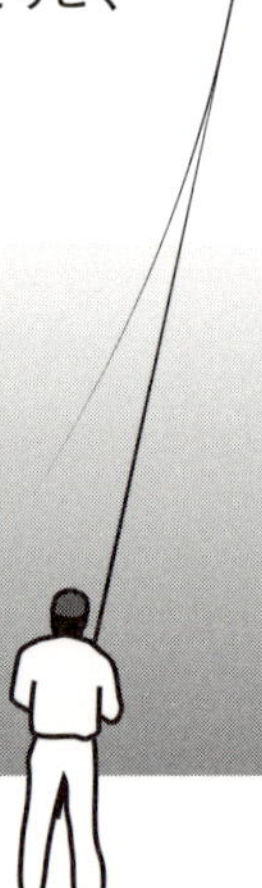

仕掛けのサビき方②　サオでサビく

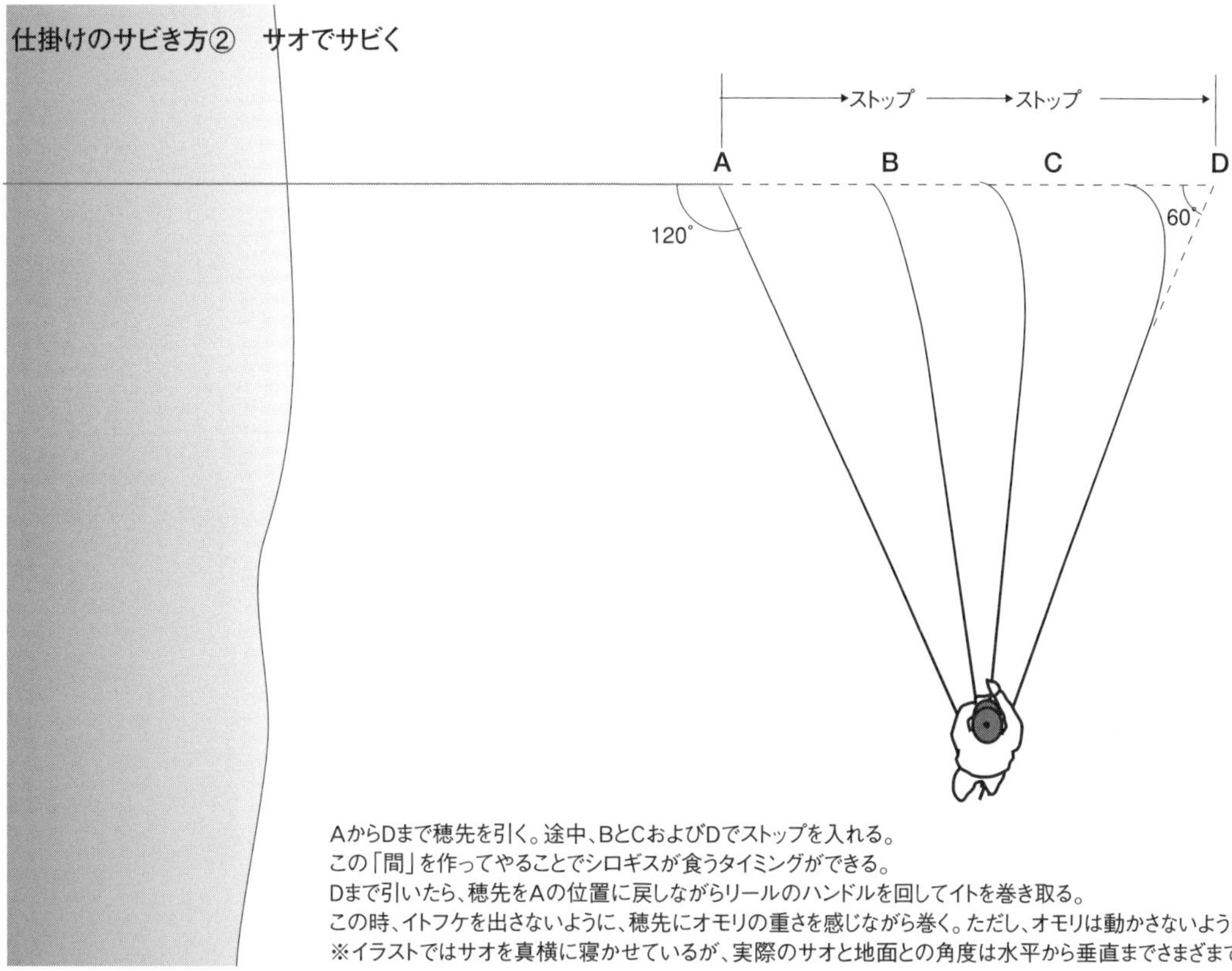

AからDまで穂先を引く。途中、BとCおよびDでストップを入れる。
この「間」を作ってやることでシロギスが食うタイミングができる。
Dまで引いたら、穂先をAの位置に戻しながらリールのハンドルを回してイトを巻き取る。
この時、イトフケを出さないように、穂先にオモリの重さを感じながら巻く。ただし、オモリは動かさないように。
※イラストではサオを真横に寝かせているが、実際のサオと地面との角度は水平から垂直までさまざまである。

魚が多い時には1尾のシロギスが2～3本のハリをくわえてしまうことがある。だがそれも仕掛けを動かし続けていれば回避でき、多点バリにゾロゾロとシロギスを掛けることができるのである。

サオでサビく

ミチイトにナイロンを使うのが主流だった時代は、サオを動かして仕掛けをサビくのが当たり前であった。リールでサビいてもミチイトが伸びるだけで「リールの回転＝オモリの動き」とならず、ある程度イトが伸びきったところで「ズルッ」とオモリが動いてしまい、スムーズなサビきが難しかったからである。

そこで、サオをゆっくりと立てながらオモリを動かしてスムーズなサビキを行なっていた。オモリが海底でポンポン跳ねないように「ジワリ」と重さを感じながら引いてくるのがよいサビき方である。

現在多用されているPEのミチイトに穂先の硬いサオだと、サオでサビく際にどうしてもオモリが跳ねやすくなる。タックルだけでなく、海底の砂質や砂紋の大きさ、海底面の傾斜角度などさまざまな要因も関係する。

オモリの跳ねを防ぐには、穂先の軟らかいサオや号数の低いサオを選んだり、逆にオモリを重くしてサオが負け気味にするといった方法もある。全体のバランスが重要なので、このようなことを考えながら釣り場に合わせて試すのも楽しみのうちだ。

なぜ並継ぎザオを使うか

砂浜のシロギス釣りでは「遠投がものをいう」場面が必ずある。遠投しなくても釣れている日はいいが、相手は自然条件であり、近い距離で釣れることのほうが稀である。「4色では釣れないが、6色では入れ食い」などという場面もけっして珍しくない。だから砂浜のシロギス釣りには遠投に適している並継ぎザオを使うことになる。

15ページの表を見てもらえれば分かるとおり、振り出しザオは構造上どうしても並継ぎザオに敵わない面がある。それが強度と遠投性能だ。

もちろん、自分の体力に合わない硬すぎる並継ぎザオよりも、軟らかい振り出しザオのほうが仕掛けを飛ばしやすいことはある。だが同じ硬さと素材のサオであれば、技術さえ身に付ければ並継ぎザオのほうが遠投できることは間違いない。飛距離が出ないのは、そのサオの持つポテンシャルを生かし切れていないだけのことである。

波打ち際でのバラシに注意

投げ釣りでは、大もの釣りなどでアワセの必要な釣り方（仕掛けとエサの違い）もあるが、中小型のシロギスを釣る場合、仕掛けが繊細でハリも小さく鋭く、テンビンのテコの原理を利用した釣りなのでアワセは必要ない。つまり、「投げて、サビいて、ブルブルッ」となったらシロギスが掛かっている。そのままサビき続けてほかの空バリに追い食いをさせるか、巻き上げればよい。

巻き上

エサ取りのフグは仕掛けの着水音に寄ってきてしまう。

げる時は、掛かった魚をバラさないようにしなければならない。ハリはクチビルに皮一枚で掛かっていることも多く、シロギスは大暴れして何とかハリを外そうとする。だから、ミチイトを張ったり緩めたりということをせず、一定のテンションをかけてリールを巻くことが大切。

一定のテンションといっても、水面に浮き上がるほどでは速すぎる。魚を自由に泳がせない程度の速さで、海底から少し上を誘動してくるようなイメージだろうか。

そして最後の波打ち際だが、内湾では波が小さいのでそのままズリ上げればよい。

外洋では寄せる波も引く波も強いので、テンションが緩んだり強くなりすぎたりしてバラすことが多い。そこで、寄せ波では仕掛けがテンビンを超えないように速く巻く。引き波では場合によっては仕掛けを止めたり、自分が前に出たりして、仕掛けとシロギスに一定のテンションが掛かるように工夫しながら、引き波が弱くなった瞬間に取り込む。

文字で表現すると難しそうだが、現場で何度か経験すればすぐに理解できるだろう。まあ、波打ち際でバレるシロギスはハリ掛かりが浅かった魚なので、そのまま生きて海に戻れる。放流したと思えばいいことだ。

足で釣る

これも砂浜のシロギス釣りの基本中の基本である。釣り大会などで動こうにも動けない場合は別として、普段の釣りではよほど混雑していないかぎり砂浜を自由に動き回ろう。

砂浜にいるシロギスの群れは、海岸線と平行に横移動している。そのため、数尾バタバタと釣れたと思ったら「ピタッ」と食わなくなることが多い。秋の落ちギスの頃は近い距離に大きな群れで固まっていることが多いが、それ以外の季節では1ヵ所にとどまらず移動している。また、同じ場所でオモリを「ドボン、ドボン」と打ち込んでいると、警戒心も強くなり移動してしまう。逆にエサ取りのフグは着水音に興味を示し、どんどん寄ってきてしまう。フグを避けシロギスを捜すためにもこまめな移動が必要なのだ。

かも重要で、ビニール袋やタッパーに入れると、冷気を遮断してしまい魚自体がさっぱり冷えない。ステンレスやアルミ製の受け皿であれば、容器の素材そのものがよく冷えるので冷却効果は抜群だ。朝釣ったシロギスがビニール袋の底で生暖かく潰れた状態と、キンキンに冷えた容器で死後硬直している状態を想像していただければお分かりかと思う。

小さなピンギスを積極的に釣ることは避けたいが、鮮度のよいものは唐揚げ、天ぷらで抜群に旨い。せっかく持ち帰るのなら美味しく食べよう。

自宅に帰ったら、その日のうちにウロコを取って、はらわたを出しておこう。この処理は早くすればするほどよく、翌日では腐ったはらわたの臭いが身についてしまう。また、はらわた周りの身の腐敗も始まってしまう。

処理したシロギスはきれいに洗い、中骨に沿って付いている血合いもきれいに洗い流す。そしてこれ以後は魚に真水をかけないこと。

このように下処理したシロギスは水切りできるトレーに並べ、ラップをせずに冷蔵庫へ。翌日に水がトレーに溜まるので、これを捨てること。魚体の水気はキッチンペーパーで拭いてラップをする。

◇大型魚は「活き絞め」に

砂浜ではクーラー内へ保管することになるので、釣ったらすぐに活き絞めにする。

「活き絞め」とは、エラの内側にナイフを入れ（ハサミでも可）、エラを開くようにして血を絞り出すこと。魚をさばくと分かるが、中骨に動脈が走っているので、そこまで切れ目を入れ、そこから血を流す。

堤防などでは、釣った魚は帰る直前までスカリに入れておくと、クーラー内をエサや飲食料の保管に有効に使える。スズキなどスカリに収まりきらない大型魚になるとストリンガーも使うが、口が繋がってしまうので弱りやすい。いずれにせよ帰る直前まで生かしておけるので、最後に活き絞めにしてクーラーへ収める。特に死んでから急に皮が腐敗臭を放つカワハギなどはこの方法がベスト。ハリを飲んだ魚は無理に外さずに、ハリスを切ってハリ付きのままスカリへ入れる。

自宅へ帰ってからの下処理はシロギスと同じ。その日のうちにウロコと内臓をとり（カワハギは必ず皮を剥いでおく）、よく水洗いして中骨の血を流す。

大量に釣れたら、下処理をして水分を切ったものをラップで二重に包んで冷凍庫へ。冷凍温度にもよるが、刺身以外で食べるのなら２～３ヵ月経ってもスーパーの不味い魚よりは美味しく食べられる。

たくさん釣れたら干物を作っておくのもよい。

晴釣雨読③

釣った魚はどうする?

投げ釣りの魅力のひとつには「食べる楽しみ」がある。

特定の魚種だけをねらう釣りの場合、さすがに同じ魚ばかりだと食傷気味になるもの。

だが投げ釣りでは、四季折々にさまざまな魚が釣れ、まさに旬の味を楽しめる。せっかくの食材なのだから、「いい状態」で持ち帰りたい。

◇シロギスの処理と保存

小型のものほど傷みやすいので、ピンギスといわれる12cm前後のものをたくさん持ち帰る時は、クーラー内がキンキンに冷えるぐらいに氷の量を多くしよう。数釣りをする人は移動を重視して小型のクーラー（8ℓ程度）を使うことが多い。するとどうしても氷の量が知れていて、予想以上に数が釣れた時に鮮度を落としてしまうことがある。

真夏から秋口の高温時には、理想をいえばクーラー容量10ℓにつき1kgの氷が欲しいところだが、小型のクーラーになるともう少し減らさざるを得ない。氷が少ない時は、クーラーの底面に置くのではなく、壁面に立てて置くとクーラーの上部まで冷やすことができる。

また、釣り場ではある程度クーラー内が氷不足になっても仕方ないが、20〜30ℓ程度の保冷力の高いクーラーに氷を入れて車に用意しておき、釣りが終わったらそちらへ移動するとよい。氷不足の高温クーラーでは現地から自宅まで移動する間にシロギスの腐敗が進み、帰ってからの身の鮮度が全然違ったものになる。

クーラー内でどんな容器にシロギスを入れる

クーラーの中で金属製の容器に魚を入れるとよく冷える。

大ギス釣り
「小さな大もの」の衝撃的な魅力

①大ギス釣りの概要

キス釣りの新ジャンル

「大ギス釣り」といういい方は近年になって浸透してきたものである。以前は投げ釣りで「シロギス釣り」といえば「砂浜や堤防から数を釣る」ことを指し、大きなキスというのは数釣るうちに何尾か混じるという確率的な扱い、あるいはほかの釣りにもあるような「ビギナーズラック」とされ、あくまでも「まぐれ当たり」であった。

しかし、これをねらって釣れないものかと、主に関西のキャスターによる大ギス釣り場の開拓と釣り方の模索が行なわれてきた。その後、数々の実績により、「大ギスをねらって釣る」ための方法が少しずつ分かりはじめ、進化してきた。

どんな魚でもそうだが、「その魚種の最大魚を取りたい」という欲求が釣り人にはある。クロダイ釣り、メジナ釣り、アユ釣りほかさまざまな釣りで、「数を釣りたい」という人もいれば、「大きな個体を釣りたい」という人もいる。

シロギスは釣りのなかでもかなり小型の魚釣りであり、普段目にするシロギスは15～20cm程度だ。20cmのシロギスでさえ「大きい」とか「いい型だ」という感覚だろう。そういう印象を持ったまま、シロギスの30cmの生きた個体を初めてまのあたりにすると、「えっ」と言葉にならないほどの衝撃を受ける。これが視覚による感動である。

そして、このクラスのシロギスがいきなり

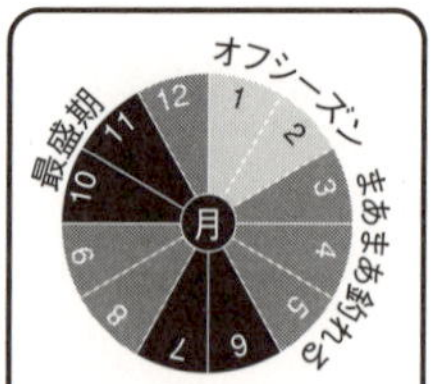

6～7月（昼夜）、3～5月（内湾）

必要な道具
- サオ＝振り出し投げザオ25～27号4.25m 2本
- リール＝投げ専用リール（ドラッグ付き）2台
- そのほか＝クーラー（投げ専用16ℓ）、小型リュック、三脚、水汲みバケツ、ヘッドライト、穂先ライト、スパイクブーツ、メゴチバサミ、ハリ外し繰り出す「シャープで力強く大きなアタリ」を経験すると「今のがシロギスのアタリ？」という半信半疑の衝撃を受ける。これが触覚による感動である。この、目と身体で受ける衝撃的な感動を一度でも経験すると、「大もの好き」の人はやみつきになってしまう。やがて全国的に大ギス釣りをする人が増え、シロギスの投げ釣りが細分化し、「大ギス釣り」というジャンルが生まれたのだ。華奢な身体に似合わぬ大きなアタリと、困難を乗り越え30cmにまで成長したシロギスに畏敬の念を込めて、釣り人はこれを「小さな大もの」と呼んでいる。

全日本サーフ 大物対象魚申請基準寸法　単位：cm

魚種╱ランク	A	B	C	D
シロギス	26	28	30	35
カレイ	30	40	45	50
アイナメ	30	40	45	50
クロダイ	30	40	45	50
キュウセン	26	28	30	33
ネズッポ	27	30	35	40
ハゼ	25	27	35	40
ニベ	35	40	45	50
マダイ	30	40	50	60
マゴチ	40	45	50	60
カワハギ	26	28	30	35
エソ	35	40	45	50
シマイサキ	30	35	40	45
ヒラメ	40	45	50	60

全日本サーフ 06年シロギス大物申請数　会員数 3,852人

ランク	A	B	C	D	合計
匹数	1,375	513	186	3	2,077

大ギスの定義

ところで、「大ギス」とは具体的に何cm以上のシロギスを指すのか。「尺ギス」といえば単純に「1尺＝30・3cm」で約30cmのシロギスということになるが、「大ギス」とは曖昧な表現だ。全日本サーフでは、投げ釣りの対象魚別に大もの基準寸法表を設けており、シロギスは26、28、30、35cmとランクが分かれている。「大ギス＝ズバリ30cm」といいたいところだが、28cmと30cmでは釣れる数に相当の開きがあり（2006年度申請実績表）、また九州と東北では成長度合いも最大寸法も違う。そこで、本書ではより身近である「28cm以上のシロギス」を大ギスと呼ぶことにする。

ちなみに平成20年6月現在のシロギスの日本記録は、長崎県の五島列島福江島で釣られた魚拓寸法で37・2cmである。

シロギスの重量は、産卵期で28cmが約１８０ｇ、30cmで２００~２５０ｇになる。もちろん場所（生息環境や地域）により成長度合いが違うので個体差も大きいのだが。過去には35cmで３８０~４００ｇになったという記録もある。

季節ごとの行動パターン

その年の状況や釣り場によって違うので一概にはいいにくいが、房総半島の場合、館山周辺の浅場では3月末~4月初旬から釣れ始める。ただしこの頃は、陸上は春めいても海水温は低い時期なので、釣果は安定せず気まぐれだ。この不安定な状態はゴールデンウィークを過ぎ5月末まで続く。春の特徴は、カジメなどの海草が茂っている周辺がポイントとなり、昼間の釣りとなる。

そして6月の声を聞くと産卵を迎え、シロギスは続々と浅場に接岸する。この頃になると産卵行動を伴うので、昼間も釣れるが夜もねらえ、本格的な大ギスシーズンとなる。

「港のシロギス釣り」の項でも解説したが、シロギスは多回産卵魚で夏場は夜間に同じ個体が頻繁に産卵する（7月に毎晩産卵というデータもある）。つまりこの時期は水深５ｍ

房総半島にはこのような小磯が多い。砂地に根が点在する大ギス釣りの格好のポイントである。

以内の浅い場所で産卵と就餌を繰り返しているため、マダイの釣れるような深い場所や、冬場のシロギス釣り場では大ギスは釣れない。

この産卵は関東では9月末まで続く。産卵期の特徴は、昼夜ねらえることと、大潮の満潮時には水深50cmほどの浅場にまで回遊してくることで、「大ギス＝大潮」という図式が成り立つ。

10月以降は、春と同様昼間の釣りになる。また潮の大小や満ち引きにあまり左右されなくなる。

12月になり季節風が吹き始めると陸上は一気に冬の寒さとなるが、海の水温は陸の1ヵ月遅れで変化するのでまだ温かい。また房総のように黒潮の当たる地域では、1月でも海中には秋の温かさが残っている。

千葉県館山では、31cmのシロギスが1月に浅い場所で釣れた記録がある。すると翌3月のシーズンインまで、シーズンオフは2月だけということになる。考えてみれば成魚ほど温度差や水圧に強いので、シーズンの終盤や初期は昼間の大型ねらいが成り立つのだろう。もちろん、これは黒潮の恩恵を受けて冬でも水温が高い場所での話で、東京湾千葉県側のように浅場の海水温が10℃を切るような場所では、キスは深場（20m）前後に落ちてしまう。

②ポイント

根周りの海中イメージ（昼間）

図のとおり、基本は根の際をねらう。堤防などでは、基礎の際も重要なポイント だ。

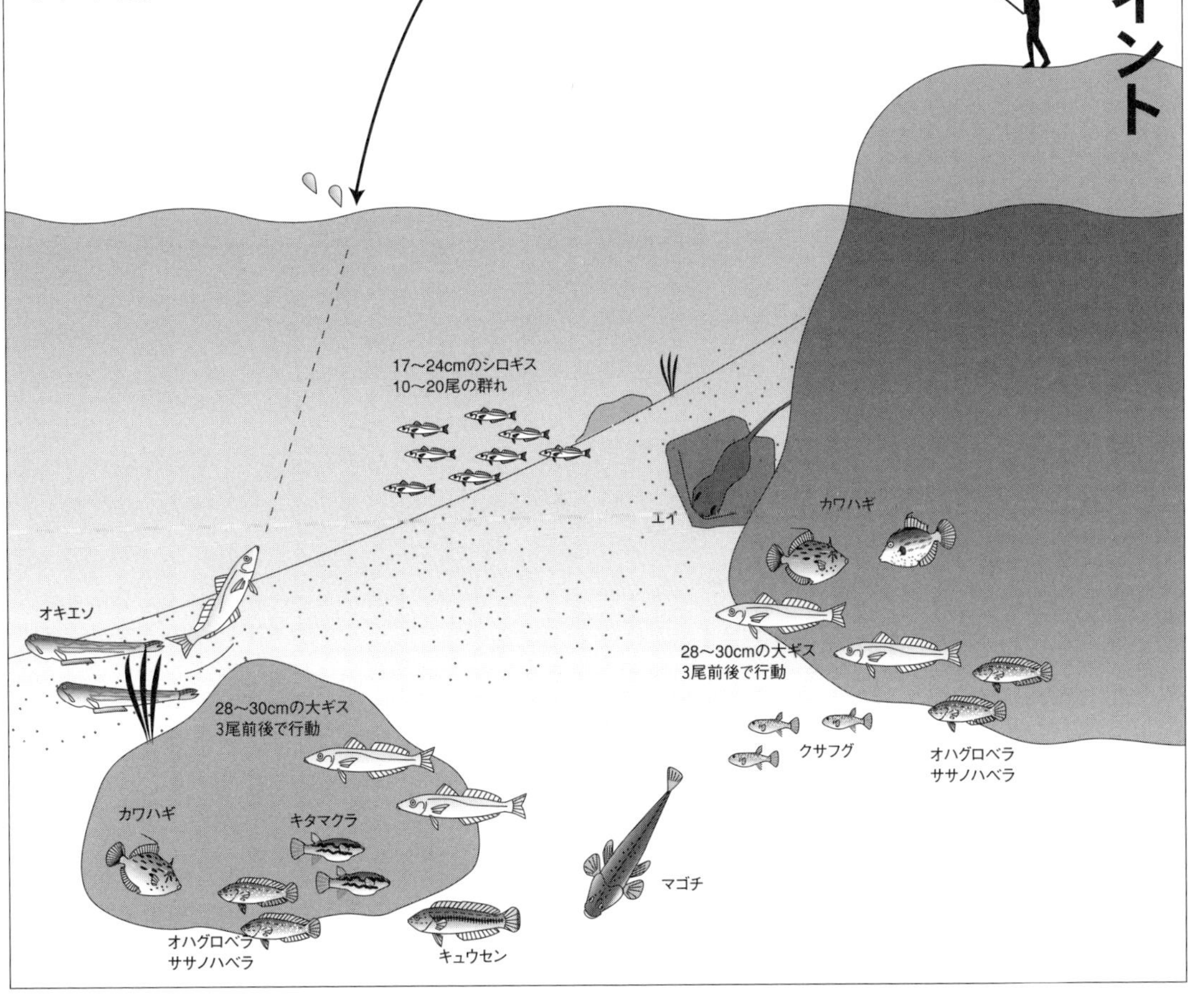

③仕掛け

「全遊動式仕掛け」

これは、エサを食って走ろうとする大ギスに対してイトを送ってやるための仕掛けである。あらかじめリールのドラッグを完全にフリーにして、いきなり訪れる大ギスの大アタリにイトを出すか、サオを手持ちにしてリールのベールを起こしたままイトを出す、といった方法を取る。いずれも、大きなハリに大きく付けたエサをしっかりと食い込ませるための工夫である。

大きなエサを付ける理由は、以前は魚の多い釣り場で大ギスの周囲にいる小さいシロギスや他魚が掛からないようにするためということもあったが、現在はエサの存在を目立たせるために大きく付ける、という意味合いが強くなっている。大きなエサ、すなわちアオイソメ1尾掛けだったり、チロリやアカイソメ（本虫）を7～10cmほど付けるとなると、必然的にハリを大きくせざるをえない。

さらに、大ギスをねらう場所は水深の浅い根周りであるため、根掛かりや取り込み時に海草に引っ掛かることも多く、強引に取り込む必要がある。この時、引き釣りで使うような小バリでは、ハリ外れやハリの伸びによるバラシに繋がる。ハリ掛かりの場所も、口の周辺だと身切れによるバラシが起こりやすい。それを避けるために、「大バリをノド奥に飲み込ませる」という安全策を取るようになったのである。

たとえば流線型の13号や丸セイゴ16号にアカイソメ10cm（極端な例）を付けた場合、ハリの部分まで飲み込ませるためには、こちらが送り込んでフォローしてやらないとどうしてもスッポ抜けてしまう。当然「長いエサより短いエサ」、「太いアカイソメよりも細いチロリやアオイソメのほう」が飲み込みやすく、ジャリメであればハリも小さくできるため、ひと口で飲み込むことも可能だ。

送り込むタイミングとアワセ

シロギスはエサを飲み込もうとした際になんらかの抵抗を感じると、エサを逃さないためにくわえたまま走る。よく勘違いされるのが、「違和感を感じてエサを吐き出す」とか「違和感を感じて逃げる」という表現だ。魚は違和感を感じているだろうが「エサを食いたい」「エサを確保したい」と走るのである。

この時、シロギスが感じている抵抗（＝ラインやオモリによるテンション）が強ければより強く大きく走り、水深が浅ければ浅いほど長距離を走る。この最初のひとのしの際に送り込むことができると、次に魚が止まった時にエサを飲み込ませることができる。

逆にタイミングを逸して送り込めない、あるいは大きな抵抗があるとハリがスッポ抜けるかエサが千切れしまい、空振りに終わる。

このような捕食行動は、ほかの魚でも似ているものが多い。口の大きい魚はそれほど気にせずともハリ掛かりするが、シロギスは口が小さいのでどうしても空振りしやすい。

全遊動式の仕掛けを使った釣りでは、固定式とは違って向こうアワセでハリ掛かりしているわけではない。「ミチイトがナイロン」「魚との距離が遠い」「ハリが太軸」「太いアカイソメを使っている」といった要素があると、エサは飲み込んでいてもハリ掛かりが甘く、取り込みの最中に外れてしまうこともある。そのため場合によっては、軽くアワセを入れておく必要もある。

ただし距離が遠くても、ミチイトが伸びの少ないPEならアワセは不要。また投げた距離が近かったり、アオイソメに細軸のハリを使っているのであればアワセを入れなくても大丈夫だ。状況に応じて柔軟に対応したい。

大ギスの仕掛け①「全遊動式」

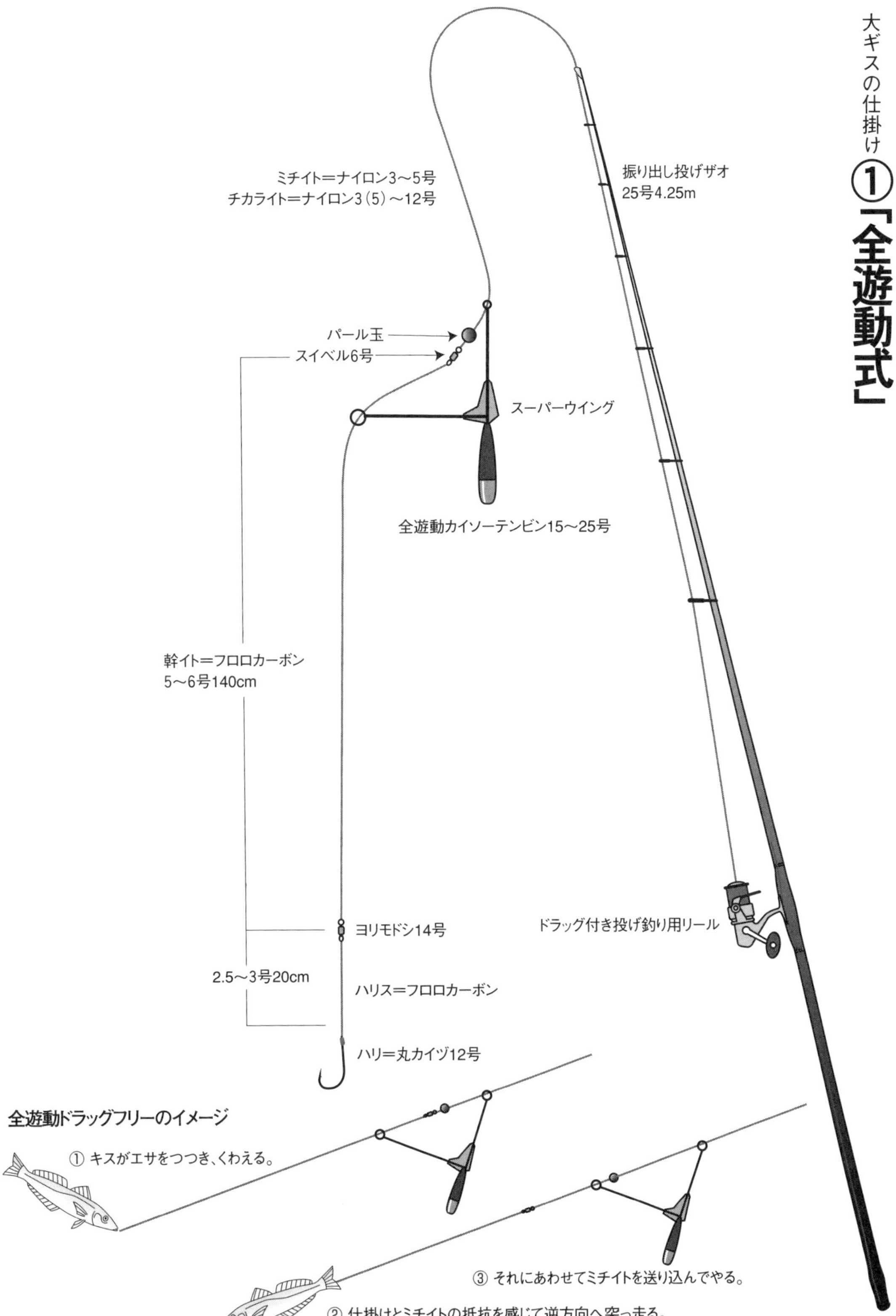

振り出し投げザオ
25号4.25m
ミチイト＝ナイロン3～5号
チカライト＝ナイロン3（5）～12号
パール玉
スイベル6号
スーパーウイング
全遊動カイソーテンビン15～25号
幹イト＝フロロカーボン
5～6号140cm
ヨリモドシ14号
2.5～3号20cm
ハリス＝フロロカーボン
ハリ＝丸カイヅ12号
ドラッグ付き投げ釣り用リール
全遊動ドラッグフリーのイメージ
① キスがエサをつつき、くわえる。
③ それにあわせてミチイトを送り込んでやる。
② 仕掛けとミチイトの抵抗を感じて逆方向へ突っ走る。

大ギスの仕掛け

②「固定テンビン式」

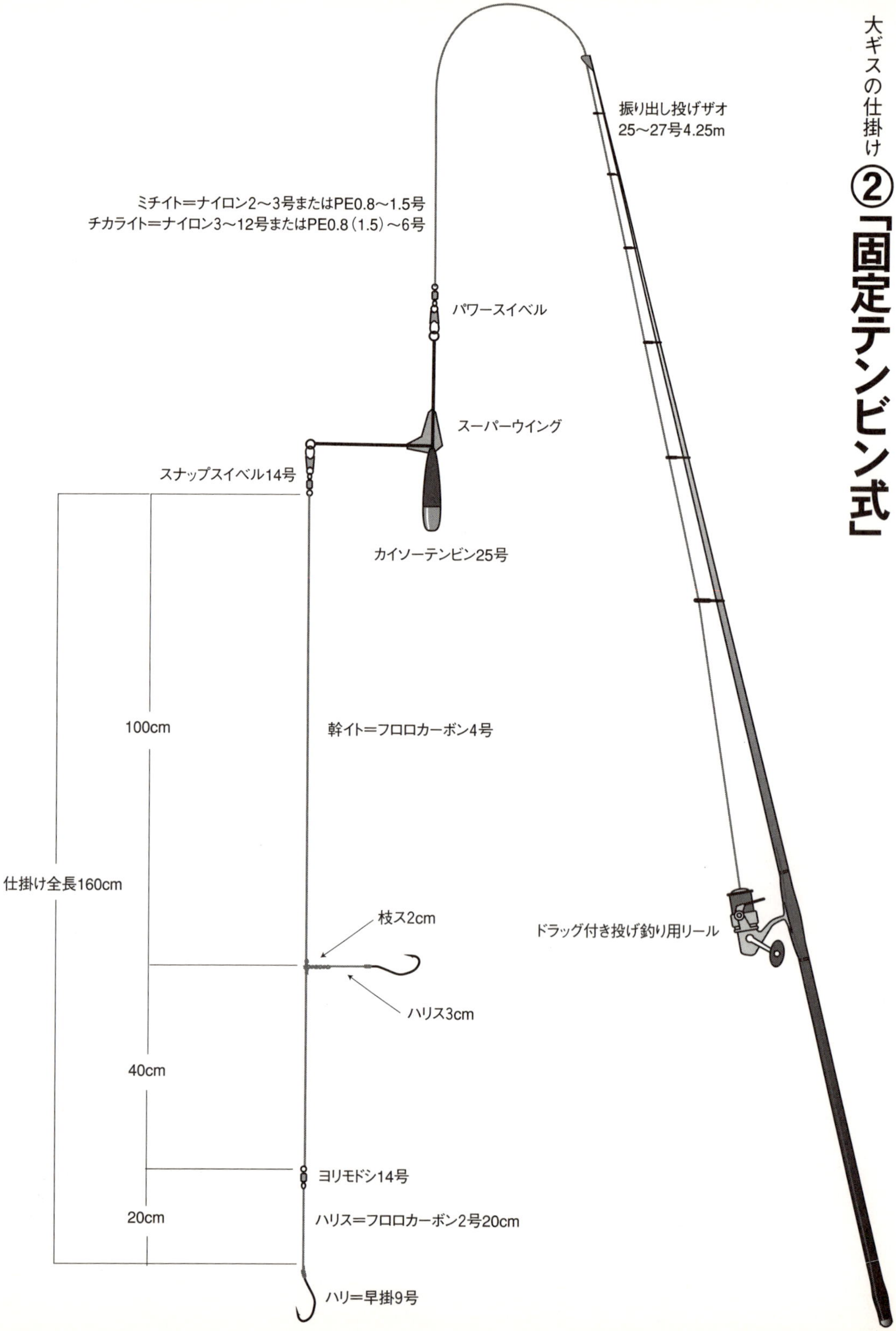

振り出し投げザオ
25～27号4.25m
ミチイト＝ナイロン2～3号またはPE0.8～1.5号
チカライト＝ナイロン3～12号またはPE0.8（1.5）～6号
パワースイベル
スーパーウイング
スナップスイベル14号
カイソーテンビン25号
100cm
幹イト＝フロロカーボン4号
仕掛け全長160cm
枝ス2cm
ドラッグ付き投げ釣り用リール
ハリス3cm
40cm
ヨリモドシ14号
20cm
ハリス＝フロロカーボン2号20cm
ハリ＝早掛9号

「固定テンビン式仕掛け」

遠いポイントを攻めようとする際、エサの種類によっては大きく付けると遠投しづらいことがある。エサを小さくするとハリも小さくできるので、この場合は全遊動にせず、固定Lテンビンを使う。この仕掛けは、オモリの重さとアームのテンションにより、最初のアタリで向こうアワセで掛けることができる。

そのほかに固定テンビンが有効なのは、水深が深い場所。浅い場所と違ってキスがあまり走らないので、大きく送り込まなくてもハリ掛かりさせることができるからだ。また、手前に海草や高根などがなく、キスを遊ばせながら余裕を持って取り込める場合も、ハリ外れや伸びの心配がないので小バリ十固定テンビンの仕掛けが使える。あるいは低い根周りをタイトに攻める際、全遊動の仕掛けを送り込むと根掛かってしまう。このような時にも魚を早くハリ掛かりさせて釣りあげるため、固定Lテンビンを選ぶ。

いずれの場合も「固定Lテンビン十小バリ、小エサ」とし、最初のアタリでキスのノド奥、あるいは口周りにハリを掛ける。大ギスは最初のひとのしで大きく走るので、イトを緩めてテンビンを引かせてやる。この時にサオで受け止めてしまうと、ハリがノド奥にしっかり掛かっていれば取り込めるが、口周りに掛かっている時は身切れしてバラしやすい。それほどこのひとのしは強烈だということ。シロギスの動きが止まったら、引きと重量感を楽しみながら、ゆっくり巻き取りにかかればいい。

全遊動、固定Lテンビンのいずれの仕掛けを使う場合も、エサの種類や大きさ、ハリの大きさ、ミチイトの種類、魚との距離、障害物、水深、サオの硬さなど、さまざまな条件によって釣り方を微調整する必要が出てくるだろう。経験を積んで柔軟に対処したい。

④釣り方

回遊のタイミングを逃すな

産卵期以降の大ギスは、浅い入り江や根周りにエサ（甲殻類など）を求めて回遊してくる。この時、あらかじめ大きなエサで待ち伏せしていると、必ず仕掛けにアタックしてくる。特に産卵期であれば、アタックせずに通り過ぎることはないと思う。

産卵期には毎週、あるいは毎晩のように産卵する個体もあるのだから、四六時中エサを食べて卵を生産し続けなければならない。だから「産卵期に食い渋る」という現象はシロギスに関しては当てはまらず、あるとすれば「水温低下による食い渋り」だろう。

この最初のアタックを逃すと、同じ魚が再びアタックする可能性はきわめて低い。恐らく10％くらいではないだろうか。一緒に回遊している別のシロギスがアタックしてくる可能性は高いが、もともと数尾（1〜3尾程度）で回遊していると思われるので、そのアタックも10分くらいの間で終わる。

つまり回遊してくる大ギスの活性は約10分で下がってしまい、最初のアタックを逃すと、その後アタリが続くことはごくまれである。

水深が深かったり、流れのある場所ではポツポツ釣れ続くが、産卵期に浅い場所に乗っ込んでくる個体は積極的である反面、警戒心も強い。

釣り人がいない入り江や根周りに大ギスが回遊してきた場合、エサが捜せるかぎりはその場所を離れずにゆっくり就餌活動を続け、30〜60分程度は留まっているように感じる。釣り人が運よくその場に入ってきて投げれば、1投目の着水音に必ず反応し（ただしポイントから離れた場所へ投げ込み、ポイントへ静かにサビきを入れること）、好奇心旺盛にオモリの場所にやってきて大アタリ、となるだろう。だがこれを掛け損じると、2投目、3投目のアプローチ（着水音）には極端に警戒する。

これらのことが、警戒心が強く臆病といわれる由縁ではないだろうか。大ギス釣りをしている人には、このように考えざるを得ないような経験があるはずだ。

少人数で釣るのが鉄則

以上のような生態を踏まえると、おのずと釣り方も見えてくる。

まず、釣り場にはできればひとりで入りたい。多くても2人までだ。大きな浜でないかぎり、大ギスのポイントはほとんどが小場所である。そして小さなキスの群れと違い、少数で広範囲を回遊している。小場所をひとりで釣ってもワンチャンスしかないのだから、ふたりで入ってもチャンスが半減するだけだ。ましてや3人で入ったら、それぞれが「ドボン、ドボン」とオモリを好き勝手に打ち込みあい、共倒れになってしまう。

これは、大勢の釣り人がサオをたくさん並べる「カレイ釣り」や、砂浜に並んで釣る「シロギスの引き釣り」との一番の違いだ。「みんなで並んで大ギス釣りましょう」というのは成り立たない。

釣りの手順

現在の混雑する釣り場を考えると、点々と移動しながらの釣りは考えられない。数時間は場所移動しないものと考えると、1本ザオでは手持ち無沙汰になるので2本用意しておこう。

釣り場に着いたら、まずは近いポイントを探る。できるだけ軽いオモリで、ポイントの先に落とし、静かにサビいて仕掛けを誘い入れる。いきなり大アタリの出ることもあるし、フグやベラ、カワハギなどがアタックしてくることも多いだろう。夜ならゴテンアナゴも元気だ。ようすを探ってみて大ギスが不在ならば近場は置きザオにし、もう1本を遠いポイントへ入れて同じように探ってみる。

数投すればポイント全体のようすも分かり、大ギスがいなければ回遊待ちの態勢に入る。エサ取りを釣りつつ、仕掛けのエサがなくならないよう新鮮なエサを付けて投げ返す。時々仕掛けを動かして「誘い」を入れたり、1本を手持ちにしてサビくのもよい。ただしあまり積極的に動きすぎると釣り場を荒らすので、あくまでも静かに行動しよう。

産卵期は満潮前に釣り場に入り、満潮を迎えて干潮まで釣れば、どこかで大ギスに巡り会うチャンスが訪れるだろう。浅い場所では大潮の満潮時が一番のチャンスで、次が干潮直前、下げの順となる。もちろん潮にかかわらず朝夕のマヅメ時も狙い目だ。真夜中でも食うが、1日のなかでは午後の中途半端な上げ潮が一番可能性を感じない。

誘いとエサの動き

大ギスも、やはりほかの魚と同様、明らかに「エサの動き」に反応する。置きザオでじっくり待つ夜釣りでも、時々動かして誘うことが重要で、動かす距離は短くても長くても構わない（10～300cm）。この時、サオはシャクるように瞬発的に動かすのではなく、オモリが海底をなめるように「ジワッ」と動かすとよい。これは砂浜での引き釣りと同じである（もちろん速いサビきでも食うことはあるが、浅い小場所では釣り場を荒らすことにしかならない）。

夜釣りの場合、置きザオで待つスタイルが主となるのでエサは匂いによる集魚効果の高いアカイソメ（本虫）、チロリなどが一般的だ。これらのエサは全く動きがないので、視覚によるアピールは弱い。たとえ真っ暗な夜でも、これを少しでも動かしてやるほうが、近くにシロギスがいれば反応させやすい。

アオイソメ、ジャリメなどは1匹掛け（頭の着いたまま）で使うので、ハリを刺しても生きていて尻尾側がクネクネ動き、昼間などはサビがなくてもアピールしてくれるが、やはりサビいたほうが効果は大きい。

エサの使い分け

大ギス釣りの定番エサであるチロリ。海水中で保管して使う。

長いアカイソメを飲み込んだシロギス。

夜間の釣りにはアカイソメ、チロリ、アオイソメとそれぞれ一長一短がある。ちなみにジャリメは夜は使わないほうがいい。

アカイソメの場合、ほかのエサに比べて太くて吸い込みにくいので、ハリ掛かりさせるにはなるべく抵抗なく送り込んでやりたい。またハリ先が隠れやすいので、魚との距離やタックルバランスによっては軽くアワセを入れないと掛かりが浅く、バレることもある。当然ながら小さいキスが掛かりにくいため「釣れないエサ」と勘違いされることもあるが、当たれば大きい。集魚効果が高いので、夜は他魚の食いもよく、昼間は特にフグを集めてしまう。

チロリは、鮮度のよいものは切れにくく、大ギスのひとのしにも耐えてくれる。太さもほどよくハリ掛かりしやすい。ただ、中・小型シロギスから他魚まで何にでも食いがよいので、アカイソメ同様エサ取りが多い時には困ることも。「チロリがなければ大ギス釣りにならない」といわれるほど人気のあるエサだが、入手しにくく保管や扱いにも気を遣うので、あまり過信しないほうがよいだろう。

アオイソメは大きさがさまざまある。スズキ釣りに使われるような極太（15cmほど）のものは大ギスへのアピールも大きいが、これを全部シロギスに飲み込ませるには時間がかかり、ハリ掛かりさせるのが難しい。また太いものはエサそのものに重量があり、投げるショックで切れやすい。全長10cmくらいかそれ以下のものを1匹掛けで使うのがよい。

ただし、周囲にキスが多いと中型は数が釣れ、小型なら尻尾の食い逃げが多発してロスも多い。夜釣りでフグ、ゴンズイ、サメ、エイなどに閉口する時はアオイソメがおすすめである。逆にアナゴの多い時は使わないほうがよい。

ジャリメ（イシゴカイ）は、ズバリ昼間の1尾掛けで威力を発揮する。一発で大ギスの口の中に吸い込ませるにはこれが一番である。ただしアオイソメ同様、周りに小型のシロギスが多いと困る。アオイソメもジャリメも昼間は積極的に動かしたいエサだ。ちなみに天草方面ではジャリメのことを「キスゴムシ」という（キスゴ＝シロギスのこと）。

第三章

カレイ釣り

秋から春にかけての投げ釣りで人気の高いカレイ。近縁種が多いが、ここでは代表的なマコガレイ、イシガレイ、ナメタガレイの釣りを紹介する。

マコガレイ
カレイ釣りのメインターゲット

根強いファンの多い「静」の釣り

投げ釣りの対象魚のなかで、古くからシロギスとともに愛され、全国的に馴染み深いのがカレイだ。シロギス、クロダイ、スズキ同様全国の沿岸に生息しており、「人間の生活圏に身近」「食用」という大衆性が釣りの対象魚として愛されるゆえんである。

シロギスが季節感と生態から「動」のイメージを持つ釣りだとすれば、カレイのイメージは対極的な「静」の釣りであろう。

また、姿形が特徴的であることや、姿の似ているヒラメが生きエサを使う特殊な釣りであるのに対し、カレイが虫エサで釣れることも、大衆的な釣りものとなった一因ではないだろうか。

さて、カレイといっても種類は非常に多い。普段はひとくくりに「カレイ」といっているが、釣り（船釣りも含む）の対象魚として一般に名前が挙がっているのはマコガレイとイシガレイがほとんどだ。そのなかでも投げ釣りの対象魚としては、地域による差はあれ、全国的にはマコガレイの割合が多い。つまりマコガレイが「人間に一番身近な浅い港内まで接岸しやすいカレイ」だということである。

独特のユーモラスな体型

カレイ釣りの好きな人にその魅力を問うと、「あの姿形が」という答えが多い。そう言われると、なるほどそうかとうなずくほかない。ヘビが嫌いな人、ゴキブリが苦手な人、両生類が好きな人など、人にはそれぞれ生理的に受け付けない形、好きな形というものがある。ヘビの嫌いな人は、おそらくアナゴやウナギの形も生理的にダメであろう。いくら他人が「かわいい」と説明しても、これはもうどうしようもない。それに引き換え、犬や猫が好きな人はたくさんいるわけだ。

同じように、カレイやヒラメの独特な姿形には、どうやら人間に好かれやすい何かがあるらしい。

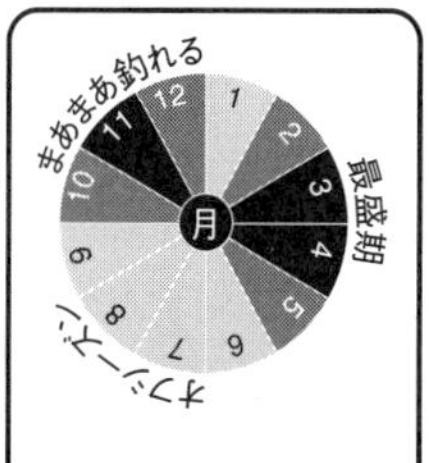

必要な道具
・サオ＝振り出し投げザオ（25号～30号、4.25m）×3（ロッドケース入り）
・リール＝ドラッグ付きリール 3台
・そのほか＝クーラー20ℓ、タモ、三脚、リュック（20～25ℓサイズ）、水くみバケツ、スカリ

「扁平で大きく見える存在感」「目が片面に寄っていて愛嬌のあるユニークな顔」。考えてみれば普通の動物はほぼ左右対称に作られていて、扁平な形のマゴチやエイなどでさえ、左右対称にできている。それが、カレイとヒラメはどうしてあのような姿になってしまったのか。その普通でない外見が人を惹きつけるのかもしれない。

マコガレイの生態

マコガレイは水深１２０ｍ以浅の砂泥底に棲む。日本全国に生息しているが、黒潮が強く当たる鹿児島、四国の太平洋側、伊豆諸島にはいない。同じく駿河湾、相模湾、外房などでも数は少ない。

東シナ海では天草周辺から見られる。対馬、山陰から日本海側を北上して北海道南部から津軽海峡を太平洋側へ回り込み、親潮の当たる三陸～銚子まで生息している。太平洋側では瀬戸内海や東京湾に数が多い。

成長はメスのほうが早く、大型化する。地域差もあるが、メスで30cmを超えるのに5～6年という報告が多い。全長45cmを超えるものはすべてメスであり、常磐や牡鹿半島では60cmを超えるものも釣られている。オスは常磐地区でも40cmを超えることは稀だ。

雌雄の割合は半々のようで、産卵では1尾のメスに1～数尾のオスが追尾するようだが、基本的には雌雄一対で受精、産卵するようだ。また本来は夜行性の魚であり、夜のほうが数が釣れる。

①道具

サオ

カレイの投げ釣りは2～3本のサオを並べて「ゆっくりと間を楽しむ」釣りである。また砂浜のシロギス釣りのように必ずしも「遠投＝釣果」に繋がりにくいこともあり、並み継ぎザオよりも軽く携帯に便利な振り出しザオのほうがよい。

遠投が不要とはいっても、重いオモリ（25～30号）を投げられること、根掛かりしやすいポイントから重いバケツを引きはがすような腰と強度を求められることから、それなりの品質のものが必要だ。店頭価格1万円前後の製品でも強度的には充分だが、よりストレスのない釣りを楽しみたいなら、SiCガイドを使った製品を揃えたい。長さは仕掛け長や取り込みなどを考慮して4・25mがよい。

サオの価格は付属パーツ（ガイド、リールシートなど）と素材（カーボンシート）のコストに比例して高くなるわけで、高いサオほど「強度のある軽量素材」だと考えてよい。ただし、軽くて硬い素材ほど瞬間的な力や鋭角的な曲げに弱く、扱いを間違えれば簡単に穂先が折れるといったトラブルも起こりうるので注意しよう。もちろん、価格と品質の高いサオは、正しい曲がり方であれば「魚の強引な力」に対して優れた能力を発揮することは間違いない。

リール

カレイを掛けたあとのやり取り自体にドラッグを使うことはないが、掛けるまでの駆け引きにはかなり有効だ。もちろんドラッグなしの投げ専用リールでも間に合うのだが、予算が許すのであればドラッグ付きを手に入れたい。

ドラッグを使う理由は、フリーの状態でアタリを待ち、カレイの大アタリに対して仕掛けを送り込む（スッポ抜け防止）ことと、漁船にミチイトが引っ掛かった時や、サメ、エ

カレイや大もの釣りにはドラッグ付きのリールが有効である。

イなどの大型魚にいきなり引き込まれた際の道具の転落防止という意味合いもある。

　また、「なぜ小型スピニングリールではダメなのか？」と考える人もいるだろうが、これは実際に現場で使ってみればすぐに分かる。

　「足場の低い浅い釣り場」「ポイントが近く軽いオモリですむ」「流れも弱い」「ボートからの釣り」といった条件なら、磯ザオと小型スピニングリールでも間に合うだろう。

　しかし、実際にある程度のサイズのカレイを陸から釣ろうと思うと、必然的に条件が厳しくなる。常磐などでは「足場が高く、ミチイトが風の影響を受けるため重いオモリを使わざるを得ない」「水深があるので、カケアガリがきついことが多い」「根掛かりしやすい場所が好ポイント」「流れが強い場所がある」というような条件下で釣ることになる。

　そこで、足場が高い場所でも、風や流れの強い時にも仕掛けを止められるように重いオモリを使い、その大きな仕掛けをある程度の距離まで投げ、ハリに掛かった40cm以上にもなるカレイを、根掛かりの心配のある海底からすぐさま引きはがす……。こういった釣り方を考えると、小型のスピニングリールでは用をなさない。スプール径の大きな（＝巻き上げ速度が速く、巻き上げ力が強い）投げ専用リールが欠かせない、というわけだ。

玉網（タモ）

カレイ釣りでは直径50～60cm枠の玉網と、釣り場の高さに応じて4～6mの柄が必要になる。

　「関東周辺でのカレイの投げ釣り」は、数を釣るのではなく、数少ないアタリを確実に取り込むスタイルとなる。それゆえ、ハリを魚のクチビルに掛けるというよりも、飲み込ませてから取り込むことが多い。そしてこれが、取り込みの際にバラす大きな原因となる。飲み込んだハリが運よくエラや胃に掛かっていれば抜けることはないが、意外にもハリ先が刺さっておらず、最後の抜き上げ時にエサごと「ズボッ」と抜けることがある。エサをたくさん付け、それに合わせてハリも大きく太くなるので、どうしても刺さりが悪いのだ。

　こうした取り込み時のスッポ抜けを防ぐために、タモ入れは習慣づけるべきだ。魚が小さいからといって引き抜いていると、いざ大きなサイズが来た時もつい面倒になり、ゴボウ抜きをして失敗する羽目になる。しかも大きなカレイほど口の内側が硬く、ハリが刺さりにくい。

　スズキやクロダイなどは「空気を吸わせるとおとなしくなる」という理由から、魚の顔を水面から出すようにして取り込むが、カレイの場合は逆にスッポ抜けの原因にもなるので、無理をせず水面直下に魚を留めて頭側から網に誘導してやる。そして、魚が網に入るまではミチイトを絶対に緩めないこと。

　また、魚の入った玉網の柄を伸ばしたまま

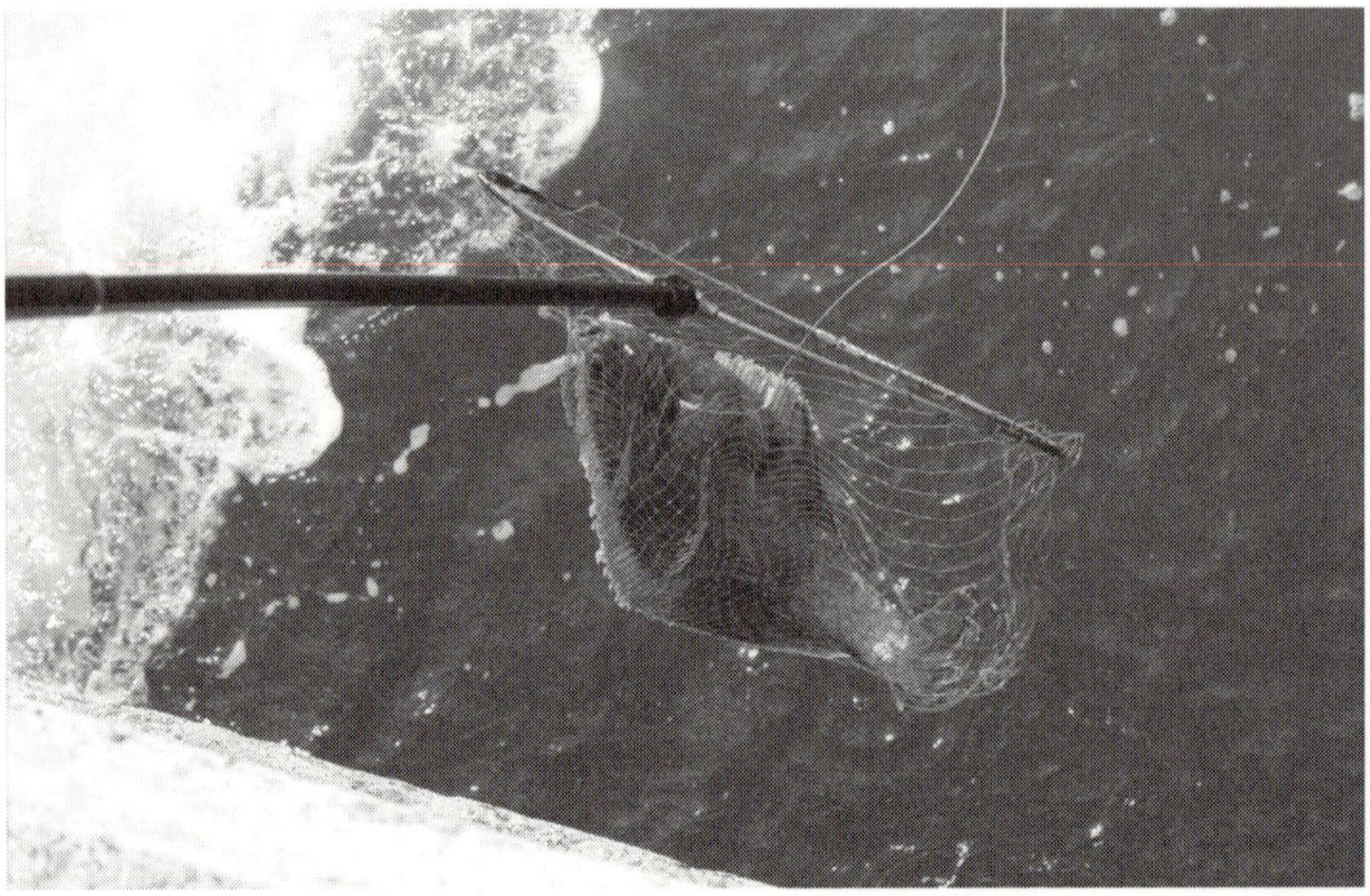
玉網は柄を縮めながら引き上げよう。

堤防へ上げる人がいるが、それでは柄が折れてしまう。必ず柄を縮めながら網を垂直に引き上げること。

三脚

サオを複数本並べてアタリを見るので、三脚は必携。2本脚を前に、1本脚を手前にしたほうがバランスがよい。また中心に重し（水くみバッカン）を提げないと三脚は用をなさない。

ミチイト

ミチイトにはナイロンならば5号、PEの場合は3号を基準にする。

ナイロンとPEのどちらが釣れるかといえば、カレイ釣りにおいてはほぼ同じであろう。大ギス釣りやタイ類、スズキ釣りなどで好んでナイロンを使うこともあるが、条件しだいではPEも使う。

ただ、扱いやすさで選ぶならば、なんといってもPEが優れている。過去にナイロンで釣りにならなかったことはあっても、PEで釣りにならなかったカレイ釣りは思いあたらない。「釣りにならなかった」というのは根掛かりのことである。

たとえばナイロン5号を使った場合、リールの項で触れたように、海流や風などによって大きなイトフケが出てしまうと、ナイロン自体の伸びによってオモリや仕掛けが「ジワッ」と引っ掛かってしまうことが多い。さらにイトが数十mも出ているので、根掛かりを外そうとサオをあおったりしても容易に外れないどころか、なおさら強く掛かる傾向がある。

それに対しPE3号では、細くて水切れがよい分、ナイロンに比べイトフケが格段に出にくい。ただし軽くて沈みにくいため水に馴染むまでに時間が掛かるので、投げたあとしばらくはイトフケを取るように注意すること。

また、根掛かりした場合でもPEはほとんど伸びないので、100mくらいの距離であれば瞬発的にテンションをくわえるとオモリが「ポンッ」と外れたり、ハリスが切れてくれたり（ミチイトとの強度バランスが必要）、ハリ先を伸ばして外すなどというテクニックも使える。

このように根掛かりによるロス（オモリ、仕掛け、チカライトなど）が少ないと、その日の釣りが快適になり、また積極的に根やカケアガリがねらえ、その結果釣果にも繋がりやすい。根掛かりが頻発すると「精神的にめげてしまう」のはベテランでも同じである。

チカライト

チカライトは、ミチイトがナイロン5号でもPE3号でもナイロン製（5～12号以上）を使う。もちろんPEでも構わないが、「アオイソメを房掛けにして投げる」「ドウヅキ仕掛けで投げる」といった場合に、ナイロンであれば投げる時のショックを和らげ、エサ切れを防ぐ効果がある。

さらに「全遊動でチカライト部分を送り込む」というシステム上、根や障害物周りでオモリ周辺が擦れやすいことなどを考慮すると、ナイロン製のほうが無難であろう。また、高切れした時に失う部分が安価ですむことも大きい。

ただし、ミチイトのPEが1・2号以下のものになると、チカライトがナイロンでは素材の硬さが違いすぎて投げる時にガイド絡みを起こすので、「細いPEのミチイトにはPEのチカライト」を使わざるを得ない。逆にミチイトをPE5号以上にした場合は、チカライトは不要である（チカライトの結び方は26ページを参照）。

②仕掛け
絡みにくいシンプルなものを

仕掛けは「シンプル・イズ・ベスト」が基本。ハリは1本でも充分だ。テンビンとの結束部にはスナップスイベルも介さない。直結のほうが仕掛け絡みしないからだ。一方、ハリス部と幹イト部にはスイベルを介す。こうすればイトヨレと、それに伴う強度低下を防げる。

また、幹イト部を太くすることで根ズレ防止、絡み防止、根掛かり時もハリス部分で切れるためロスが少ない、ハリス（ハリ）交換が簡単、などさまざまなメリットがある。

一般的な釣りもののイメージから、どうしても長めの仕掛けを使いたがる人が多いが、カレイはシロギスのように「長い仕掛けほど食いがよい」ということはない（掛かりがよいということはある）。よって、絡まない程度に仕掛けを短くすることが大事だ。オモリに直結した5cmのハリスでも掛かることがある。

カレイの大きさとハリの号数の目安

カレイの大きさ	丸セイゴ・丸カイヅ	チヌ
～30cm	14号	4号
30～40cm	16号	6号
40cm～	18号	8号

ミキイトとハリスにはフロロカーボン

カレイの仕掛けには、「ハリスが見えにくい」とか「強度があるものを」といった要素は必要ない。

ただしエサ（ハリ）が大きいので、腰のしっかりした材質のものを使いたい。フロロカーボンであれば巻き癖がつきにくく、たとえ癖がついても、ゆっくり手でしごいてやればまっすぐになる。

また、ポリエステル系のイトはフロロカーボンよりも硬くシャキッとしていて、癖も簡単に直せるが、強度がかなり落ちる。それを理解したうえで使うのならば問題ない。

ハリの種類と大きさ

・丸セイゴ14～18号

丸セイゴは万能バリだ。アカイソメをこきあげるのにも、アオイソメの房掛けも、またユムシにも適している。軸が太いので、カレイに伸ばされることはない。

・丸カイヅ14～18号

ネムリやヒネリが入っておらず、軸が細いのでハリ掛かりがよい。4～5号の太いハリスを使えば根掛かりしてもハリが伸びやすいので回収でき、ミチイトの高切れや仕掛けの損失を最小限に抑えることができる。伸びやすいとはいっても、ハリ先が完全に魚の身を貫通してしまえばマコガレイに伸ばされることはない。

・チヌ4～8号

チヌバリはアオイソメの房掛けに最適。軸が短いぶん、飲まれやすくハリ掛かりが優れている。その反面、アカイソメをこきあげるのは難しい。

カレイ釣りの仕掛け

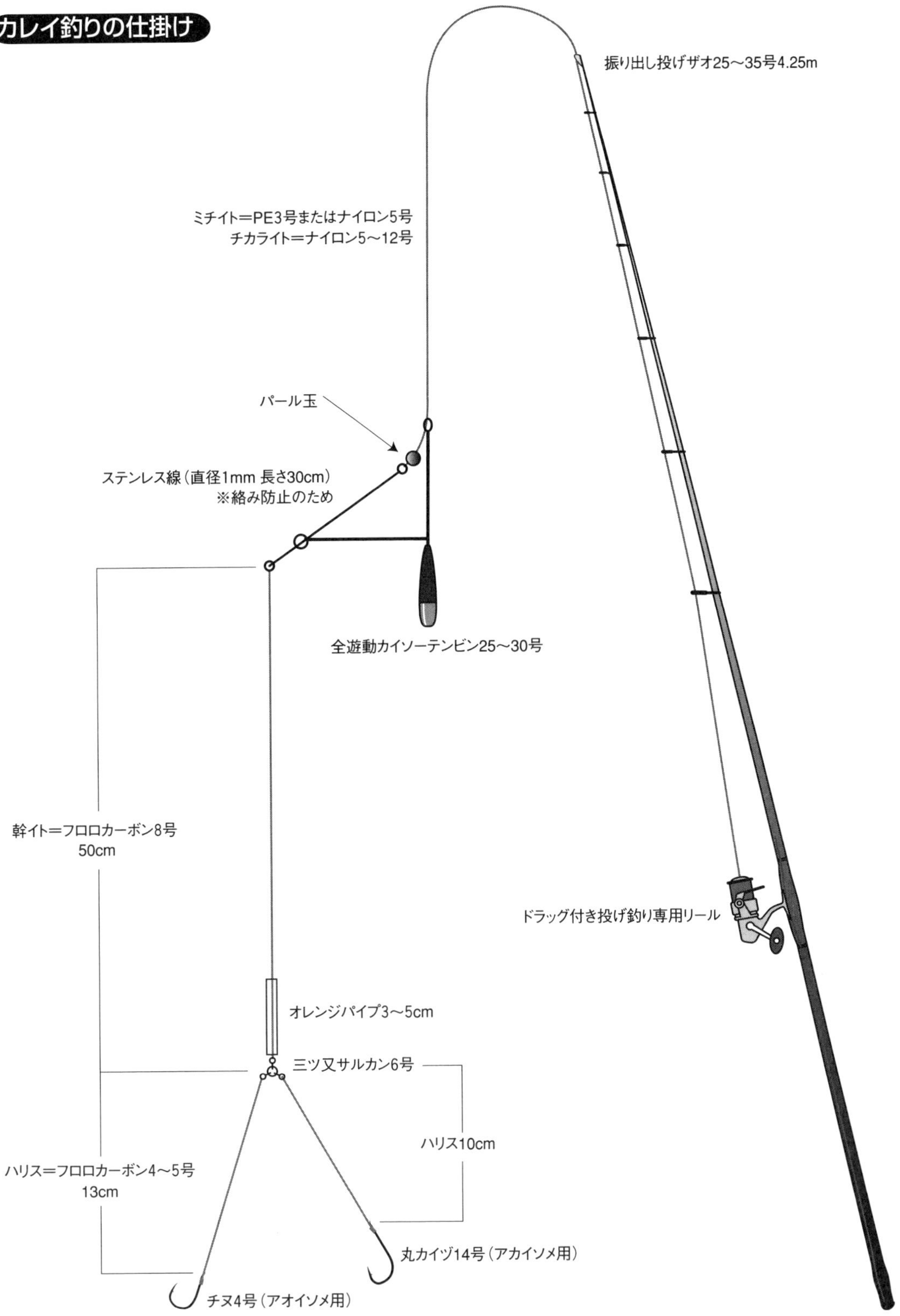
振り出し投げザオ25〜35号4.25m
ミチイト＝PE3号またはナイロン5号
チカライト＝ナイロン5〜12号
パール玉
ステンレス線（直径1mm 長さ30cm）
※絡み防止のため
全遊動カイソーテンビン25〜30号
幹イト＝フロロカーボン8号
50cm
ドラッグ付き投げ釣り専用リール
オレンジパイプ3〜5cm
三ツ又サルカン6号
ハリス10cm
ハリス＝フロロカーボン4〜5号
13cm
丸カイヅ14号（アカイソメ用）
チヌ4号（アオイソメ用）

これでもOK！超シンプル固定仕掛け

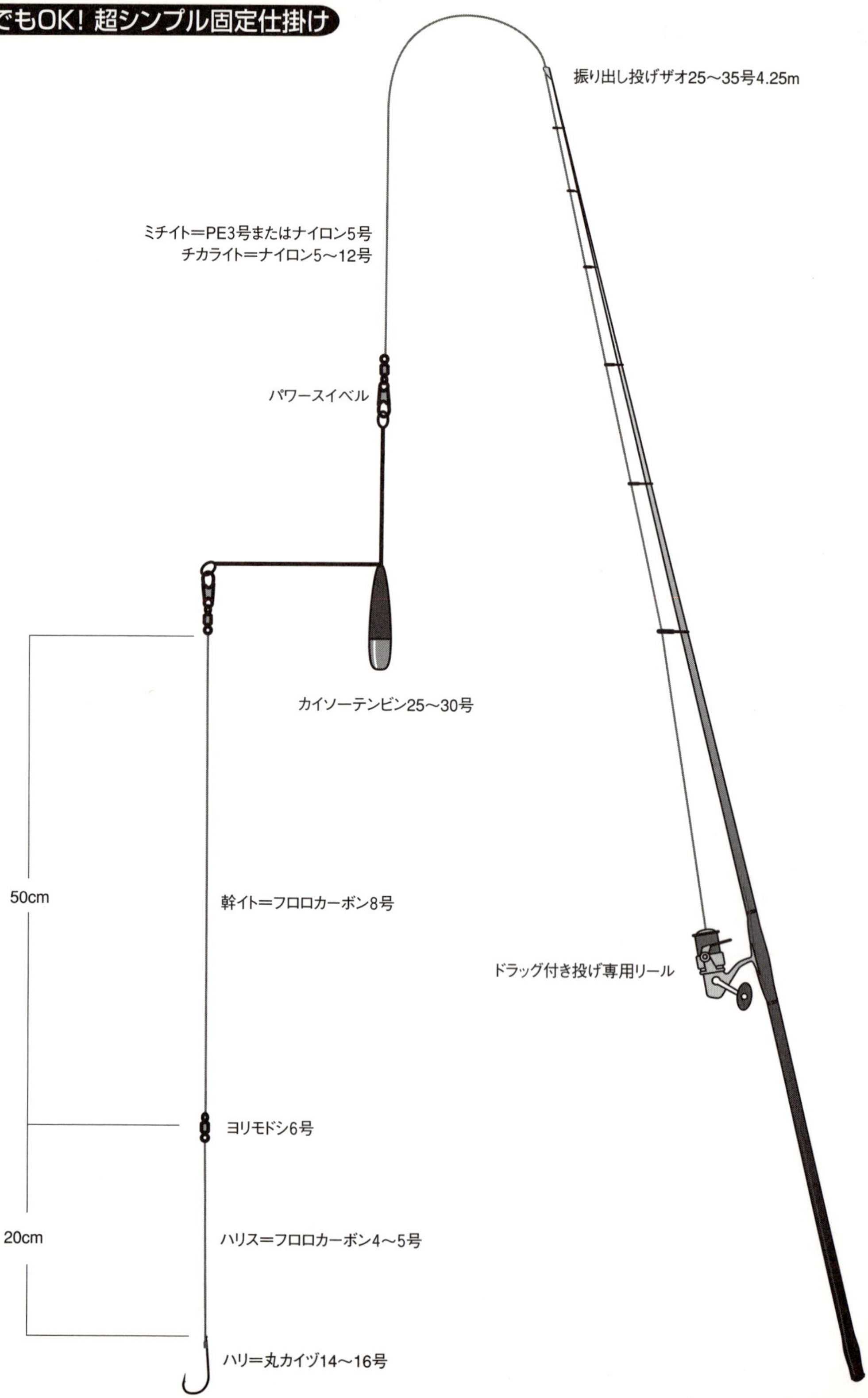

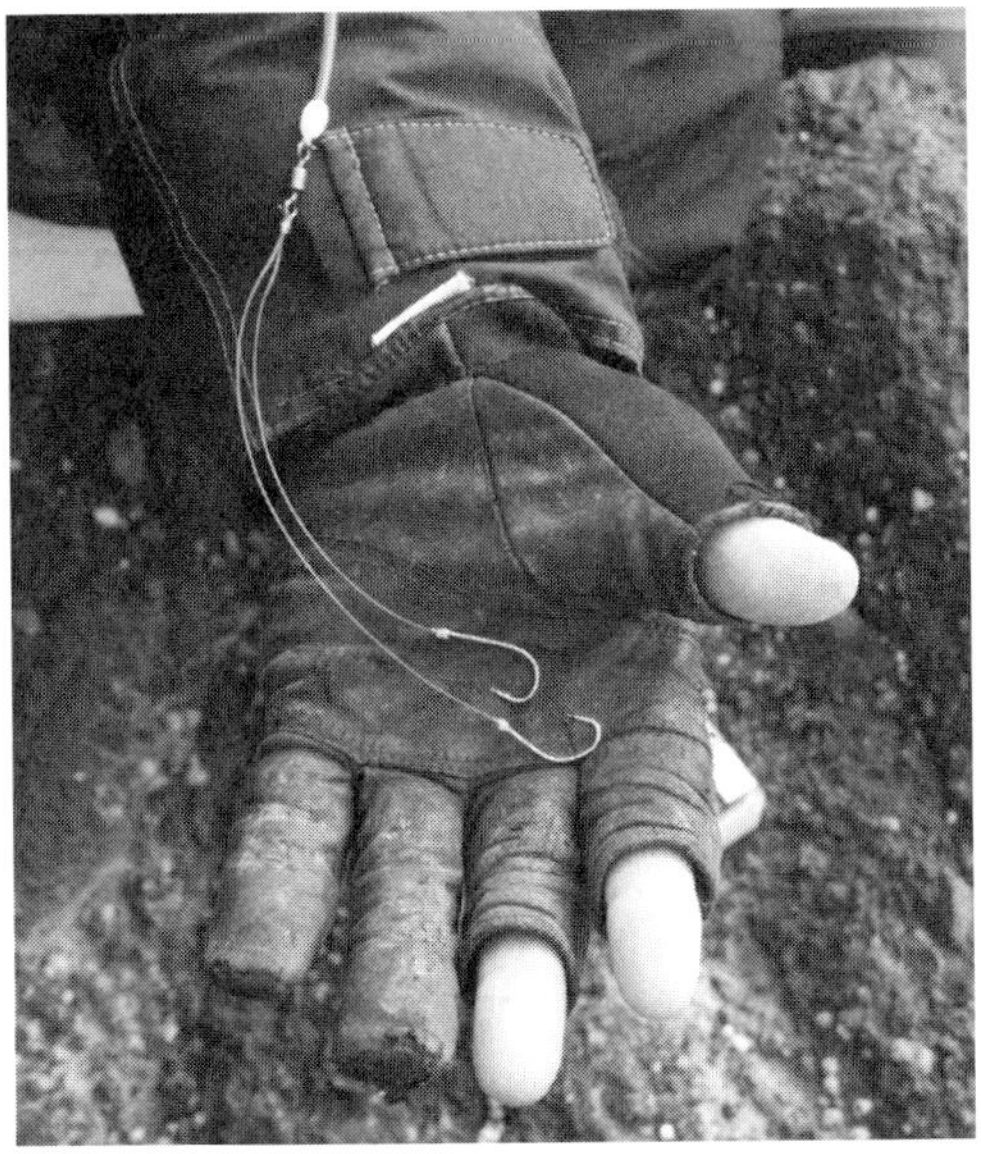

短い仕掛け(ハリス)の効果

カレイは視覚が非常に発達している。環境に応じて体色を変化させたり、砂煙に敏感に反応するため、潮干狩りをする人の砂煙に寄ってきて足跡に入り込むことも知られている。

このような生態を利用して、船釣りではオモリで海底を小突き砂煙を舞い上がらせる。東北方面では、カレイ釣りのために砂煙が舞いやすい形状のオモリも作られている。九十九里浜沖でのイシガレイ釣り（60cm超も混じる）で使う仕掛けなどは、オモリからテンビンアームが2本出ており、その先に10cmほどのハリスが付いた単純なもの。これもやはりテンビンを踊らせて、近づいてきたカレイがエサを見つけやすいようにした結果だ。

カレイがオモリの砂煙に興味を示して近づいてくる時、そのコース上にエサの付いたハリがあればもちろん釣れる可能性がある。だが、オモリの反対側のしかも遠い位置にエサがあっては、カレイを寄せても意味がない。そこで、できるだけオモリに近い場所にエサを仕掛けておくのがよいことになる。

全長が1ヒロもあるような仕掛けを使っていた時代は、30cmクラスは釣れてもなかなか大きいものが掛からなかった。やがて、小さいカレイほど長い繊細な仕掛けに掛かり、大きいものほど短い仕掛けで釣れているようだ、と感じるようになった。仲間の釣果を見ていても、その考えが当てはまることが多かったのである。

そんなことを考えて仕掛けをどんどん短くしていった結果、現在はテンビンから50〜60cmとなったのだが、極端な時は20cmにすることもある。すると、当然だが仕掛けが絡みにくくなり、エサも大きく大量に付けることができる。そうした相乗効果もあってか、短い仕掛けにしてからは45cm以上のマコガレイが高確率で釣れるようになった気がする。

シロギス釣りでは、小さなキスがテンビンの動きや砂煙を怖がるため、オモリとエサができるだけ離れるようにと長い仕掛けが好まれる。だが、カレイはドウヅキ仕掛けでもねらえるし、テンビンに絡んだ仕掛けでも掛かる。つまり「長ければよい」という考えは当てはまらない。大きなカレイが釣れないという人は、一度だまされたと思って「短い仕掛け」を試してみてはどうだろう。

絡み防止用ステンレス線の作り方

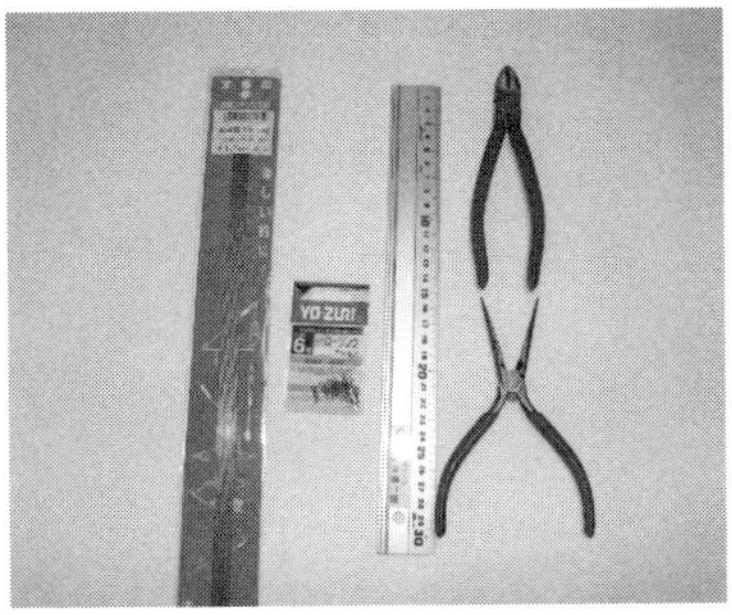

①
用意するもの＝ステンレス線（直径1mm×50cm。釣り用が市販されている）、ローリングサルカン6号、ラジオペンチ、ニッパー、30cm定規

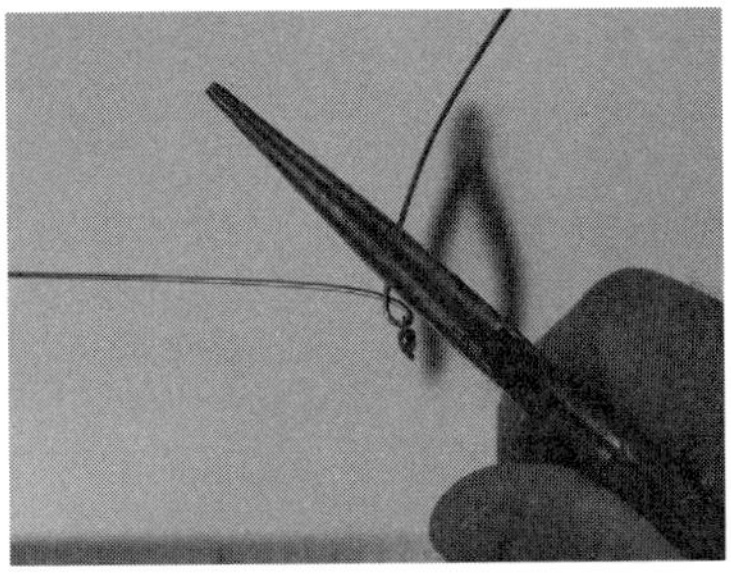

②
ステンレス線にサルカンを通し、端から10cmのところで折り曲げる。ラジオペンチで輪を絞り込んで小さくする。

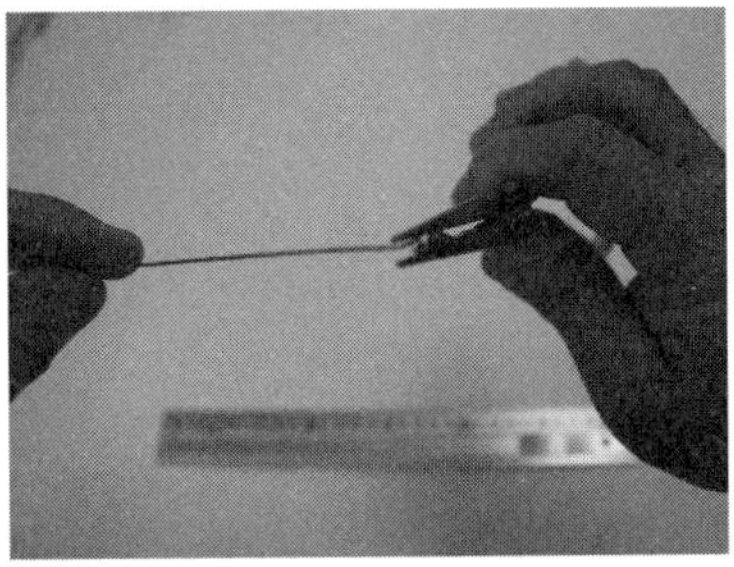

③
ニッパーで余分をカットして、ペンチで輪の形を整える。

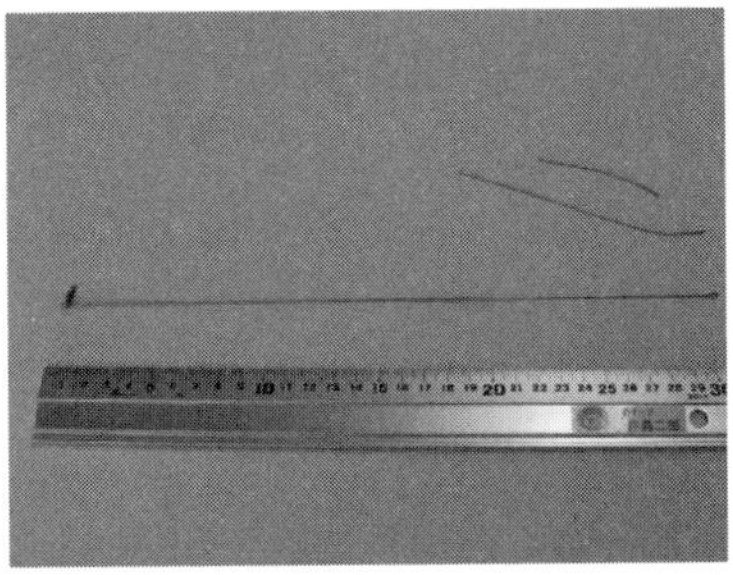

④
作った輪から30cmの所を折り曲げ、同様に輪を作れば完成（サルカンは通さない）。

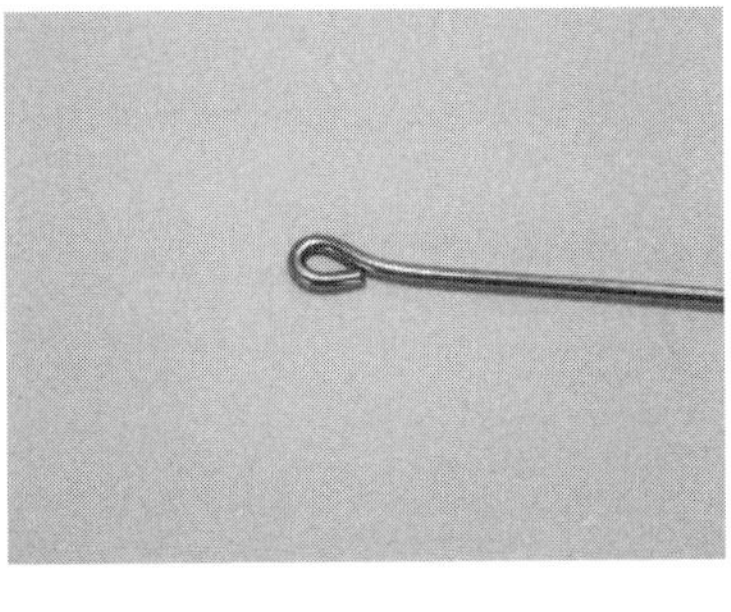

⑤
輪の拡大写真。ハンダ付けしなくても問題ない。慣れれば1分で作れる。

③季節ごとの釣り方

10～12月上旬

マコガレイはイシガレイ同様、秋になって水温が下がり出すと接岸し始め、12～1月の産卵に向けてエサを取り、卵巣を大きくする。いわゆる乗っ込みである。接岸は小型のカレイから始まり、大型ほど遅くなる。あるいは、小型はもともと浅い場所にいるから早く、大型魚は水深のある場所から接岸するので遅れるのかもしれない。

この秋口から晩秋にかけての特徴は、まだ水温が高いため夏の魚が多く、カレイの周囲に活性の高いさまざまな魚がいるということ。そうするとエサを食べるのが遅いカレイはどうしても釣りにくく、カレイをねらっていてもほかの魚ばかり釣れてしまったり、エサがすぐになくなってしまう。この時期のカレイ釣りは非常に難しい。

釣り場としては、高水温でカレイも体力のある時期なので、流れの速い場所、潮のよく当たるポイントを好む。

12月中旬～1月

晩秋から初冬にかけて卵巣の入った大きなメスが釣れ始めると、そろそろ産卵期の一服状態が近づく。関東でいうと12月中旬～1月末頃までがこの時期で、メスは腹一杯に卵を抱えているため、腹（胃）の中にエサの入る余地がない。このため、メスはほとんどエサを取らない。特に身体の大きな個体ほど体長に対して割合の大きい卵巣を持っており、釣れなくなる。

一方、オスは精巣が発達しているが、メスと違って胃が圧迫されてないせいか普通にエサを食う。だからこの時期は産卵に関係のない20cm以下のメスやオスのカレイが釣れる。

2～3月

産卵が終わるとすぐに荒食いが始まる場所もあるが、ちょうど海水温も下がりきった頃

カレイ科では異色、左側に目があるヌマガレイ。

で、魚自体の活性は低い。また大型のメスはそれまで卵巣に栄養分をとられ、可哀想なほど弱々しい身体と肉質になっていて、荒食いとはなりにくい。2月は徐々に食い始めるという感じだ。

この時期の特徴としては、数は出ないものの「当ればデカイ」という一発大ものの季節である。体力がないため、潮裏や港内の最奥部など流れの緩い場所を好む。その後、春になるほど活発にエサを求めるようになる。

3〜6月

3月以降は「春の戻り」と呼ばれるシーズンになる。まだほかの釣りものも少ない時期であり、「花見ガレイ」などとも呼ばれ多くの釣り人に親しまれている。

ところで、いったい何が「戻る」のか？「食いが戻る」「深場へ戻る」の意味なのだろうか。秋に接岸したカレイが産卵期にピタッと食わなくなることから、「産卵期にカレイがいなくなった（深場へ落ちた）→春に荒食いが始まる→浅場に戻ってきた」というニュアンスの解説を見たことがあるが、これは勘違いである。

いずれにせよ、「戻りガレイ」は体力が回復して肉質もよくなり、春の荒食いともあいまって、「引きと味」を楽しめるカレイ釣りのベストシーズンである。

秋との一番の違いは、海水温の低さによりエサ取りなどの小魚が少ないことだ。これがよりカレイだけを釣りやすくしており、入門には最適の季節だ。4月に入ると体力が回復しているため、秋と同様流れや潮の当たる場所に出てくる。

その後は、その年の傾向と場所によって多少前後するが、東京湾ではゴールデンウィーク頃まで、常磐方面では6月一杯までカレイのシーズンが続く。もともと寒流系の魚であるため、海水温の低い地方ほど釣れる期間も長くなる。

銚子以南の黒潮の影響下にある地域では、ちょうどゴールデンウィーク頃が夏の魚と入れ替わるタイミングになる。

④ポイント

根と砂地の割合

ポイントを把握する……といっても、現在の首都圏のカレイ釣り場では、立入禁止、船の係留、釣り人の混雑などで「ポイントを選ぶ」などということは困難。一応の目安として覚えておこう。

砂の中に隠れ根があれば、その際は好ポイントとなる。しかし、根が多すぎれば当然釣りにくい。根の間のわずかな砂地にも入り込むが、それでは個体数が少なすぎる。やはり砂地が7～8割、隠れ根は2～3割で、なおかつ適度に点在していてくれれば申し分ない。

堤防先端と折れめ

乗っ込みの11月と春の4月以降はカレイに体力のある時期なので、流れの強い場所がポイントになりやすい。堤防の先端や港が狭まっている場所がそれにあたる。

それ以外の体力の回復していない時期は、潮の流れの陰になる部分に溜まりやすい。堤防折れめの「潮下の潮裏」はセオリーとされるポイントだ。

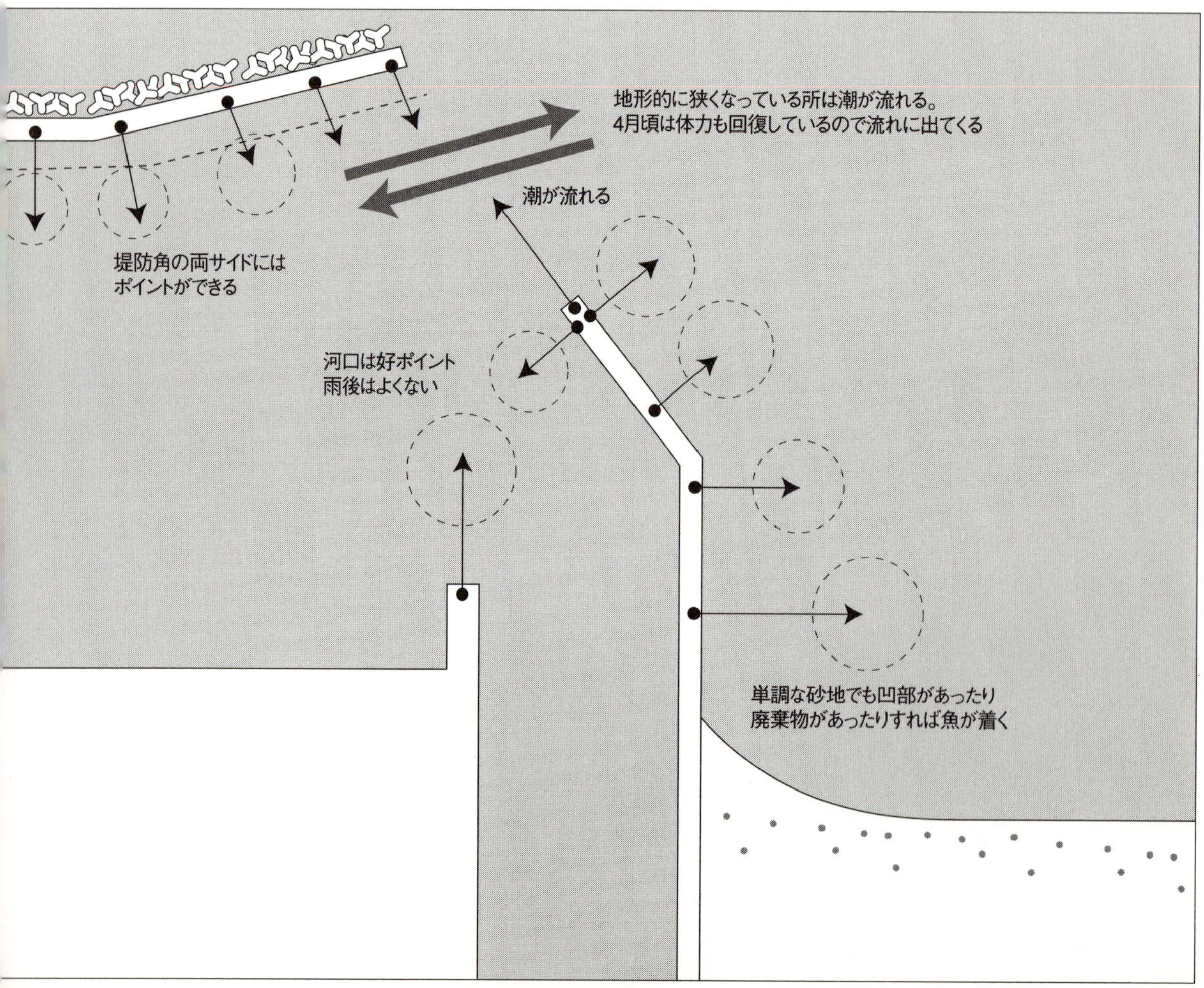
地形的に狭くなっている所は潮が流れる。
4月頃は体力も回復しているので流れに出てくる
潮が流れる
堤防角の両サイドには
ポイントができる
河口は好ポイント
雨後はよくない
単調な砂地でも凹部があったり
廃棄物があったりすれば魚が着く

堤防際

水深や堤防の構造にもよるが、堤防の基礎際も根やカケアガリと同じ考えでポイントとなる。マコガレイを近投でねらうのには好場所である。

カケアガリ

カケアガリというのは海底にある斜面のこと。周囲よりも潮の当たりが強いので、土砂が流れ、基礎となっている根や障害物などが露出していることも多い。つまり大きな変化があるのでエサとなるものが多く、多彩な魚が寄りやすい。緩やかな砂の斜面のこともあるが、根掛かりがきつくオモリを取られてばかりというカケアガリもある。どちらかというと後者のほうが魚の釣れるカケアガリだ。

砂浜では浜と平行に何段か形成され、港湾部では岸壁や堤防と平行にできる。また堤防先端などでは航路筋（ミオ筋、船道）が深く掘ってあるので、この筋に沿ってできる。

カケアガリの場所は周囲の地形や構造物からもある程度判断できるが、仕掛けを手前にサビいてきたときや、オモリを巻き上げるうちに、手もとに伝わってくる感触と抵抗感によって自然と海底の起伏とカケアガリの位置が判断できる。

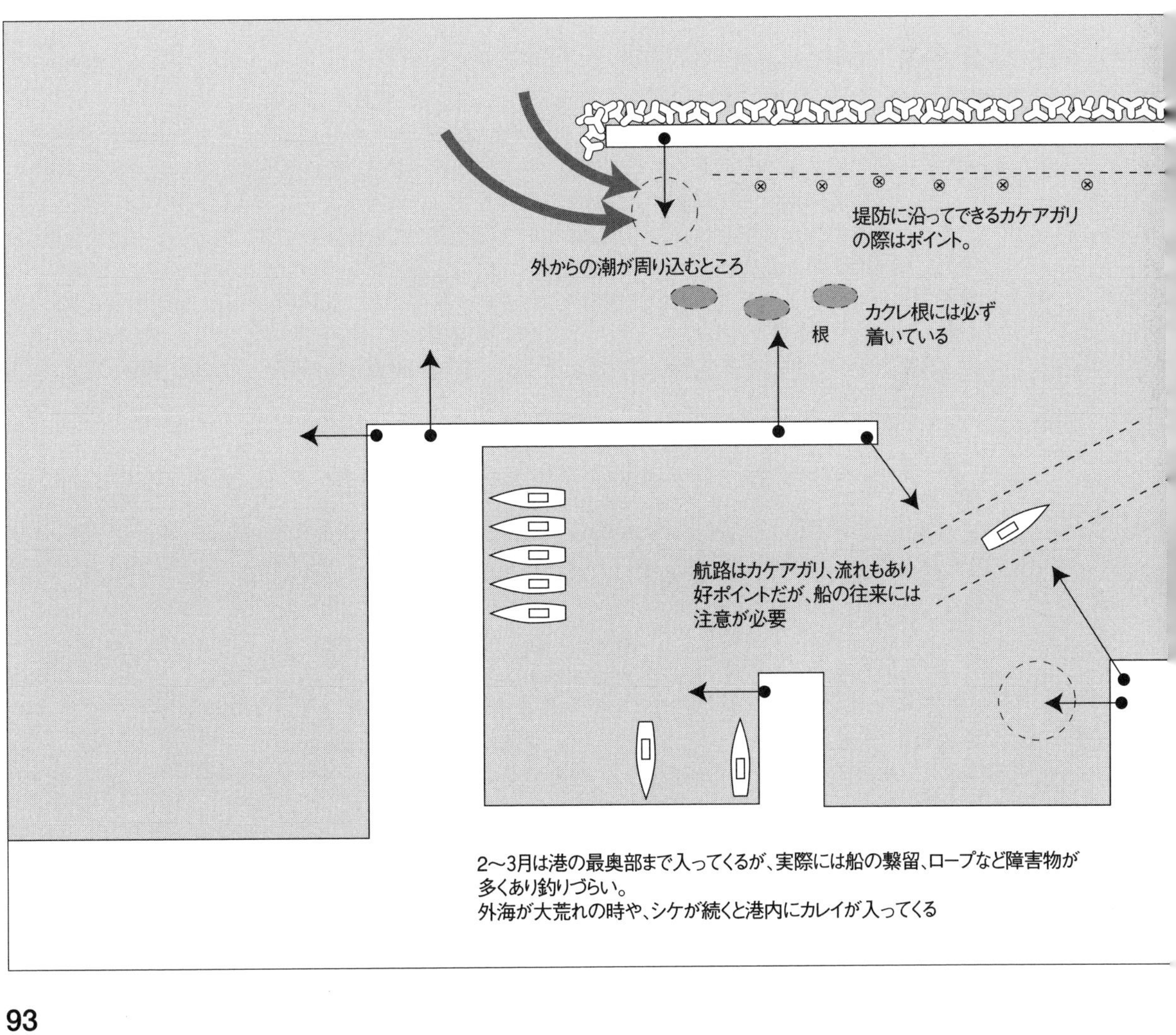
堤防に沿ってできるカケアガリの際はポイント。
外からの潮が周り込むところ
カクレ根には必ず着いている
根
航路はカケアガリ、流れもあり好ポイントだが、船の往来には注意が必要
2〜3月は港の最奥部まで入ってくるが、実際には船の繋留、ロープなど障害物が多くあり釣りづらい。
外海が大荒れの時や、シケが続くと港内にカレイが入ってくる

道具のメンテナンス

◇サオ

釣りから帰ったら、腐食しやすいガイドとリールシートを水で洗うか、濡れタオルで塩分を拭き取る。チタン製のガイドとシートは腐食しないので汚れを拭き取るだけでいいが、ステンレス製のガイドは鉄分を含有しているので手入れを怠ると錆びる。錆びると、特に振り出しザオの遊動ガイドはフレームが折れて（割れて）しまう。

振り出しザオでは、砂が付着したまま出し入れするとサオの表面に傷が付く。また、継ぎ部に砂が噛んでいると、投げた時に折れることがある。振り出しザオにとって砂は大敵なので、使用時に砂が付着しないよう注意するのはもちろん、誤って砂を内部に入れてしまった時は帰ってから尻栓を外し、サオを縮めたまま上部から流水で流し出すようにする。その後、乾燥したタオルである程度水気を拭き、尻栓を外したまま陰干しで完全に乾燥させる。

◇リール

一番簡単な手入れは、釣りから帰ったら毎回ラインローラーとハンドルノブ部にＣＲＣなどの潤滑油をひとさしすること。これをするかしないかで、リールの回転のなめらかさに差が出る。「ＣＲＣなどの潤滑油はグリスを流してしまうから」といってためらう話も耳にするが、一方でグリスを付けるとなるとローラーを分解する必要があり、ちょっと面倒である。何も手入れをしないよりは、毎回潤滑油ひとさしですむのならそのほうがよいはず。

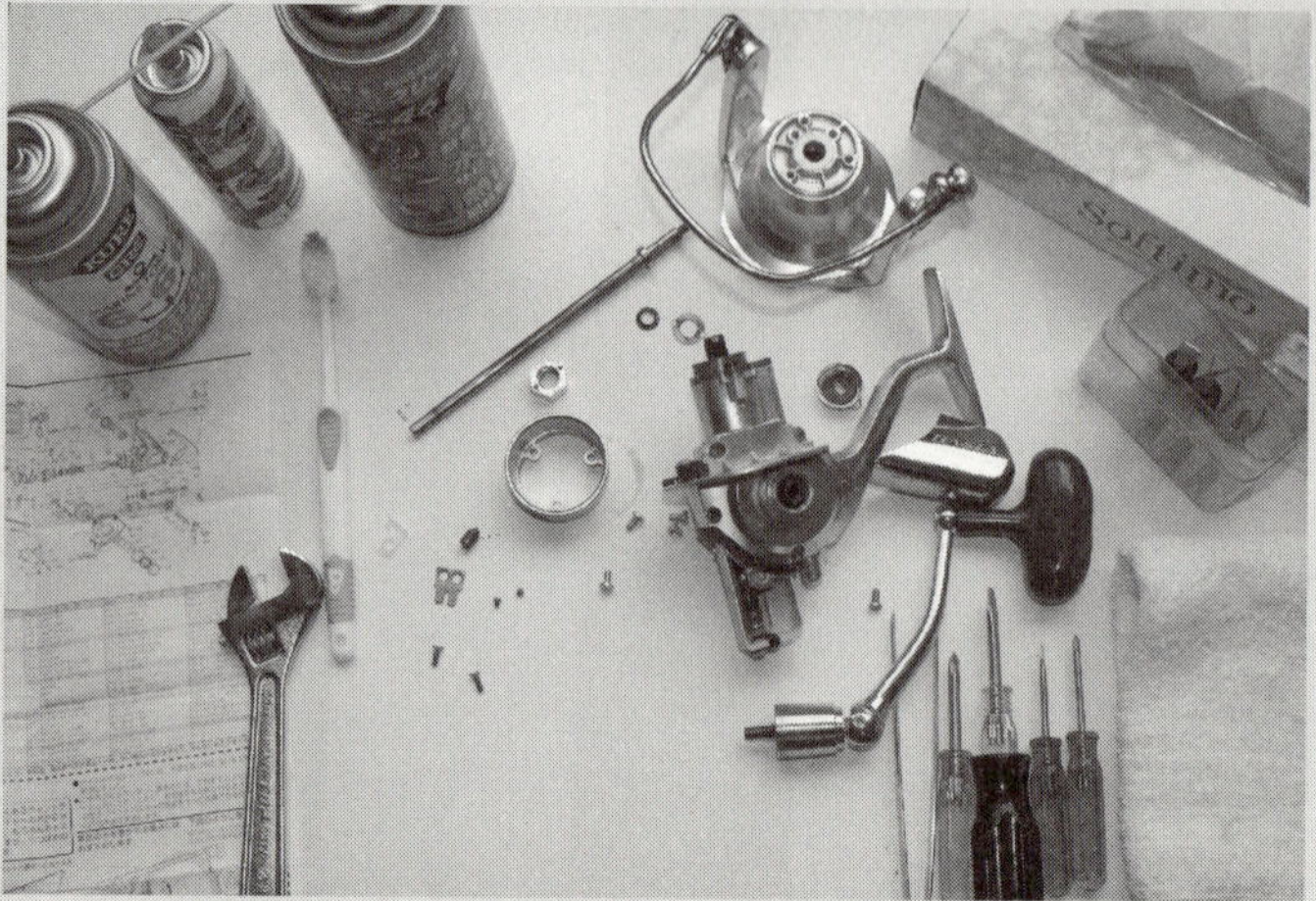

注油のほかにサオと同様、塩分は本体の腐食（塗装キズから）につながるので、濡れタオルで塩分や汚れをを拭き取る。

もし、海中に落としてしまったり、大雨での使用で内部に水が入ってしまった時などは、分解して水分の除去と注油が必要だ。いわゆるオーバーホールである。

スピニングリールの構造は難しくない（最近はメーカーがリールを分解しないように指導しているようだが……）ので、自分でやってみるのも一手。分解する順番を覚えておき、分解図があれば恐れることはない。

分解したら、ギヤについた古いグリス（灰色になる）を取り除いて新しいグリスを塗る。ベアリングは潤滑油（CRC等）で洗浄したあと、同様にグリスを塗る。ついでローラー部分を分解し、潤滑油で洗浄しグリスアップ。スプールはドラッグワッシャーを外し、ぬるま湯に浸けて塩抜きをしてから陰干しに。ドラッグワッシャーへは潤滑油を使わず、専用のグリスを塗ろう。

⑤釣り方

誘い方とエサ取りへの対処

マコガレイはエサを食べるのが遅い。もちろん、エサの落下直後に一気食いして大アタリを出すことも時にはあるが、多くの場合、じれったいほどエサを食うのが遅い。エサの周りにカレイがたくさんいても気が向かないと食べないし、目の前でヒトデに横取りされてしまうことさえある。そんなことをイメージして釣ろう。

アタリを待つ間は、じっと置いておいても掛かるが、5分に一度50～100cmエサを動かす「誘い」を入れるとよい。動かすことで、広範囲を探ることにも繋がる。それにマコガレイの釣れる場所（砂泥質）にはヒトデも多く、時々動かさないとカレイよりも先にヒトデが掛かってしまうことになる。

仕掛けを投入してから、エサ取りの多い秋で5～10分、産卵後から春先で15～20分ほど経ったらいったん仕掛けを回収し、エサの状態を確認する。

エサが完全に残っていればエサ取りがいないのはいうまでもないが、アオイソメがきれいになくなっていれば甲殻類（シャコ、カニ）の仕業だろう。

その際、小さなアタリが出ていたらシャコの可能性が高く、何も当たらずにエサを取られていたらカニだろう。これらの甲殻類を避けるには、やはり誘いを頻繁に入れるのもよいし、取られにくいアカイソメだけにするとか、ドウヅキ仕掛けに変えてエサが底を切るようにするという手もある。

「コツン」という小さなアタリがあってハリ掛かりせず、回収したアオイソメが半分ほど切られていれば、本命のマコガレイであることも多い。これは、飲み込みに入る前に仕掛けを動かしてしまったか、カレイ自身が動いてハリの部分を食いそびれてしまった場合である。

ドラッグフリーで待つ

アタリを待っている間はリールのドラッグをフリーにしておくこと。そうでないと大きなカレイが掛かって沖に走った時にスッポ抜けてしまう。ドラッグを締めていてこのような大アタリが出ると、ハリ先が運よくカレイの口の中に入っていれば、三脚上で「突っ込んだサオが宙ぶらりん」状態になってカレイは掛かる。だがハリ先が口の中に入ってない（エサだけをくわえている）場合は「突っ込んだサオが跳ね返って戻る」状態になり、完全なスッポ抜けとなる。

フリーといっても完全にユルユルの状態ではなく、アタリがあったら穂先が少し曲がってイトが出るくらいの微妙なテンションで待ちたい。流れが強い時は、仕掛けが流されないギリギリのテンションに調節する。

アワセは遅いほうがいい

アタリは「コツン」で終わることもあれば、「グン」と穂先がお辞儀したり、浅い場所ではいきなり「ジャーッ」とドラッグを滑らせてミチイトを一気に2～3m引き出すこともある。

勢いよく走ったからといって、必ずしもカレイがハリ掛かりしているわけではない。サオに対するカレイの向きや活性の高さ、イトフケやその他のテンションなどによって、アタリの出方はさまざまになる。つまり、これといったアタリのセオリーはないので、数少ないチャンスをものにするには、「慎重な遅アワセ」に徹することだ。

アタリかな？　と思ってそっとイトを張ってみると、ただ「モゾッ」と重いだけということもある。この場合は怪しいアタリと判断して、サオをいったん三脚に戻し、次のアタリを待とう。この時リールのスプールからイトを少し出してイトフケを作り、ドラッグはフリーにしておく。

次のアタリで「スー、スーッ」とイトが張ったり、サオを手にした時に「ブルブルッ」と感じたら、今度こそカレイが乗っているだろう。ここで大きくアワセを入れてもいいが、さらにもうひと呼吸置いてもよいくらいだ。

すべてはハリの大きさや魚のサイズ、その日の活性の高さなどによりけりなので、一概にこうすべきだとはいえない。判断のつかない時は「より慎重に、より遅く」に徹しよう。なお、アワセを入れる前に必ずドラッグを締めることを忘れずに。

取り込み

巻き上げる時は、カレイをすぐに海底から引き離すためにも、大きくサオをあおってしっかりとアワセを入れる。この時に相手の大きさを判断し、カレイを海底から少し浮かせながら誘導してくるようなイメージで寄せる。手前にきついカケアガリや障害物のある場所では、リールを早めに巻いてカレイをより高く浮かせるが、何もない平坦な砂地であれば足もとまでゆっくり誘導すればよい。マコガレイは瞬発力も持久力も強くないので、ポンピングなどせずに一定のスピードとテンションで巻けばおとなしく寄ってくる。下手にポンピングをするとそれがバラシの原因になる。

⑥沖堤防での釣り

渡船を利用して釣り場を広げる

カレイのなかでも、マコガレイは産卵期に潮の緩い砂泥底を好む。このような条件の場所は、自然の海では入り江の多い地区やリアス式海岸などに多数存在するが、首都圏のように海岸線の変化が乏しいとポイントの規模が小さい。するとカレイの個体数も少なく、なかなか満足の行く釣りができないことが多くなる。

首都圏では東京湾全体が大きなカレイ釣り場となっている。特に湾奥では、大きな河川の流れ込み、工場などの複雑な護岸、水路によって水深や流れの多様な変化が生まれ、産卵前後にはそこに非常に多くのマコガレイが集まる。

しかし、ご存じのように首都圏の水辺は釣り人を近づけない工場の敷地であることが多く、陸から公に釣りのできる場所はかなり限定されてしまう。このような場所で釣りをしようとすると、海釣り公園などの施設か、渡船業者を使って沖堤防に渡ることになる。

それとは別に、外洋に面した常磐地区では、もともと単調な砂浜しかなかった場所に漁港や大規模工業港などを造ったことが、結果としてマコガレイの着き場を生み出した。以前はこのような大規模港の敷地内での釣りも黙認されていたが、近年の工業港は「改正ソーラス条約」などの影響、また漁港では治安上の問題と釣り人のマナーの悪化などにより、立入禁止区域が増えた。この傾向は今後ますます厳しくなって行くものと予想される。

このような地区でも、公に釣りをしようと

思ったら沖堤防へ渡船しての釣りということになる。

沖堤防への渡船は地元の業者（遊漁船登録をしている業者）だけが許可されており、地元の漁師の船に頼んで渡ったり、個人の船で渡ることは禁止されている。

渡船システムと注意事項

渡船業者には、ホームページを持っている業者から、店舗もなく携帯の電話番号だけの業者までさまざまな形態がある。地元の漁協関係者が遊漁船の許可を得て始めているような場合が多い。

業者の連絡先が分かったら、釣行前日までに「いつ、どこへ何人で渡りたい」ということを連絡し、乗船場所の確認（港のどのあたりか？）、出船と帰船時間の確認などをしておく。小さな沖堤防へ少人数で渡る場合は、帰る時間などにあまり融通が利かないこともある。

そして、これはとても重要なことだが、渡船業は朝が早い仕事なので予約の電話は夕方までにすませるように。夜7時以降に電話するのはもってのほかだ。

当日は、出船時間より早く余裕を持って現地に着こう。釣り人と同じく、この手の仕事をしている人は朝が早い。

渡る堤防が長い場合や何本にも分かれている場合は、乗船時にどこの堤防のどの場所に降りるか、何時に戻るかなどを船長に伝えなければならない。乗船名簿は店舗で書く場合と乗船してから書く場合がある。

荷物の受け渡し方は、釣り場（堤防）によってさまざまである。自分の荷物をすべて持って堤防に降りる場合と、降りる人全員で全員の荷物を受け渡す場合とがある。いずれにしても、荷物の個数を減らすためにひとつの荷物を異常に重くするのは危険であるし、他の人の迷惑にもなる。荷物の個数が増えても、1個の荷物は「投げられる程度の重さ」までに収めたい。

小さいサイズのカレイでも、タモ入れは習慣づけておこう。

通常では投げることはなくても、天候が急変し波が高くなって急きょ撤収する時などは、船を堤防に着けられず「投げ渡す」こともあり得る。外洋の磯での渡船を経験したことのある人なら理解できると思う。

サオ数本とタモや三脚類などをロッドバンドで束ねている人、柄に玉網を装着したままの人、サオにリールをセットしたままの人などは、不安定で受け渡ししづらいのでやめたほうがよい。サオはロッドケースへ、リールや小物類はリュックやバッグへ。クーラーのフタはきちんと閉めて、万が一海へ落としても浮くようにしておこう。持ち物の数は3個以内が理想的で、多くても4個までにまとめるべきである。

なお、堤防での荷物の受け渡しは、安全面からも素早く終えられるように、降りない人も含め全員で協力して行なおう。

たまに自分の荷物だけ持って降り、他の人が受け渡しをしている最中に釣り場の確保へ走る人も目にするが、見苦しいのでやめてもらいたい。

渡船料金は、店舗があれば前払いで、現場での支払いでは帰る時に払うことが多い。いずれにしても釣り銭のないように用意しておくのがマナーだ。

持ち物の注意としては、まずライフジャケットがないと渡ることはできないので忘れずに。

沖磯（磯釣り）に渡船する際はスパイク底の履き物が当たり前だが、沖堤防の渡船ではスパイク底禁止の船も多いため、ラジアル底の履き物を用意しておこう。

渡船システムと注意事項

［渡船スタイル］ロッドケース、クーラー、磯バッグ（リュック）。ライフジャケットの股ひもを通すこと

乗り降りや荷物の受け渡し時には、船と磯（堤防）をまたいではいけない。舳先が波で上下するので、落水したり舳先に挟まれて大ケガをする。飛び移るようにして渡ろう。また、舳先が下がるタイミングでは絶対に渡らないこと。

［沖堤防の渡船］荷物はコンパクトにまとめ、受け渡しは協力して行なおう。

イシガレイ
巨大化する外洋性のカレイ

イシガレイの生態

　一般的にはカレイ釣りというと、マコガレイとイシガレイを混同して呼ぶことが多い。それは両方のカレイが全国にほぼ同じように分布しているからである。時期を前後して釣れたり、場所を少しずらして釣れたりするが、船釣りでも投げ釣りでも「同一の仕掛けとエサ」で釣れてしまうことから、どちらも「カレイ」となるわけだ。ただし見比べれば一目瞭然、かなり姿形の違うカレイである。

　イシガレイは水深100m以浅の砂泥底にすむ。マコガレイと同じように黒潮の強く当たる場所には少ないが、マコガレイよりも外洋性が強く、流れの強い場所や、泥ではないきれいな砂底を好む。そのため、ヘドロ状に近い港内には入ってこない。

　そうした生息条件から山陰、北陸、能登半島などの日本海側に数が多い。東北北部、北海道、太平洋側では親潮流域にも多く、北海道や牡鹿半島では70cmを超えるものも漁獲される。関東では常磐沖や九十九里の飯岡沖で年により60cmを超えるものが釣れる。

　投げ釣りでは、前述の山陰、北陸、能登が数、型ともに有名。太平洋側では渡波での巨大なイシガレイ釣りが知られている。関東では東京湾にも多数生息しているが、ほかの地域と違って虫エサへの反応が悪く、あまり多くは釣られていない。二枚貝を主食としていることや、激流になる釣り場がないことなども理由ではないかと思われる。

　このように、生息地域によって生態（食性）がかなり違うようだ。マコガレイに比べ口が大きく遊泳力も強いので、意外と獰猛で多様なエサを食べる。大型のものは小魚を食べており、冷凍イワシへの反応もよい。また、動くものへの反応がすこぶるよい。

　成長はマコガレイよりも早く、大型化し、

体表にコブのような突起があるのがイシガレイの特徴だ。

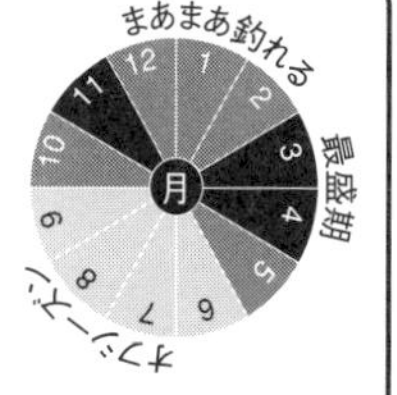

必要な道具
・サオ＝振り出し投げザオ25号～30号、4.25m 3本（ロッドケース入り）
・リール＝ドラッグ付きリール3台
・そのほか＝クーラー20ℓ、タモ、三脚、リュック（20～25ℓサイズ）、水くみバケツ、スカリ

渡波のイシガレイ釣り仕掛け

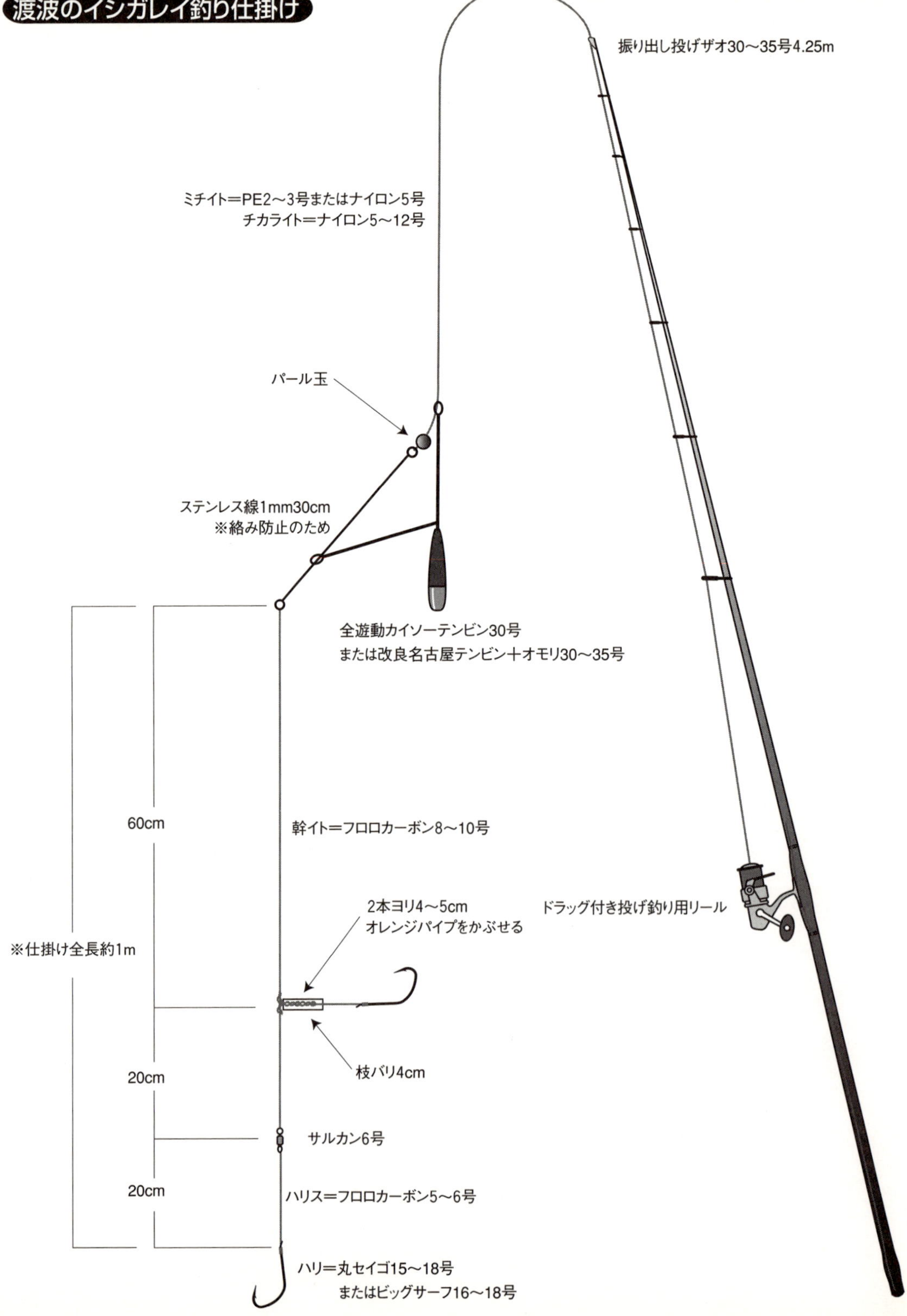
振り出し投げザオ30～35号4.25m
ミチイト＝PE2～3号またはナイロン5号
チカライト＝ナイロン5～12号
パール玉
ステンレス線1mm30cm
※絡み防止のため
全遊動カイソーテンビン30号
または改良名古屋テンビン＋オモリ30～35号
60cm
幹イト＝フロロカーボン8～10号
ドラッグ付き投げ釣り用リール
2本ヨリ4～5cm
オレンジパイプをかぶせる
※仕掛け全長約1m
枝バリ4cm
20cm
サルカン6号
20cm
ハリス＝フロロカーボン5～6号
ハリ＝丸セイゴ15～18号
またはビッグサーフ16～18号

3年で30cmを超えるという（メスの場合）。マコガレイ同様、本来は夜行性のようだ。

北陸のイシガレイ釣り

外洋に面した砂浜からのカレイ釣りというと、ねらいはマコガレイではなくイシガレイである。このような釣り場はイシガレイの接岸する冬になると荒れることが多く、投げ釣りではかなり条件が厳しい。

石川県にある波松海岸は、砂浜からイシガレイの釣れる貴重な釣り場だ。例年11月になると釣れ始めるが、もともとシロギス釣り場でもあり、エサ取りが非常に多い場所なので、アカイソメやアオイソメの消耗は激しい。アカイソメとユムシを併用した釣りになる。

また、冬場はシケる日本海でも、能登半島によって荒波を遮られた七尾湾の能登島では30〜40cmのイシガレイがねらえる。ここではアオイソメの房掛けで数が釣れる。やはり秋口はエサ取りが多く、ウミケムシが非常に多いのが難点。流れがあり、地形がそれを複雑にしていることも好ポイントとなっている要因だろう。

渡波のイシガレイ釣り

巨大なイシガレイが釣れることで有名な宮城県の渡波港。ここは万石浦へ出入りする潮が堤防沿いで急流となっている。特に下げ潮で流れが強く、大きい潮ほど流れが激しくなる。

10月初旬より50cm超が釣れ始め、産卵期から厳冬期、春先にかけ記録もののイシガレイが釣りあげられている。

エサはユムシやコウジまたはアカイソメ（本虫）を大きく付ける。激流なので根掛かり、海草掛かりなどもあり、それに対処したシンプルな仕掛けを用いる。

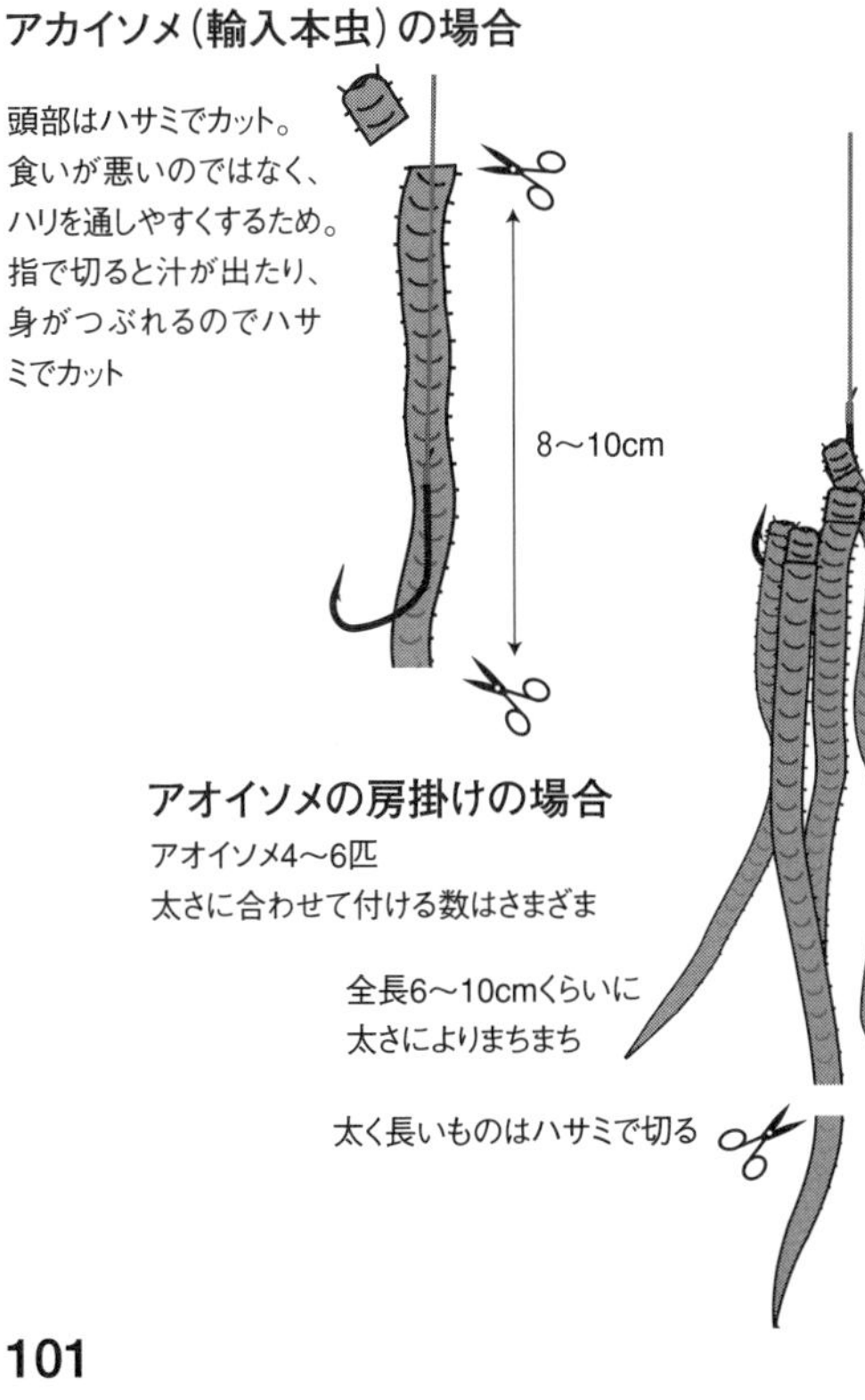

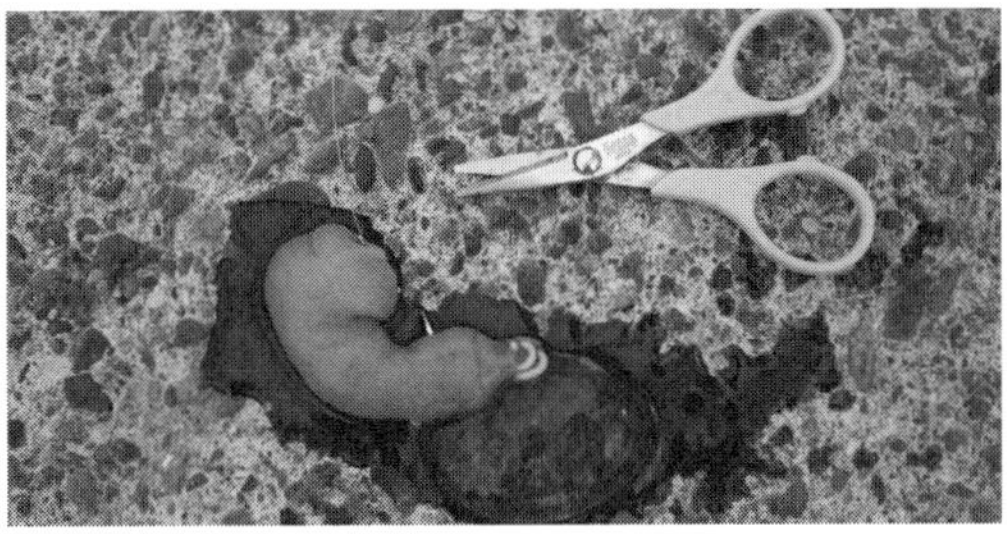

ユムシ・コウジのハリ付け

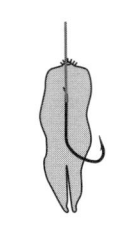

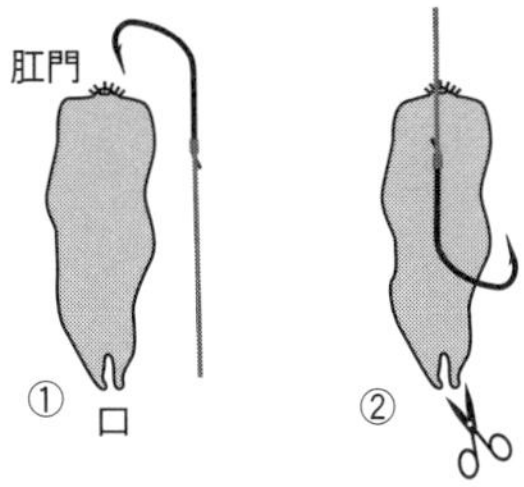

①毛の生えているほう（肛門）からハリを刺す。
②反対側（口）のほうからハサミで切れ目を入れ、パンクさせる。ユムシは切って内臓を出しても生きている。投げる際に血と内臓が周囲に飛び散るので注意しよう。
※魚が釣れても、エサが食い取られなければこのまま何度でも使える。
※必ずタテに切ること。横方向に切れ目を入れるとエサ取りに食われやすい。

ナメタガレイ（ババガレイ）

強烈な引きをみせる岩場のカレイ

ナメタガレイの生態

ナメタガレイ（ババガレイ）は、「カレイであってカレイではない」と思って釣るのが正しいように思う。つまりマコガレイを釣るつもりで対処すると釣れない。どちらかというと「アイナメを釣る」気持ちが合っているのではないだろうか。

イシガレイやマコガレイは砂に潜り、敵から身を守ったりエサを取ったりするので、砂地に腹をつけていないと落ち着かないのが普通だが、このナメタガレイだけは岩礁の上やケーソンに上ってエサを取る。そのうえ遊泳力が強く、海面近くを泳いでいることもある。堤防の壁面中層で掛かるのも納得できる。

釣りあげると堤防上で身体を大きくエビ反りにし、その身体の柔らかさと背筋の強さに驚く。背筋が強いので引きも強く、とてもカレイが掛かったとは思えないような強烈さだ。

生息地は日本海側全域と、銚子以北の太平洋側および北海道。三陸沖が釣り場としては有名で、親潮の強い地域で水深のある外海に多い。

アイナメ釣りのイメージでねらう

マコガレイのように潮の緩い湾内や港内にまで入ることがないので、以前は東北での船釣りが一般的であった。しかし、常磐地区の沖堤防で春先に多数釣れることが浸透し、生態、釣り方も工夫され、最近では投げ釣りのターゲットとして年々人気が出ている。

ただし、潮通しのよい沖堤防が釣り場であるため、釣り場がかなり限定される。常磐でも、日立や大洗では沖の根周り（船釣り）で釣れるものの、沖堤防では少ない。実績が高いのは、北茨城市からいわき市にかけて点在する沖堤防だ。

この常磐地区では、12月頃よりナメタガレイがポツポツと姿を見せ始める。その後は6月末頃まで釣れ、以降は沖に落ちていくものと思われる。特に春先の4～6月は、50cmク

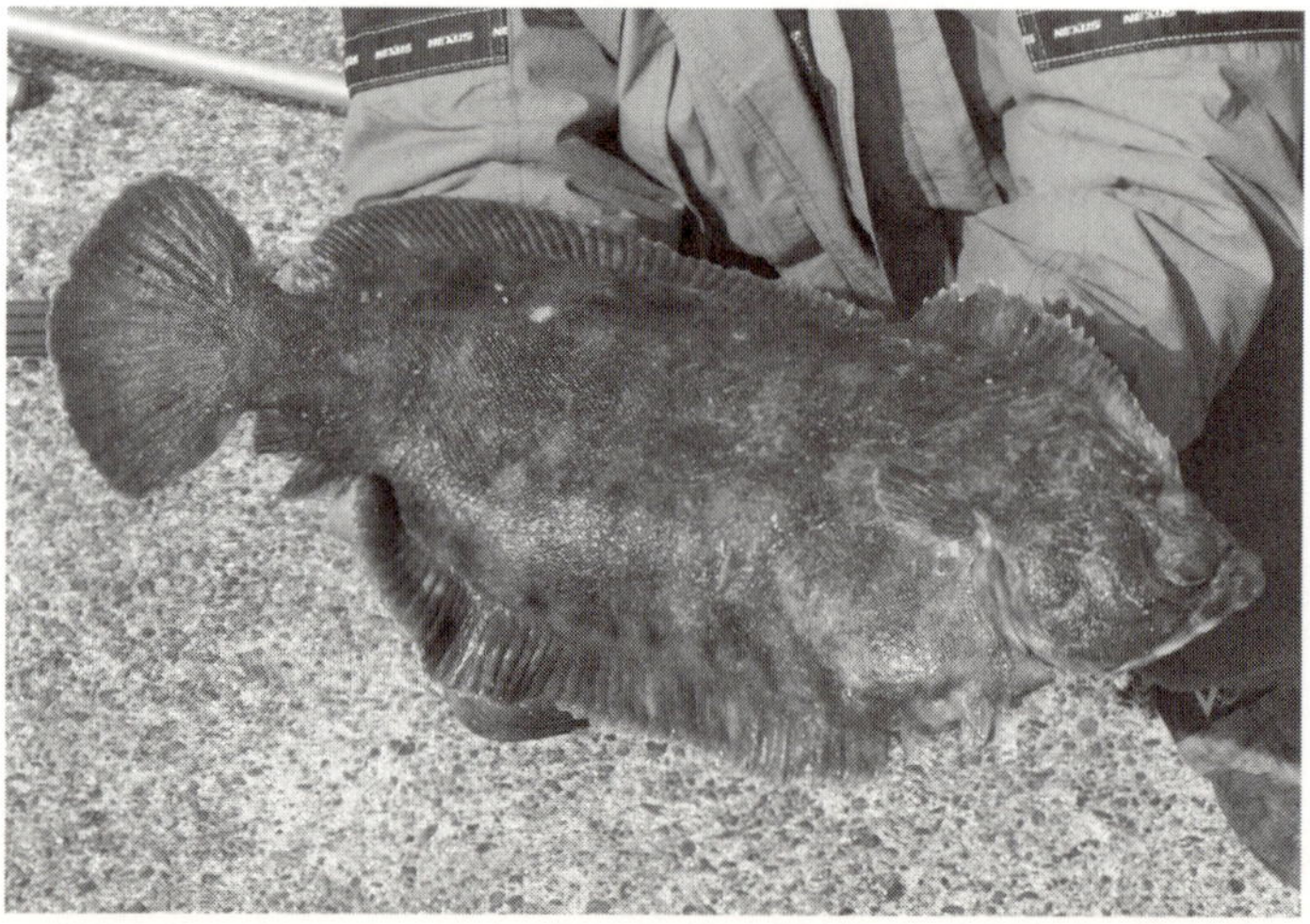

必要な道具
- サオ＝振り出し投げザオ25号～30号、4.25m 3本（ロッドケース入り）
- リール＝ドラッグ付きリール3台
- そのほか＝クーラー20ℓ、タモ、三脚、リュック（20～25ℓサイズ）、水くみバケツ、スカリ、ライフジャケット

ナメタガレイ用の仕掛け

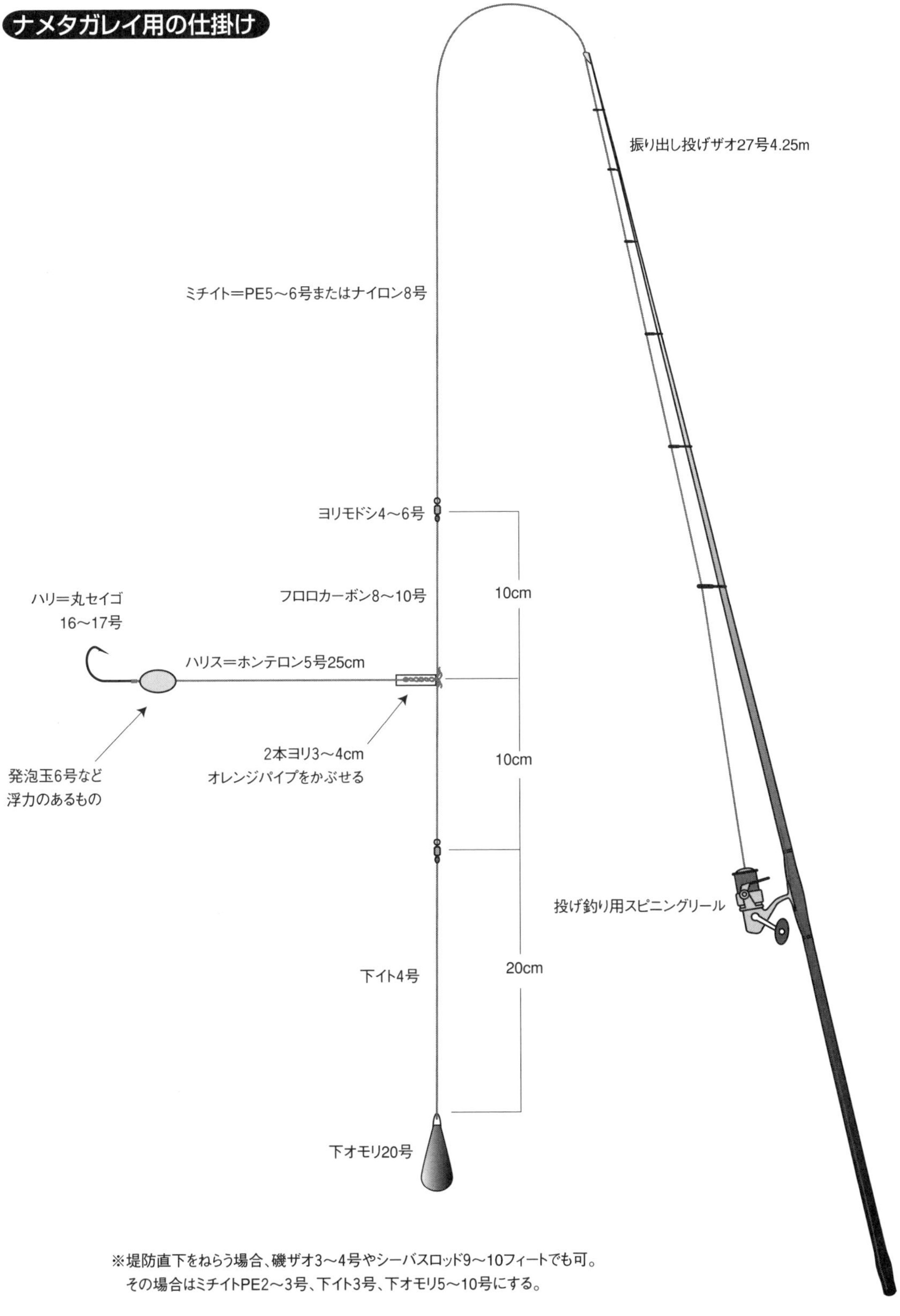

※堤防直下をねらう場合、磯ザオ3～4号やシーバスロッド9～10フィートでも可。
その場合はミチイトPE2～3号、下イト3号、下オモリ5～10号にする。

ラスの大型から35cmクラスまで大小入り混じって釣れる。マコガレイ同様、乗っ込み時よりも春先が圧倒的に釣りやすい。

以上のような生態から、冒頭のようにマコガレイの常識を頭から外し、アイナメ釣りをイメージしたほうが結果に繋がるだろう。この釣りのセオリーは、

・根のない砂地に投げては釣れない
・砂地に投げる時は根掛かりのひどい場所へ
・堤防の基礎際は好ポイント
・堤防直下と壁面も好ポイント
・堤防の中でも潮のあたる場所（外海側や先端周辺、テトラ際）

このような場所をねらうわけだが、すると当然のように根掛かり地獄となる。根掛かりを軽減するための工夫、釣り方が必要である。

何度もいうようだがナメタガレイは引きが強い。しかしアタリは非常に小さく、エサ取りがうまい。特に堤防際にエサを食いにくるものは、小さなアタリでアオイソメの先をコツコツとつつき、食い込まないことが多い。このような場所では食い込みを少しでもよくするため、磯ザオのように穂先の軟らかいサオに分がある。

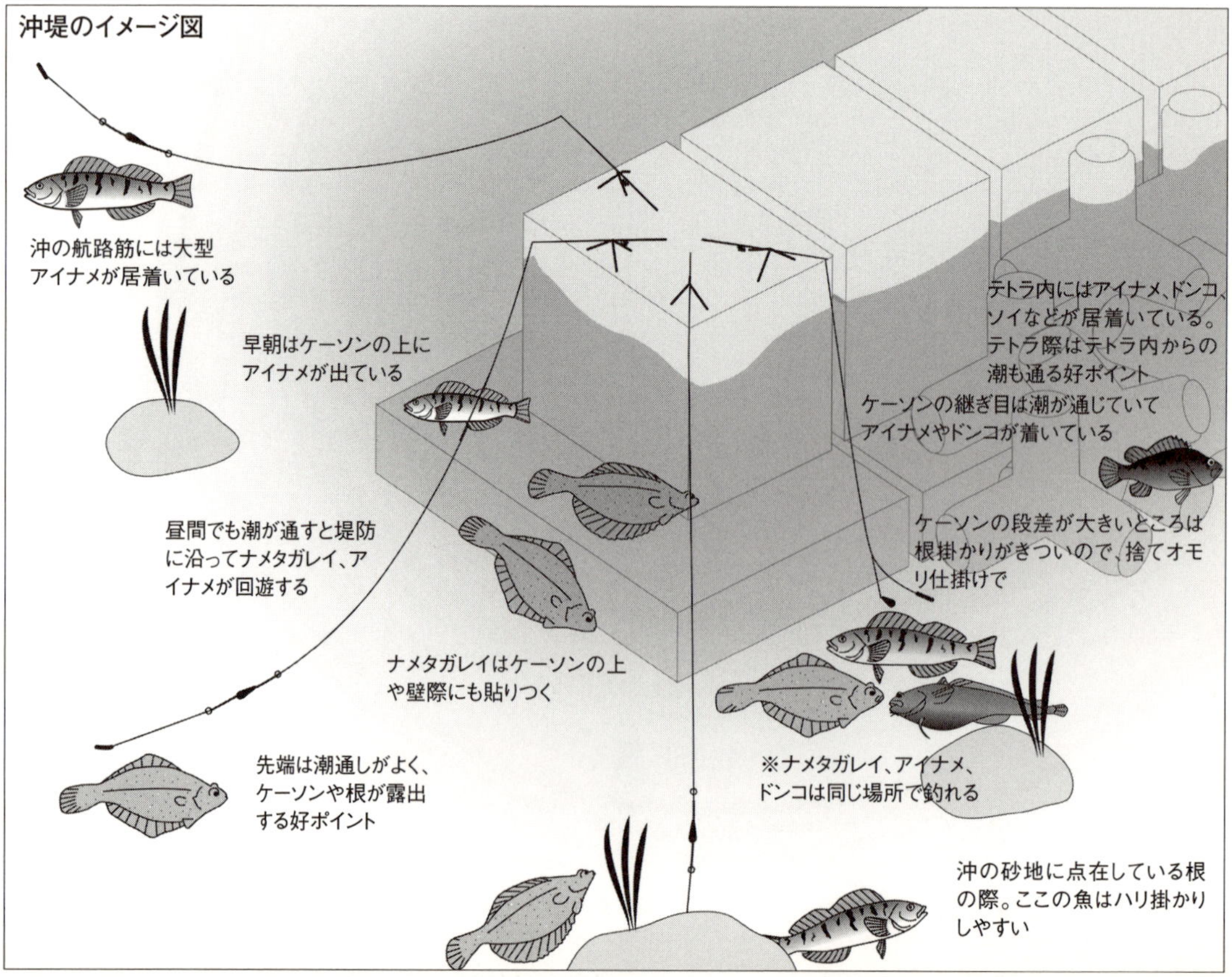
沖堤のイメージ図
沖の航路筋には大型
アイナメが居着いている
早朝はケーソンの上に
アイナメが出ている
テトラ内にはアイナメ、ドンコ、
ソイなどが居着いている。
テトラ際はテトラ内からの
潮も通る好ポイント
ケーソンの継ぎ目は潮が通じていて
アイナメやドンコが着いている
昼間でも潮が通すと堤防
に沿ってナメタガレイ、ア
イナメが回遊する
ケーソンの段差が大きいところは
根掛かりがきついので、捨てオモ
リ仕掛けで
ナメタガレイはケーソンの上
や壁際にも貼りつく
先端は潮通しがよく、
ケーソンや根が露出
する好ポイント
※ナメタガレイ、アイナメ、
ドンコは同じ場所で釣れる
沖の砂地に点在している根
の際。ここの魚はハリ掛かり
しやすい

エサの保管方法

晴釣雨読⑤

釣具店ではアオイソメなどの虫エサを売る際、普通はパックに蛭石（バーミキュライト）などを敷き、その上にエサを入れている。釣り人はこれをそのままクーラーに入れて現地で使うわけだが、パックをそのまま堤防や砂浜に出しておくと、春から秋にかけてはすぐに高温になってしまう。すると虫が傷み、身が柔らかく切れやすくなって使い物にならない。温度の上昇だけでなく乾燥も進むので、アカイソメやチロリは表皮から腐敗がはじまる。

これを防ぐために、氷の入ったクーラー内に保管するわけだ。できればパックから木箱（保温保湿効果がある）に移し替え、使う分だけ小出しにするようにすると、状態のよいエサを終日使うことができる。

虫エサの保管は、温度と湿度のバランスが重要である。アカイソメ、チロリ、ユムシは海水中に保管して、使う量だけ小出しにすると、海水中の虫はいつまでも新鮮なまま保管できる。ただし、海水を汚さないため切れた虫は入れないようにし、時々海水を交換してやること。

アオイソメとジャリメは逆に海水を切った状態で保管するほうが使いやすいし、中途半端に水分が多いと容器内の虫がすぐに死んでしまう。海水を切って冷やしてやると、虫がおとなしくなって硬くなる。

ただしジャリメは低温に弱く、冷やしすぎると口を開けて死んでしまう。チロリも海水から出しておけばある程度の低温でも大丈夫だが、海水中で冷やしすぎると血を出して死んでしまい、その血で容器内の虫が全滅する。海水中、空気中ともに低温に強いのはアカイソメとユムシだ。

エサの適温（参考）

	水温	気温
アカイソメ	8～13℃	5～10℃
アオイソメ	10～15℃	5～10℃
チロリ	15～20℃	10～15℃
ジャリメ	15～20℃	10～15℃
ユムシ	5～10℃	（水中で保管）

※気温とは、虫を蛭石などにあげて保冷した状態。
※水温とは、循環流水ではなく、容器に海水を入れて保冷した状態。自然に近い濾過装置のついた循環型水槽で飼育すると、チロリやジャリメは25～30℃の水温でも元気に生きているが、止水中では海水が汚れるので適温よりも高温になると弱りが早い。

チロリやアカイソメなどは海水中で保管し、使用する分だけ小出しにして蛭石などをまぶす。

第四章

投げ釣りの多様なターゲット

釣れる魚の種類が豊富なことも
投げ釣りの大きな魅力。
基本的なタックルさえあれば、
仕掛けとエサ、
釣り場を変えるだけで
さまざまな魚がねらえるのだ。

アイナメ
キュウセン
カワハギ
アナゴ
ニベ
スズキ
マゴチ
クロダイ
マダイ

アイナメ
三拍子揃った人気のターゲット

①生態と釣り場
東北では50㎝オーバーも

アイナメ釣りの魅力は「アタリの明確さ」、ハリ掛かりしてからの全身を目いっぱい使った「首振りダンス」、美味しい「煮物」、そして精悍でスマートな「容姿」にある。顔は美形で、ヌメリも少なく嫌な臭いもない。このあたりは、シロギスと共通するところだと思う。

生息域は、日本海側では九州は天草から東シナ海、日本海を経て北海道西岸まで。太平洋側では瀬戸内海から紀伊半島を回って北海道まで、こちらも広範囲に生息し、どちらかというと寒流系の魚である。東シナ海や瀬戸内海では30㎝でもかなりの大型だが、常磐以北では大型といえば40㎝以上、そして三陸に行くと50㎝も珍しくなく60㎝超というサイズも釣られている。

近縁種にクジメ、ウサギアイナメ、スジアイナメがあり、クジメはアイナメと同じ生息域で大きくても30㎝くらいにしか成長しない。ウサギアイナメは北海道の道東側に多く、アイナメ同様60㎝を超える。スジアイナメはクジメの北海道版のような魚で、やはり30㎝くらいまで。

アイナメは三陸沖、ウサギアイナメは釧路沖が巨大化する海域で、どちらも親潮の影響が強いコンブの林を住みかとしている。

岩礁帯＋海草を好む

アイナメは海草の多い岩礁地帯に多い。磯の海草（および海藻）の面積と、アイナメの釣り場面積や個体数は明らかに比例している。近年は温暖化の影響か、磯焼け（※注）が全国的に広がり、それに伴いアイナメ、クジメの住みかである磯も海草が減少して釣り場が

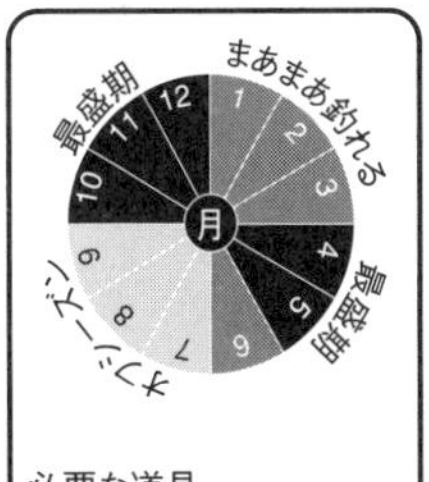

必要な道具
・サオ＝振り出し投げザオ（25号～30号、4.25m）×2
・リール＝ドラッグ付きリール×2
・そのほか＝クーラー20ℓ、タモ、三脚、リュック（20～25ℓサイズ）、水くみバケツ、スカリ

減っている。
自然の岩礁帯以外では、漁港や工業港の基礎部分、海底のがれき部分にも生息している。そのためカレイ釣りで一緒に釣れることが多く、「カレイ・アイナメ釣り」という冬のイメージもついている。

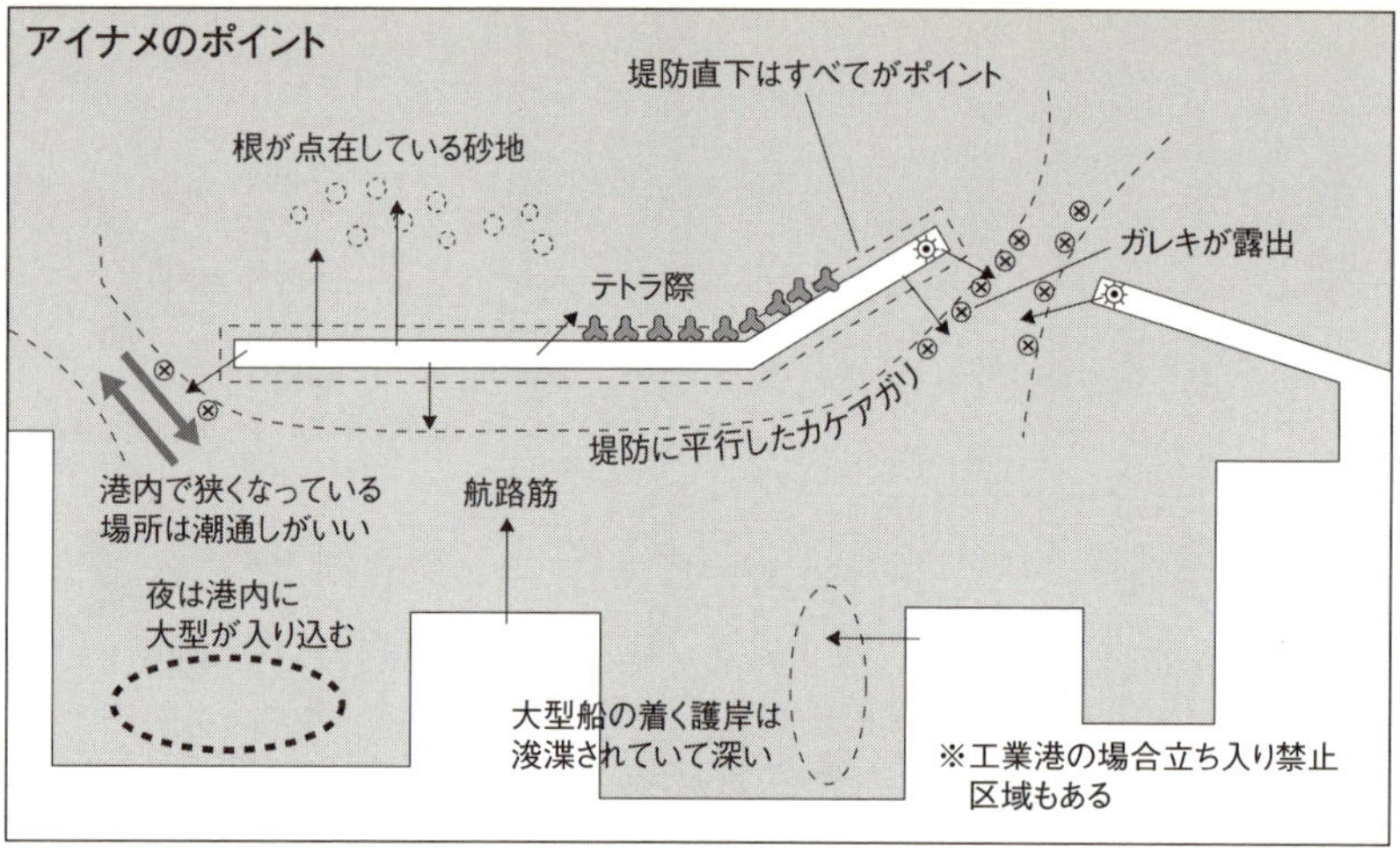
アイナメのポイント
堤防直下はすべてがポイント
根が点在している砂地
ガレキが露出
テトラ際
堤防に平行したカケアガリ
港内で狭くなっている
場所は潮通しがいい
航路筋
夜は港内に
大型が入り込む
大型船の着く護岸は
浚渫されていて深い
※工業港の場合立ち入り禁止
区域もある

しかし、カレイが高水温期に深場に落ちるのに対し、関東以北ではアイナメは真夏でも釣れる。そして夏に釣れるアイナメは非常に美味しい。冬のアイナメも充分に旨いのであるが、やはり産卵を挟むため一時的に身が柔らかくなっている。

※注……磯焼けとは、海水温の上昇により海藻類の育たない磯場をいう。海の砂漠化。

釣り場と時間帯

関東地区でアイナメをねらえる釣り場は常磐方面と東京湾である。常磐では近年小型化の傾向があり、40cmオーバーも珍しくなってきたが、場所によって超大型の50cm前後のサイズが期待できるので、それなりの道具立てが必要になる。

東京湾はアイナメが多い。特に神奈川県側は沿岸の随所に根があり、アイナメ以外の根魚も多く、房総に比べ長い期間アイナメを楽しめる。特に野島、猿島、観音崎、久里浜にかけては根が多い上に潮通しもよく、昔から変わらぬ根魚の宝庫だ。

アイナメが着くのは根や岩盤だけでなく、ある程度の水深のある大きな港などでは基礎部分や障害物なども好み、数もサイズもねらうことはできる。だが、やはり「根掛かり」あってこそのアイナメ釣りだ。「根掛かりといかに格闘するか」というのも、アイナメを

A.J.S.C.F
Chiba Surf

釣る醍醐味のひとつなのではないかと思う。

また、磯ザオでブラクリ仕掛けを使うアイナメ釣りが数を釣るスタイルなのに対し、投げ釣りは良型アイナメが揃う「一発大ものの待ち釣り」というスタイルである。

アイナメが釣れる時合は、上げ7分、下げ3分の潮の動きのよい時間帯となる。満潮や干潮の潮替わりに口を使うカレイに対し、アイナメは潮が動いている間が勝負だ。

昼夜ともに釣れるが、水深の浅い岸寄りの釣り場では、夜のほうがよく釣れ、大型が揃う。

②仕掛け
根掛かり対策

沖の根周り、荒い波の中などを強引に釣るスタイルとなるため、あまり軽いオモリ（テンビン）では釣りにくい。25号を基準とし、状況によってはそれより重いものを使用する。根掛かりは当然多いので、L型テンビンよりもジェットテンビンなどの根掛かりしにくいものを選ぶ。あるいは捨てオモリ式の仕掛けもよい。また、「動くものに興味を示す」という生態から、仕掛けをオレンジパイプなどで目立たせるのも効果的だ。

アイナメは側線（水圧や水流を感じ取る器官）が5本ある珍しい魚だ（普通の魚は1本。ホッケを含めアイナメ科は4〜5本ある。近縁種のクジメには1本しかない）。側線が多いということは、周囲で動くものの存在を確実にとらえているということ。つまり動くものに興味を示すので、頻繁に誘いを入れるとヒットする確率は格段にアップする。

ミチイトにはPEを選ぶ

とはいっても根の中をねらうのだから、やたらと動かせば根掛かりも増える。それを回避するため、ミチイトはPEが有利。PEのほうが根掛かりしやすいという向きもあるが、それは条件による。

ミチイトがたるんだ状態では、軟らかいPEは周りの岩や障害物に掛かりやすい。しかし単調な流れや障害物の高低差がそれほどない釣り場では、イトフケさえきちんと取っていれば、やはりPEのほうが根掛かりを回避しやすいのは間違いない。また、チカライトや先イトにナイロンやフロロカーボンを使うと、イトがフケたとしても根掛かりしにくい。

根掛かりの対処法

根掛かりを外す（または切る）ときは、サオを一直線にして、リールのベールとローターを押さえて引っぱる。

ケーソン際など近い距離の根掛かりを外すときは、サオを使わずミチイトを手にとって手で引っぱる。
その時、素手だと手が切れるので手袋かタオルを使う。

アイナメ釣りの仕掛け

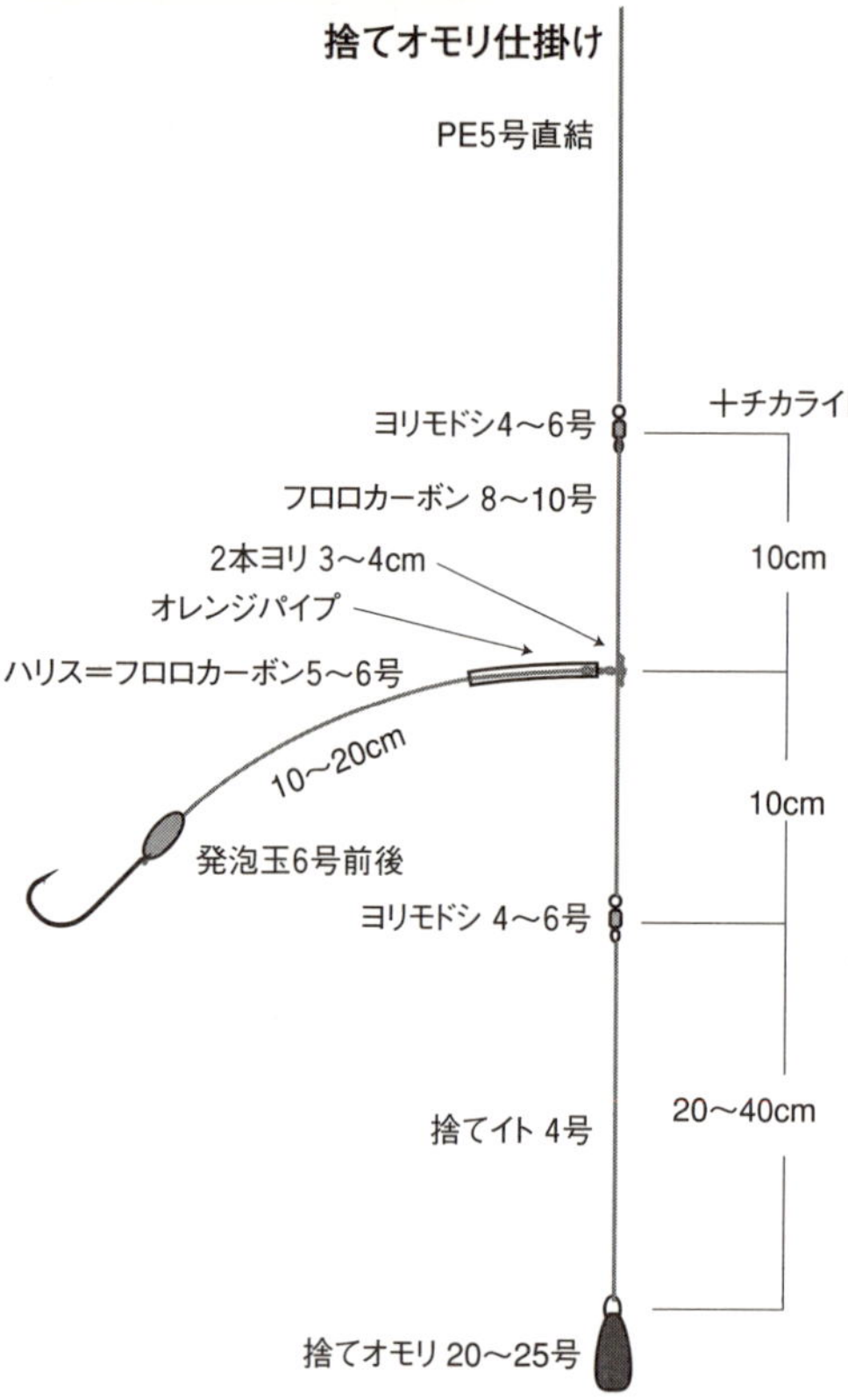

※捨てオモリ仕掛けの捨てイトの長さは、ケーソン際の高低差があるような場合や、遠投する時は長めに設定する。段差が少なく根掛かりがあまり気にならない時は短めに。ハリスのほうが長くなっても構わない。

※ミチイトがPE3号でハリスを5号以上に太くした場合は、ハリに細軸の丸カイヅを使えば、根掛かりしてもハリが伸びて外すことができる。丸セイゴやビッグサーフなど軸の太いハリを使うと、根掛かりでミチイトから切れてしまう。

※図のように幹イトとハリスの間にヨリモドシを挟むことで、短いハリス側の強度が落ち、根掛かりの際にハリスだけを切りやすい。また、ハリの交換時にも先端部分の交換だけですむので無駄が少ない。

ハリを伸ばして根掛かりを回避。

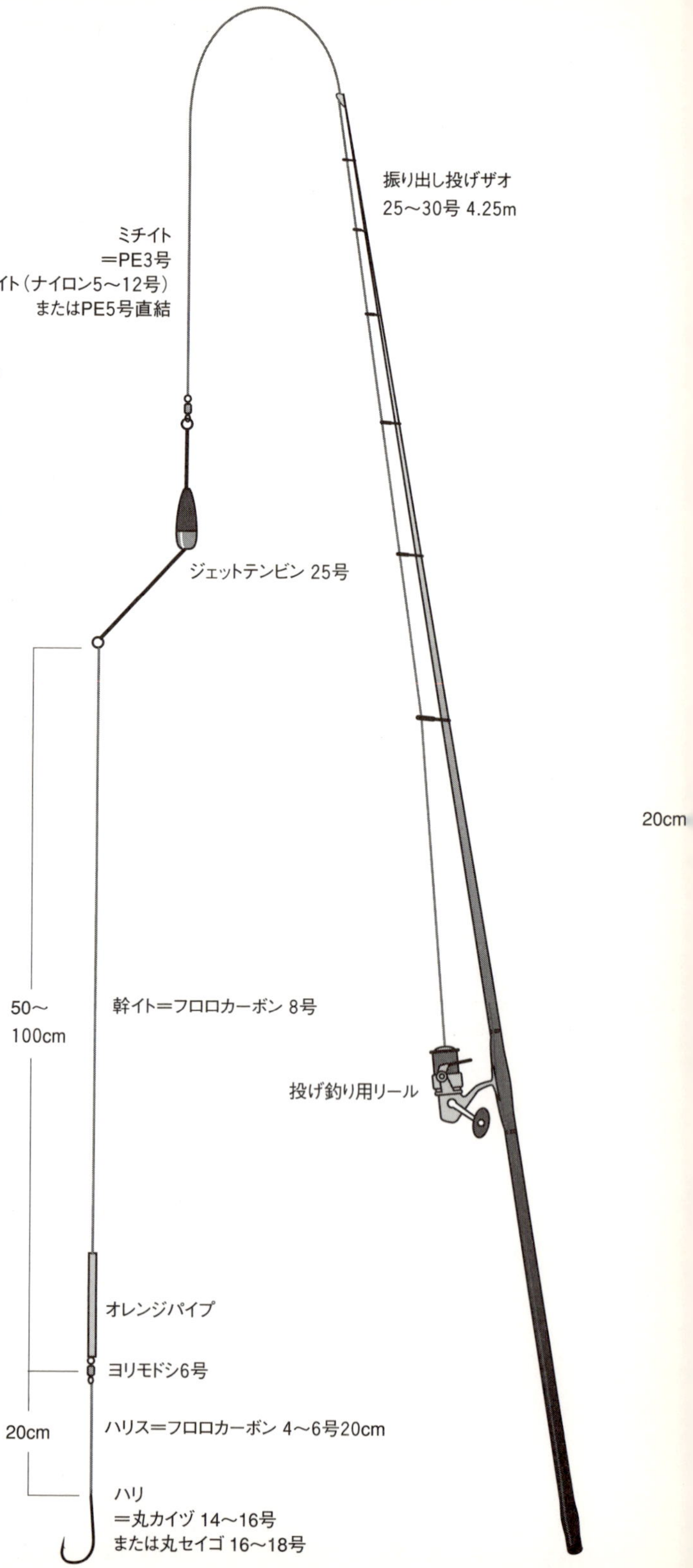

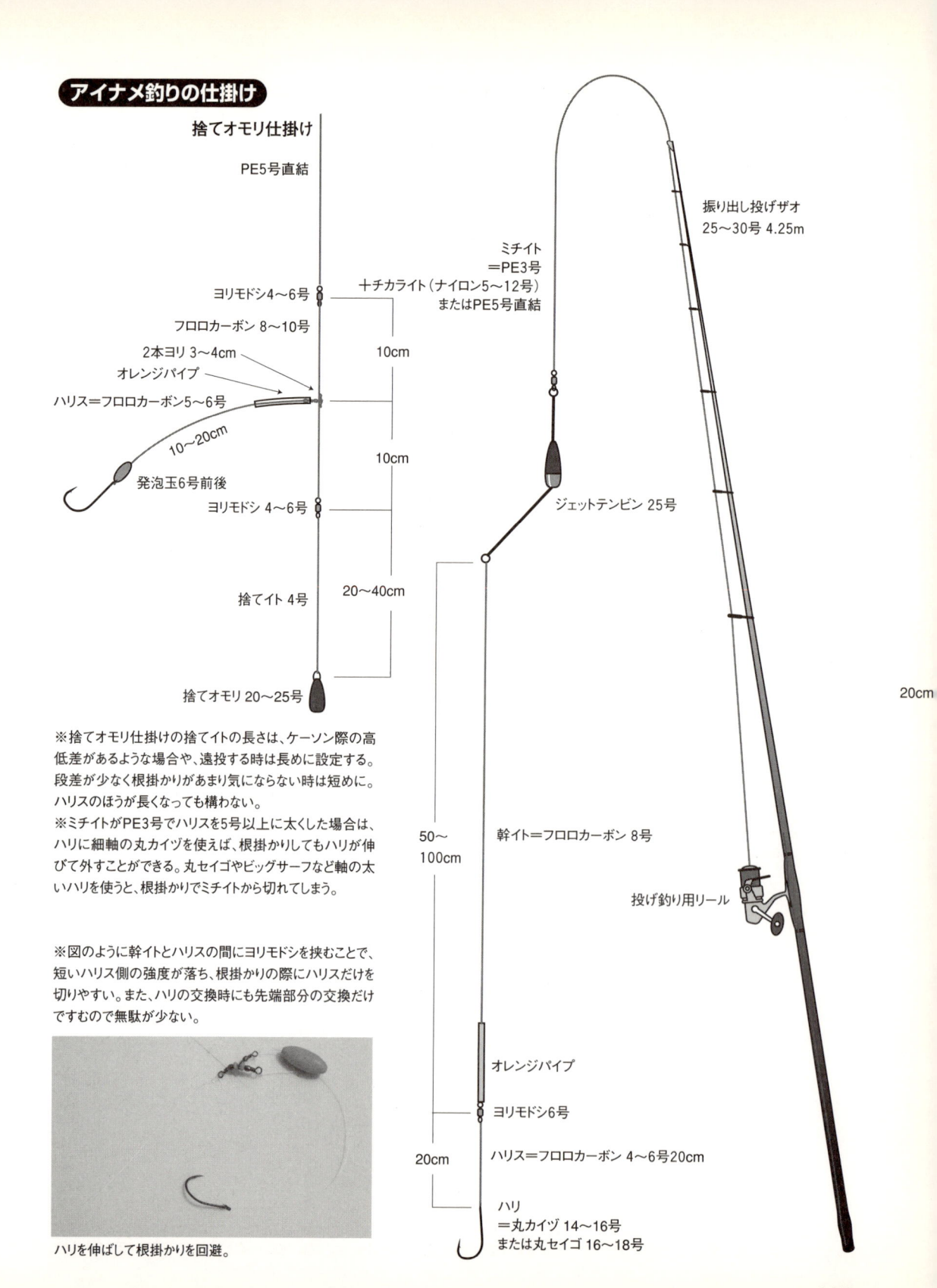

③釣り方

「エサの動き」で誘う

投げザオは2本用意し、1本はアオイソメの房掛けやユムシを付けた置きザオ、もう1本はアカイソメで広く探る。一般にアカイソメ（本虫・輸入岩虫）の通し刺しが好まれるが、アオイソメの房掛け（5尾ほど）やユムシのほうが大型が揃う。

置きザオのリールはドラッグをフリーにせず、ロックして待つ。掛かったアイナメを走らせると、魚が根に潜り込んだりオモリが根掛かりしたりと、バラす原因になってしまう。つまり当たっても送り込みはほとんど必要なく、向こうアワセで掛けるわけだ。しかし、これも潮が緩い時や極端に食い渋っている時はなかなか食い込まず、遊動式が有利なこともある。

サオの穂先が軟らかいほど食い込みがいいのはたしかだ。ただし、ドラッグをフリーにすれば必ずしっかり食い込むかといえばそうでもなく、微妙なテンションを掛けることにより食い込みがよくなるのは他の魚と同様である。

したがって、その日の状況あるいは時間帯など様々な条件により、固定L型テンビンがいいこともある。また、ジェットテンビンの半遊動のテンションとオレンジ色とは、昔から投げのアイナメには絶妙な誘いになっているように感じている。いずれにせよ臨機応変に対応することが重要だ。

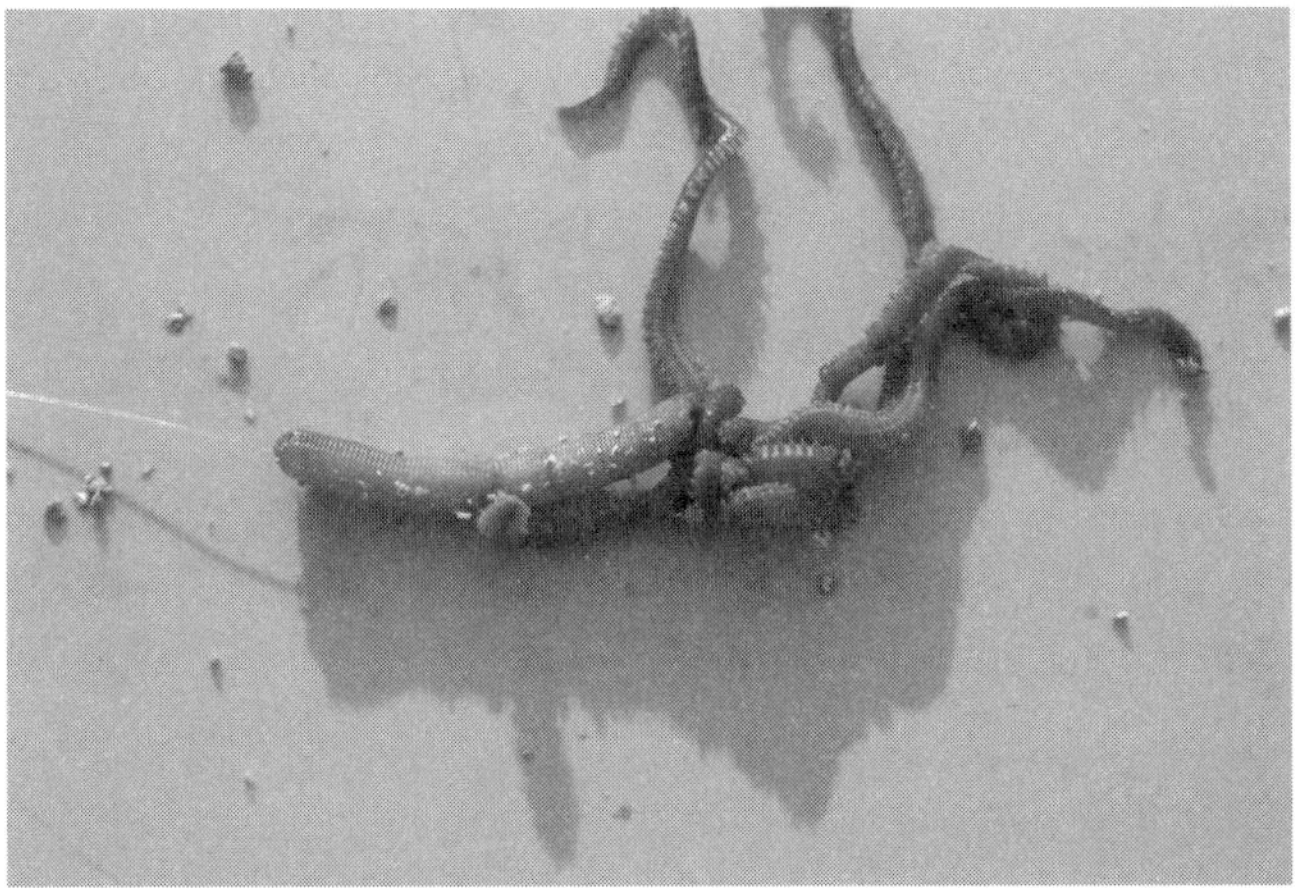

アオイソメとアカイソメのミックス。アカイソメを通し刺しにしてコキ上げ（左部分）、その下にアオイソメを房掛けした。

釣りやすいタイミング

アイナメは動くものに……と書いたが、そもそもは「動かない魚」である。だから「動かないもの（エサ）」に対して「自ら動いて」までは反応しない。普段は自分の場所（穴や岩の隙間など）から動かずジッとしている。特に水温の低い時は顕著で、このような時は口の先までエサを運んでやらないと食いつかない。それでもなお活性の低い時は、エサを突く程度でなかなか食い込まずにエサを放してしまう。食い渋ったアイナメを掛けるのは至難の業だ。

だがアイナメが食い渋っている時に、突然反応することがある。それは、大型船などの波が寄せてエサが動いたときである。それまで投げ込んであったサオに長時間何の反応もなかったのが、いきなりガンガン大アタリを出す。海底を這っていたエサが寄せ波により動き、それに反応したのである。

アイナメが釣れる条件には、このような性格がよく現われている。テトラ際で寄せ波がザワザワしている場所、潮がもんでいる場所。浅い釣り場で少々荒れ気味の日。

前述の「上げ7分、下げ3分」というのも、1日のうちで潮が一番動く時間帯であり、エサの落ち込みの変化、海底に沈んだエサの動きが一番起こりやすい時間帯ということだろう。

ドウヅキ仕掛けも効果的

こうしたことから、「ドウヅキ仕掛け」でエサを海底より少し浮かせて待っているのも効果的である。海中で安定してしまえば仕掛け自体が動くことはないが、海底を這っているエサよりも、宙吊りになっているエサのほうがわずかな潮流や波で動く可能性がある。また、下の穴の中やケーソンの段差付近から上方向を見ているアイナメにも、エサの存在が分かりやすいだろう。さらにアオイソメを房掛けで付けると、エサそのものの動きがアピールとなって非常に効果的だ。ただし、厳冬期の常磐のように海水温が10℃以下になると、アオイソメも全く動かず役に立たなくなる。その場合は臭いの強いアカイソメがよい。

④沖の大型アイナメ
スレていない大型をねらう

投げのアイナメ釣りのもうひとつの戦略は「沖の魚」だ。

前述した解説はあくまで堤防の近くや磯近くの根、岩盤の周囲での釣りである。これらは投げザオがなくても、磯ザオに軽いオモリでも攻めることも可能だし、むしろそのほうが効率的である。だが、せっかく投げ釣りのタックルでねらうのなら、より沖合いにいる魚を攻めることもおすすめしたい。

だいたいアイナメ釣りに行くと、まずは堤防直下から基礎際周辺をねらってみる人が多いだろう。その日の条件がよく活性が高ければ、すぐに数尾のアイナメが釣れ、その後も時合いが訪れる。しかし、水温低下後の食い渋っているような時は何をやってもお手上げ状態になる。このような時こそ沖の魚をねらおう。

沖にいる魚は、堤防近くでジッとしているアイナメと違い、テリトリーの広い大型の個体が多い。水深が深ければ水温も水圧も違い、岸近くの魚とは違う行動をとるのである。

たとえば工業港では大型船のために航路を深く掘ってあり、潮通しもいい。そのためカケアガリ部は砂が削り取られ、瓦礫が露出し、エサが豊富にある。このカケアガリ部に大型魚が着いている。航路筋に遠投して待っていると、大きなアイナメがドカンとヒットする。

また漁港や沖堤防でも、沖の砂地に根が点在していれば大型魚の生息に適している。堤防際では食い渋るアイナメも、沖の根周りでは大胆に食い込んで硬い投げザオをガンガン叩いてくれる。

同様のポイントとしては、砂浜の沖に根や岩盤があって海藻がついている場合は、まずアイナメやクジメが生息していると思っていい。また常磐以北の砂浜で、砂の流失防止のため消波ブロックを岸近くに入れてあることがあるが、このような場所もアイナメの好ポイントだ。

投げのアイナメ釣りの魅力は、この「スレていない沖の大型魚が釣りやすい」ことだろう。「型が揃う」というイメージはこのあたりにあると思う。こればかりは磯ザオのブラクリやロックフィッシュタックルのルアー釣りでは攻められない世界だ。

キュウセン（ベラ）
小粒でも美味しい関西の人気者

キュウセンの生態

キュウセンは関西で人気のあるターゲットだ。もともと温暖な海域に多く、関東では数が少なく馴染みのない魚であった。関西では数が釣れ、スーパーにも普通に並んでいるので、釣りものとしても食用としても非常にポピュラーである。

温暖化の影響なのか、近年はキュウセンに限らず南方系の魚が生息域を北上させており、関東でもごく普通に見られるようになった。時期や場所によっては数も釣れる。

雌雄による姿の違いがベラ類の特徴である。小さいものはメス（白地に赤模様）が多く、産卵期は一夫多妻制であり、多数のメスのなかに大きな青いオスが1尾でテリトリーを持つようになる。このオスを釣ってしまうと、たくさんいるメスのうち1尾がオスに性転換してハーレムを保つという生態がある。

ベラ類特有の見た目の派手さから、関東人の性格では食べるのをためらってしまうのだが、クセがなく非常に美味しい魚である。ちなみに、容姿はキュウセンに劣るもののササノハベラも美味しいベラである。

どちらのベラも、大ギスやカワハギが好むような根と砂地の混在する場所や、ゴロタ場などに多い。また、内湾よりも潮通しのよい外海やきれいな水質の場所を好む。

メスは20cm以下のサイズが多く、オスは23～25cmになる。最大で33cmという記録もあるが、普通は27cmを超えるものも珍しい。

釣り方

キュウセンはシロギスやカワハギの外道としてよく釣れる。よって、タックルと釣り方もそのままで成り立つ。赤ベラと呼ばれるメスがたくさん釣れる時は、20cm以内のサイズが多くなるので、全遊動2本バリでキスを釣る要領でねらうと楽しい。仕掛けは長くする必要はないが、口が小さくエサ取りが上手いので、白狐などのハリを使うといい。またベラ類は飲み込まれるとハリを外しにくいので、ハリ外しは必携となる。細すぎると外す時に

キュウセンのオス。このくらいのサイズになるとなかなかの引きを見せる。

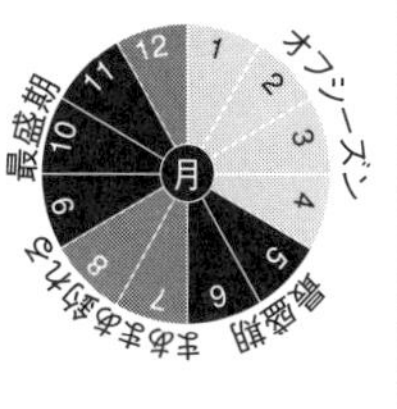

必要な道具
・サオ＝振り出し投げザオ25～27号　4.0～4.25m
・リール＝投げ釣り専用リール（ドラッグ有無どちらでも可）
・そのほか＝クーラー（11～20ℓ）、小型リュック、メゴチバサミ、ハリ外し

伸びてしまうので、少し太軸のハリがいい。

　一方、普段はメスばかりの場所でもオスが多数寄っていることがある（産卵期だけではなく不定期）。その場合はサイズが23～26㎝という大きさになり、重量もパワーも大きなカワハギ並みなので、それなりの仕掛けでないとバラしてしまう。白狐10号や丸カイヅ12号の全遊動1本バリで、1尾ずつ楽しんで釣ろう。

　投げ込んだあとは、置きザオにはせず、手持ちでサビいて釣る。アタリはまず明確に「コツコツ」とあり、その後に「グングン」ときたら手首を返してアワセを入れる。ベラ類は口の周りも内側も堅くてハリ掛かりしにくく、掛けてからのバラシも多いので、最初のアワセは確実に入れよう。

　活性が低いと、最初の「コツコツ」だけで引き込みの出ない時もある。このような時はカワハギ釣り同様、サビいて誘って、じらしたり、送り込んだりとテンションを変えて、食い込みを誘うようにする。これもキュウセン釣りの楽しさである。

　魚が掛かったら、全身をくねらせグイグイ、ガンガン引くので、引きを楽しみながら強引に巻き取る。付近に磯や消波ブロックなどがあると、そこへ向かって潜り込もうとするので注意しよう。潜り込まれても太い仕掛けなら魚を引き出すことはできるが、ハリス切れやオモリが根掛かる恐れもある。フィニッシュは一気に抜き上げよう。

ササノハベラはキュウセンと同じベラの仲間。食べても美味しい。

キュウセン釣りの仕掛け

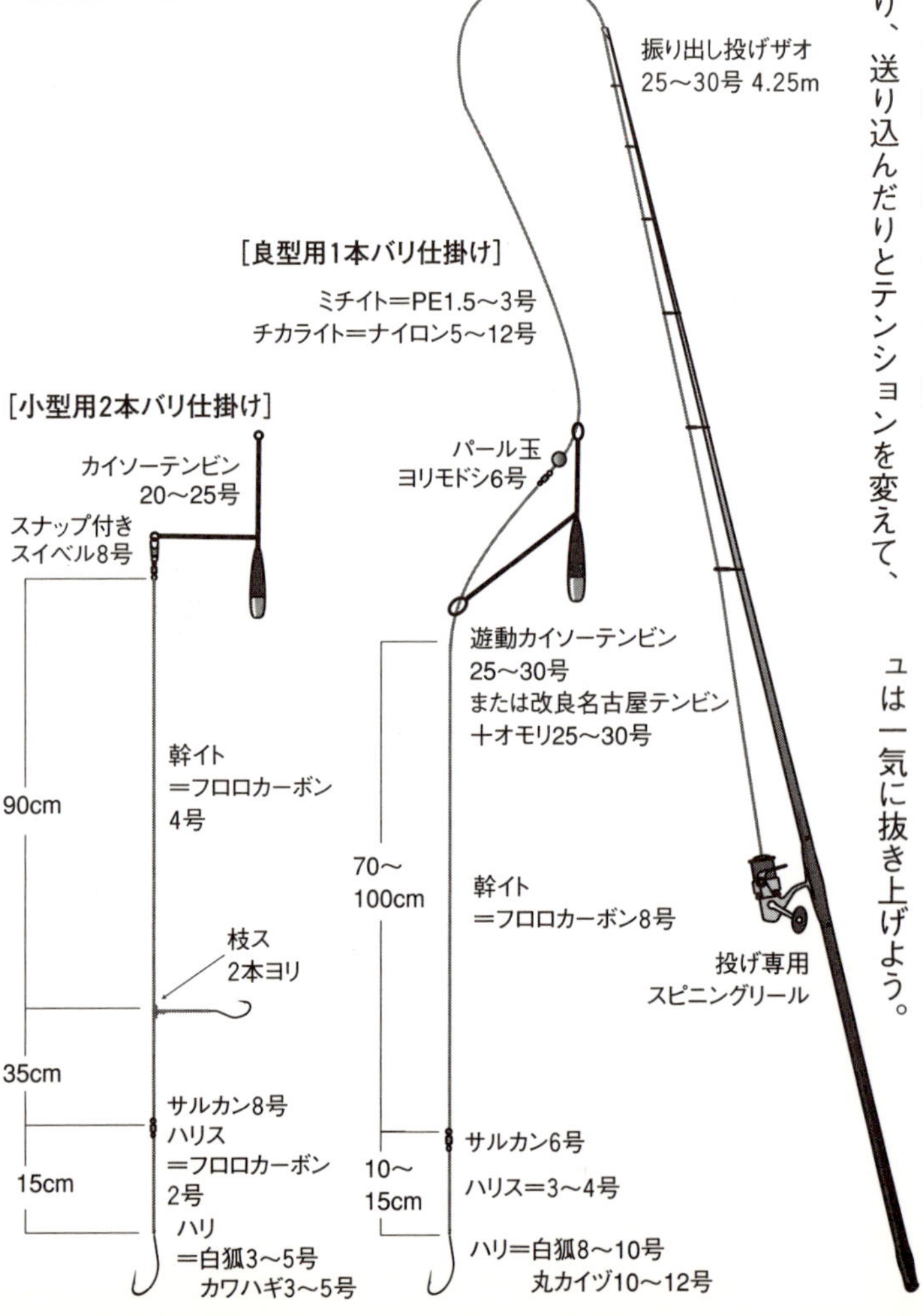

カワハギ
エサ取り巧者との知恵比べ

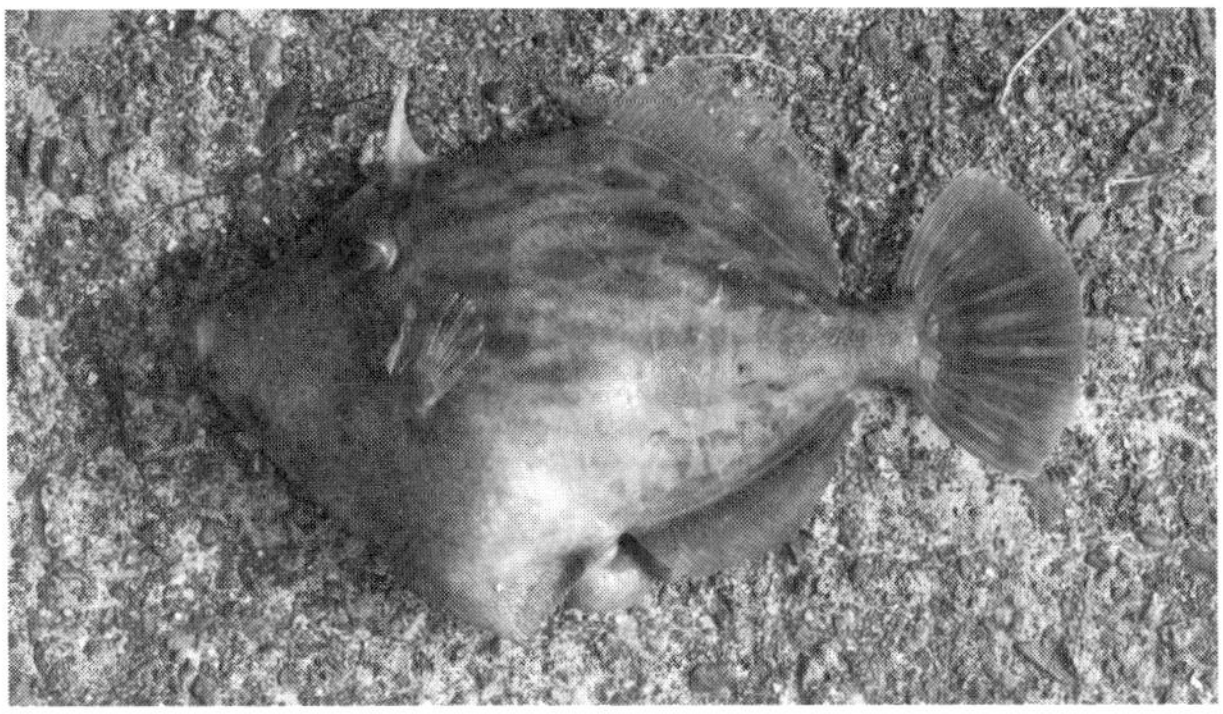

カワハギの生態

　カワハギは外洋性で南方系の魚である。生息する場所や緯度でいうとキュウセンと同じような環境にいると感じられる。また昼間しか釣れないことも似ている。関東では東京湾内に小型魚が多数見られるが、25cmを超すような大型魚は黒潮の当たる外海に面したところで釣れる。伊豆七島では三宅島、神津島、式根島、大島に多く生息している。

　関西では紀伊半島、四国と大分周辺、東シナ海～山陰にかけて大型魚が多く、佐渡以北では数は出るものの小さい。関東の北限としては常磐地区で小型が釣れるが、黒潮からはぐれた程度のもので、冬を越して生息しているようには思えない。

　生息している水深は100m以浅とされているが、関東の沖釣りで冬のカワハギをねらうのは水深35～60mの場所が多い。産卵は6～7月で、この頃になるとシロギスがいるような浅い場所でも釣れるようになる。

　この魚は水圧差に強い。身体を見れば分かるとおり、全身筋肉質で頑強である。だから水深のある場所で掛けると、水面に出るまで全身をくねらせ暴れまくり最後は強烈に締め込む。船釣りで「カンカンとサオを叩くアタリ」と表現されるのはこのこと。投げ釣りでは、「ガンガン」だろうか。ところが、水深5m以内の浅い場所（夏場に砂地でよく掛かる）で掛けると、横へ走るため「ガンガン」とならず、イトが横走りするような引きとなる。最後の取り込みの際のひとノシは強烈だ。

　冬が近づくとともに徐々に深場に落ち、それに伴い群れが大きくなり数も型もそろうようになる。美味しい「キモ」が大きくなるのもこの季節。しかし、この冬場にカワハギの釣れる水深15m以上の場所となると、投げ釣りでねらえる場所は限られてしまい、やはり船釣りのターゲットとなる。

浅場の釣り

　ゴールデンウィークから夏を過ぎ、11月末までは水深5mくらいの浅い場所でも釣れる。ワッペンサイズと呼ばれる15cmくらいだとこの時期でも同じ場所で数が釣れるが、20cm以上となると浅い場所では群れが小さく、単発で釣れることが多い。当然、小型ほど群れが大きく、大型ほど小さくなる。

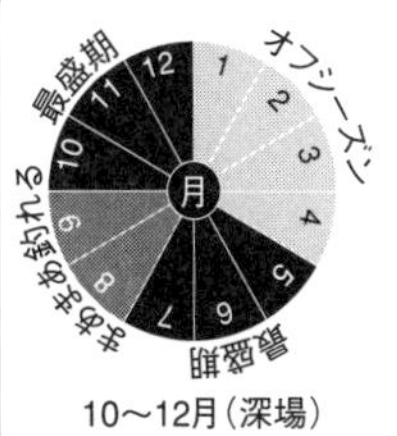

10～12月（深場）

必要な道具
・サオ＝振り出し投げザオ25～27号　4.25m
・リール＝投げ専用リール（ドラッグの有無はどちらでも可）
・そのほか＝クーラー（16～20ℓ）、小型リュック、スパイクブーツ、スカリ、タモ、ライフジャケット、メゴチバサミ、ハリ外し、ナイフ釣り場が堤防の場合、普段からほかの釣り（アジ釣りなど）でのコマセが入っていると、小型のカワハギが多数居着いている。このような場所では数釣りが可能だ。

また、大ギスを釣るような小磯では朝夕に大型のカワハギがエサを求めて回遊しており、注意深く観察していればこれを手にすることができる。

「注意深く」というのは、たとえば大ギスをねらっていて、極めて小さなアタリでアカイソメなどがきれいになくなっていれば、カワハギの仕業であることが多い。

「怪しい」と思ったら、すぐに仕掛けの全長を短くして全遊動テンビンで投げて「サビいて誘って」アタリを引き出す。この時点ではまだねらったカワハギが「釣り方のパターン」を学習していないので、1投目で当たってくるだろう。これを確実に釣らないと、カワハギが学習してしまい、2投目、3投目とどんどん掛けるのが難しくなる。

いろいろな誘いのパターンを試す

学習したカワハギを掛けるには、学習していないことを問題として出してやればいい。たとえば、それまでアカイソメを使っていたのをジャリメの1尾掛けにして仕掛けを長く繊細にするとか、25号のオモリだったものを20号にするとか、シロギスを釣るように間を入れてサビいていたのをオモリを止めずにサビく、といったことだ。サビきのパターンをたくさん考えておくことも重要である。

カワハギ釣りの仕掛け

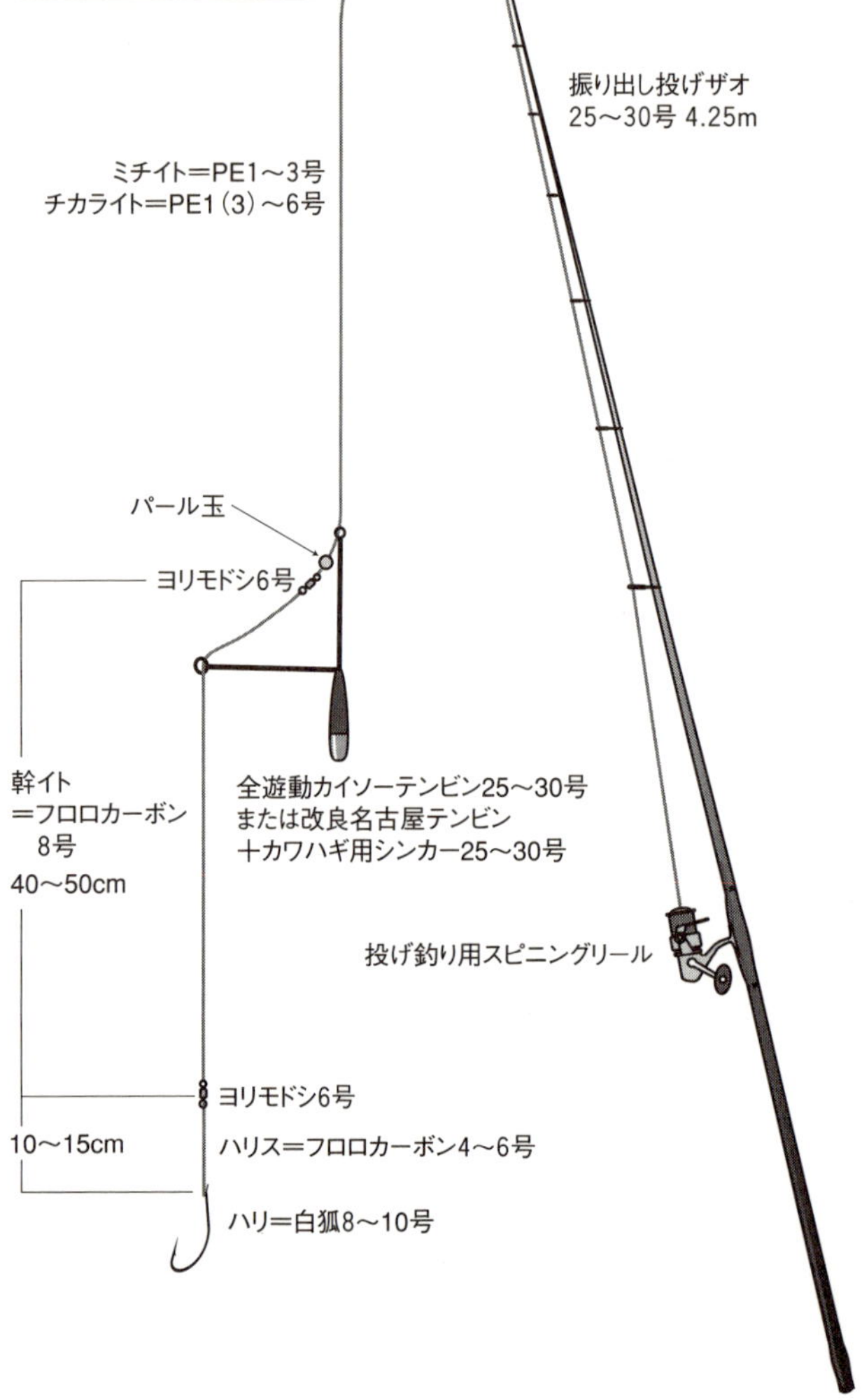

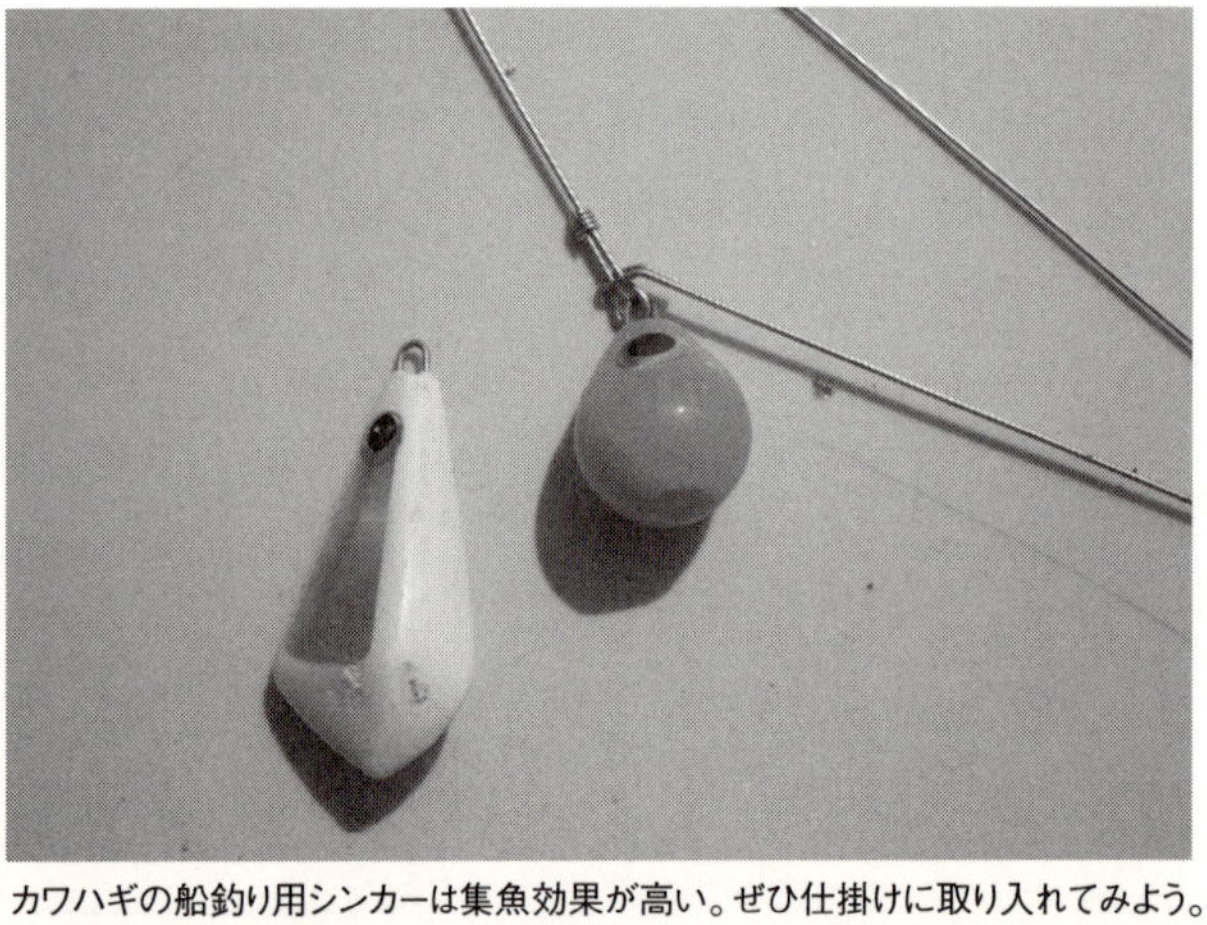

カワハギの船釣り用シンカーは集魚効果が高い。ぜひ仕掛けに取り入れてみよう。

アタリが出ないうちに、タイミングを見計らって空アワセを入れるのもいい。「落ち込み」のエサを途中で食うことも知られているので、極端に短い10cmくらいの仕掛けで空アワセを試みるのもいいし、考えられることは何でもありだ。このカワハギとの化かし合いがこの釣りの面白さだ。

それから、大型のカワハギ（20～28cm）は群れが小さいので、数尾釣ったら次の場所へ移動することも数を伸ばす方法だ。軽装の1本ザオで釣るのが本来のスタイルである。

深場ではイトフケに注意

沖磯など足もとから水深がある場所では、ある程度数が期待できるのでじっくり腰を据えて釣ることになる。

水深15～20mくらいの場所でカワハギをねらうと、浅い場所ではあれだけはっきりアタリが出て簡単に食い込んだものが、同じ釣り方でも全くアタリを出さずにエサだけ見事にかすめ盗るようになる。このため、深い場所で釣る場合はより感度が重要になるので、ミチイトはPEでないと釣りが成り立たない。

まず第一のキモは「イトフケ」である。ポイントへ投げ終えたら、リールを巻いてすぐにイトのたるみをなくす。この「イトフケを取る」という動作は投げ釣り全般で重要なのだが、普段周囲の釣り人を見ていると、意外と気にしていない人が多い。

PEは浮力が強いので、海中に沈むまでに時間がかかる。だからしばらくの間はイトフケを取り続けねばならない。潮流があったり風があると、サオ先からオモリまでのミチイトはまっすぐにはならず、若干フケている。これを少しでも回避するにはイトを細くするのが一番だが、カワハギは根周りの釣りなのでむやみに細くもできない。釣り場の条件によって、使い得る一番細いイトを使いたい。

たとえばねらうカワハギが28～30cmもある大型の場合、ハリスは4号以上を使いたい。すると、それに合わせたミチイトはPE3号が基準になる。しかし、もし根掛かりがそれほどひどくないのなら、PE1号でもカワハギの引きに耐えられる。PEの3号と1号では水の抵抗が格段に違い、カワハギのわずかなアタリをとらえてくれる。「3号で分からないアタリが1号では明確」ということもあり得るのだ。

ねらうサイズが20cm前後であればハリスは1・5号、ミチイトはPE0・8号で充分だ。

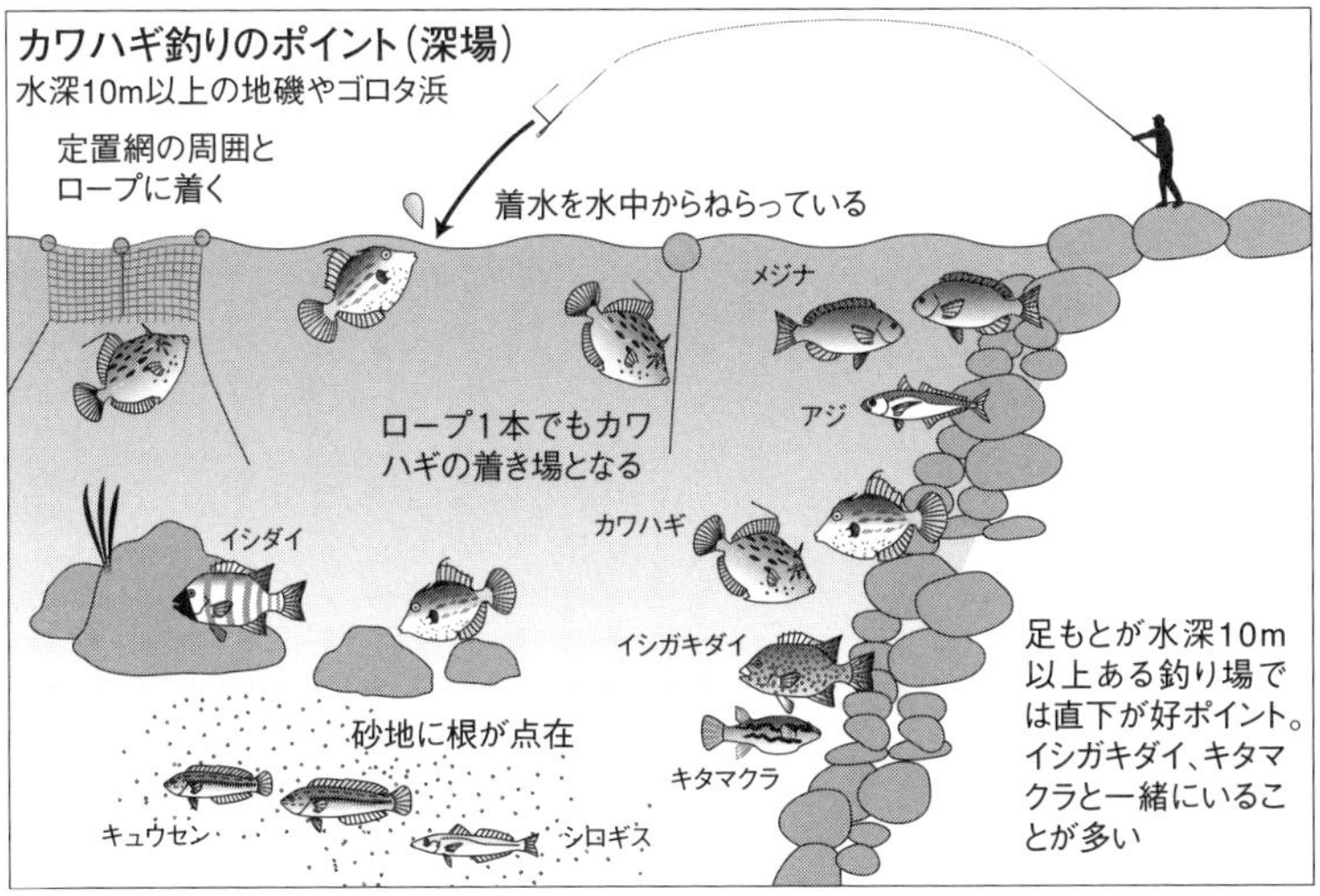

底に着いたら空アワセ

イトフケを取ったら、着底直後に小さく空アワセを入れてもいい。これもイトフケをとることに繋がるし、水深のある釣り場ほど、海面近くからカワハギがエサを追っている場合が多いからだ。仕掛けが海底に届く前にエサをかすめ取られたり、場合によってはオモリが沈んでいく途中で軽くイトを張って誘ってみると掛かることさえある。カワハギ釣りは、海面に仕掛けが入った瞬間から駆け引きが始まっているのだ。

このように仕掛けの落下中も神経を集中して、「エサが取られてない」と感じたら、着底後も引き続き仕掛けを動かして食いを誘う。カワハギが追いかけてきているものと考え、仕掛けの動きは止めない。もちろん食いの悪い時は仕掛けを止めて待つこともある。

仕掛けをサビいていると、食い気があるカワハギならばエサを逃すまいと食ってくれる。「エサが止まっている＝イトがフケる」のではアタリは出ないが、「サビいている＝イトが張っている」状態なので、この時にカワハギがエサを食えばアタリは分かる。

アタリと取り込み

アタリは通常「コツコツ」といった感じで、カワハギが学習しはじめると「コツ」だけで終わることも。アタリがあったらエサを動かし、とにかくイトを張って追い食いを誘うようにしよう。誘ってもアタリが出ないようなら、最初のアタリの時にすでにエサが取られている。すぐに巻き上げて投げ返せば、同じ魚がすぐに当たるはずだ。

前アタリのあとに「グンッ」と少しでも力強い引きを感じたら、リールを巻きながら腕だけで軽く聞きアワセを入れる。これで魚が掛かったら「グイグイ」と引っぱって暴れるのですぐに分かるが、この瞬間にバレることも多いので、さらにガッチリとアワセを入れてから巻き上げに入る。

カワハギをよく観察すると分かるが、身体全体がザラザラした硬い皮に包まれていて、この皮にはハリが掛からない。ハリが掛かる場所は「クチビル」と「カンヌキ」（上アゴと下アゴの境目）、それから飲み込まれた時の「ノド奥」だけだ。

最初の引き込みの「グイグイ」の時、ハリは口の中に入ってはいるが、完全にはハリ掛かりしていない。アワセを入れて初めてハリ掛かりする。しかし、大きなカワハギほどハリ掛かりが甘く、巻いている最中にバレることが多いので、確実に取り込むためにも途中で追いアワセを入れておく。

巻き上げは、ある程度強引に寄せたほうが無難。大型になるとあまりに引きが強いので、つい巻き上げを緩めてしまうことがあるが、こちらが力を緩めた瞬間、相手は強烈に海底へ向かって突っ込み、ハリが外れたり伸びたりすることが多い。逆に、オモリやテンビンに浮上しやすいものを使って強引に水面に浮かせると、カレイのように真横になっておとなしくなり、水面を滑るように寄ってくる。船釣りではあり得ない、投げ釣りならではの取り込み方で、これが一番安全だ。

30cmを超すようなサイズを取り込む際は、最後にタモ入れをしたいところ。というのも、エサを飲み込んでいる場合は、抜き上げる時にカワハギ自身の体重でハリが「ズボッ」と抜けてしまうことがあるからだ。そして、タモ入れは慎重になりすぎず一気に取り込みたい。こちらがモタモタしていると、相手は隙をみて一気に海底めがけて突っ込みバラシの原因となる。ひとりでは難しいので、タモを持った仲間に隣で待機してもらい、水面を滑るように寄せてきて、そのまま玉網に入れるのが理想的。取り込みはとにかく魚を自由にさせないことが肝心である。

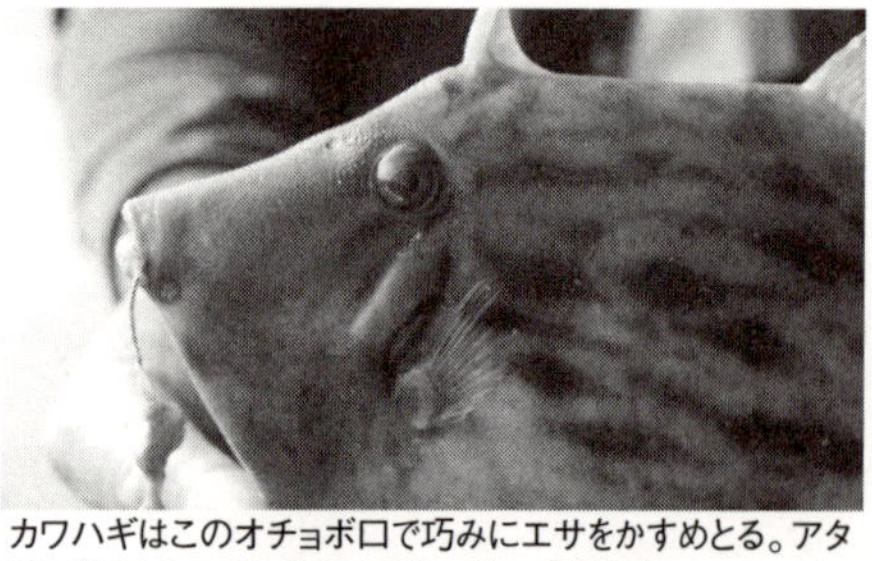
カワハギはこのオチョボ口で巧みにエサをかすめとる。アタリを感じたらエサを動かして追い食いを誘おう。

釣りクラブの存在意義

晴釣雨読⑥

釣りを長く楽しむための選択肢

釣りクラブの存在意義をひと言でいえば、それは仕事と家庭以外での自分の居場所＝アイデンティティのひとつであろう。

釣りは趣味であり、趣味は余裕がないと楽しめないものだ。精神的な余裕だけでなく、経済的な裏付けも当然必要となる。まずは生きてゆくための継続的な収入を会社や自分の仕事から得て、その仕事をこなす能力が社会人として認められる条件であり、その結果として得られるのが「社会への帰属」というアイデンティティだ。

仕事や家庭が安定すれば、あるいは安定させるために、次に人は「生き甲斐」としての精神的な癒しを求める。それは趣味であったり宗教であったり社会奉仕活動だったりと、人それぞれである。そのなかでも、釣りは最も健全な精神安定剤ではないだろうか。

釣りに関する情報はいろいろな媒体で得ることができ、個人でも自由に楽しめる。実際、釣り場へはひとりで来ている人のほうが圧倒的に多い。

しかしながら、個人で長年楽しもうと思うとなかなか続かないものである。仕事に忙殺されたり、家庭での問題を抱えたりと、生活環境の変化で釣りに行かなくなる人は多い。「そのうちに」「暇になったら」と思いつつ時が過ぎ、「趣味は釣り」といいながら「何年も釣りに行ってない」という人種になってしまう。

私が「釣りクラブの存在意義」を一番強く感じるのは、このような時だ。釣りから遠ざかりそうな時、あるいは遠ざかった時に「釣りへ戻るきっかけ」となり得るのが、クラブと釣り仲間の存在なのだ。

私自身もそうだったが、周りでもクラブの存在に助けられ、以前のように釣りを楽しめるように復帰した例は多い。クラブを運営していると、休んでいた会員が復帰してくる時が一番うれしいものだ。

なお、クラブはひとりのカリスマ性だけに頼って運営すると長続きしない。クラブは多くの会員のものであり、会員の数だけ楽しみが倍増すると思っていい。そのためには、ひとりの会員だけが好釣果を得るのではなく、「なるべく多くの会員がそこそこ楽しめる」ような運営をしなければならない。

※注……クラブといっても、数名の仲間が集まっただけではなく、月例会などの行事を行なったり、会報を発行するなど情報を共有しながら運営していないと、本来の存在意義はない。

釣りクラブのデメリット

クラブにはそれぞれ独自の規約がある。これは国に憲法があり、会社に約款や労働規約があるのと同様、団体を運営するのに不可欠なものだ。安易な気持ちでクラブに入り、窮屈さを感じて辞めてしまう人もいる。「団体に加盟する＝制約を受ける」とまず認識しなければならない。

次に、運営資金が必要なので年会費がかかる。無料で団体活動は楽しめない。

また、クラブにはさまざまな人間が集まる。民間の大小のサラリーマン、自営業者、公務員、学生、フリーターや無職の人もいるだろう。自分と気が合わない人がいても、付き合わざるを得ないのは面倒だ。さらにクラブが上部団体に加盟していれば、よそのクラブとの交流もある。なかには釣果優先主義でマナーの悪いクラブもあり、同じ目で見られて嫌な思いをすることもある。

とはいえ、ここに挙げたデメリットは社会活動全般にごく普通に見られることだ。「クラブの活動＝社会の縮図」と思っていい。結局、クラブは「何かを与えてくれるもの」ではなく「楽しみを補佐する存在」でしかない。クラブから何かを得ようと思ったら、自分から行動するしかないだろう。

全国の主要な投げ釣り団体

◇全日本サーフキャスティング連盟
1965年発足。北海道から九州まで23都道府県に25の地区協会があり、西日本の会員が多い。シロギスの数釣り、投げの大もの釣り、キャスティング競技と幅広く活動している。

◇全日本投釣連盟
1962年発足。東京、湘南、静岡に加盟クラブがある。シロギスの数釣りをメインに活動。

◇日本サーフキャスティング連盟
1984年発足。湘南を中心として東日本各地に協会がある。活動の中心はシロギスの数釣り。

◇静岡県投釣連盟
静岡県以外に神奈川、愛知県のクラブも所属。シロギスの数釣りを主に活動をしている。

◇ジャパンスポーツキャスティング連盟
1980年発足（1974年・オール静岡キャスティング連盟から）。キャスティング競技専門の団体であるが、会員の多くはシロギスの数釣り、遠投釣りに長けている。静岡、茨城、東京など東日本を中心に活動。

アナゴ
夏の夜釣りの風物詩

アナゴの生態

　アナゴ（マアナゴ）は投げ釣りの人気魚のひとつだ。なぜ人気があるかといえば、やはり食べて美味しいからであろう。天ぷら、蒲焼き、白焼きと抜群の旨さである。また姿形の似たウナギは天然物や国産物が少ないのに対し、アナゴには天然物しか存在しない。大量に獲れることから、鮮魚としては値段が安いのも人気の理由だろう。

　アナゴは北海道以南の国内全域に生息している。朝鮮半島から東シナ海に生息し、ウナギ同様南の海域に集まり産卵するようだ。冬場は深い場所に落ち、春〜夏にかけて沿岸の浅い場所で釣れるようになる。完全に夜行性の魚だ。昼間も濁っていれば釣れるが、数を釣ろうと思えば夜の釣りとなる。

ポイント

　アナゴは砂泥底に生息し、内湾で冬にカレイの釣れる場所がアナゴの好ポイントとなる。外海では潮通しのよい場所には少なく、港内に多い。だから工業港などの大規模な港の中は好ポイントとなる。

釣り方

　魚やイカの身エサでもよく掛かるが、お手軽さでアオイソメがいい。仕掛けを投げ込んでおいて待っていれば掛かる釣りだが、1本ザオ1本バリの手持ち釣りがベストだと思う。

　というのも、欲を出して大量に釣ろうと多数のサオを置きザオにすると、1本のサオを

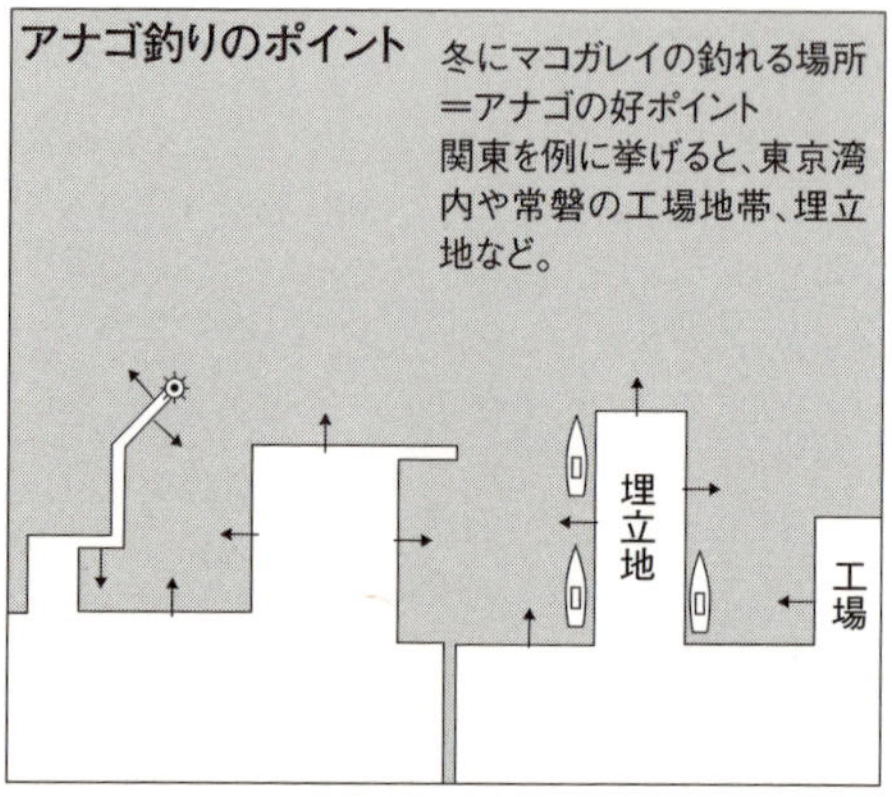

外洋では、大きな港の内側
外洋の砂浜はほとんど見込みなし
※黒潮に近い磯場の砂地は潮が通しすぎるためか、砂質がマアナゴに合わないのか、ゴテンアナゴしか釣れない

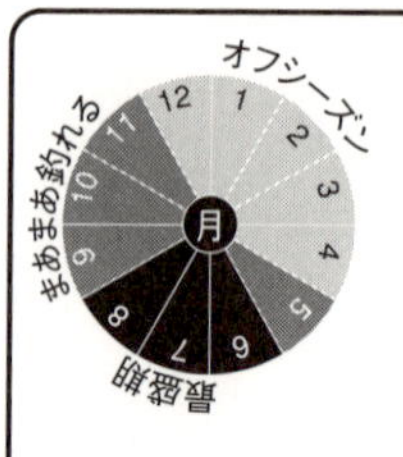

必要な道具
・サオ＝振り出し投げザオ25〜30号 、4.25m
・リール＝投げ専用リール（ドラッグの有無はどちらでも可）
・そのほか＝クーラー20ℓ メゴチバサミ、ハリ外し、ヘッドライト、穂先ライト

扱っているうちにほかのサオに掛かり、仕掛けからテンビンまでグチャグチャにされてしまう。こうなると、テンビンから仕掛けを結び直さなければならず、するともう1本の仕掛けも同じように……。結局、手返しが悪くなり効率のよい釣りにならない。

この魚もほかの魚同様、活性が上がれば動くものに反応する。サビいてやるのは、食いを誘うことと、居食いによる仕掛け絡み防止の意味もある。アオイソメを使うのも動きと光による効果をねらってのこと。動きとともに光るものも抜群に効果があるので、仕掛けにルミコや蛍光玉を付けるのは必須だ。

取り込み後の扱いに注意

アタリの出方は、置きザオの場合、サオ先にモゾモゾとした動き（すでに掛かって仕掛けを絡ませている状態）が現われるか、明確にコンコンといった反応がある。また手持ちでサビいている時には、小さなキスのようなコツコツといったアタリが出る。いずれもサビいてみて、グイッと乗ったような引きがあれば巻き上げればいい。この小さなアタリで乗せられれば、仕掛けを絡ませず口先にハリが掛かった状態で釣ることができる。

釣りあげたら、魚を地面に下ろさずに（下ろすと仕掛けがグチャグチャになる）メゴチバサミかタオルで魚をつかみ、クーラーかバケツなどの容器の上でハリを外す。この時、間違ってもアナゴの口の中に指を入れないように注意。大きなアナゴに噛まれると出血するほどの傷になる。

ハリを飲んでしまっていたら、ハリスごと切って新しいハリを付け直したほうが早い。口先に掛かっていればハリを持ってすぐに外せるが、噛まれるのが心配なら先曲がりのニッパーを使うとよい。また「ハリ外し」で外すことも可能だ。

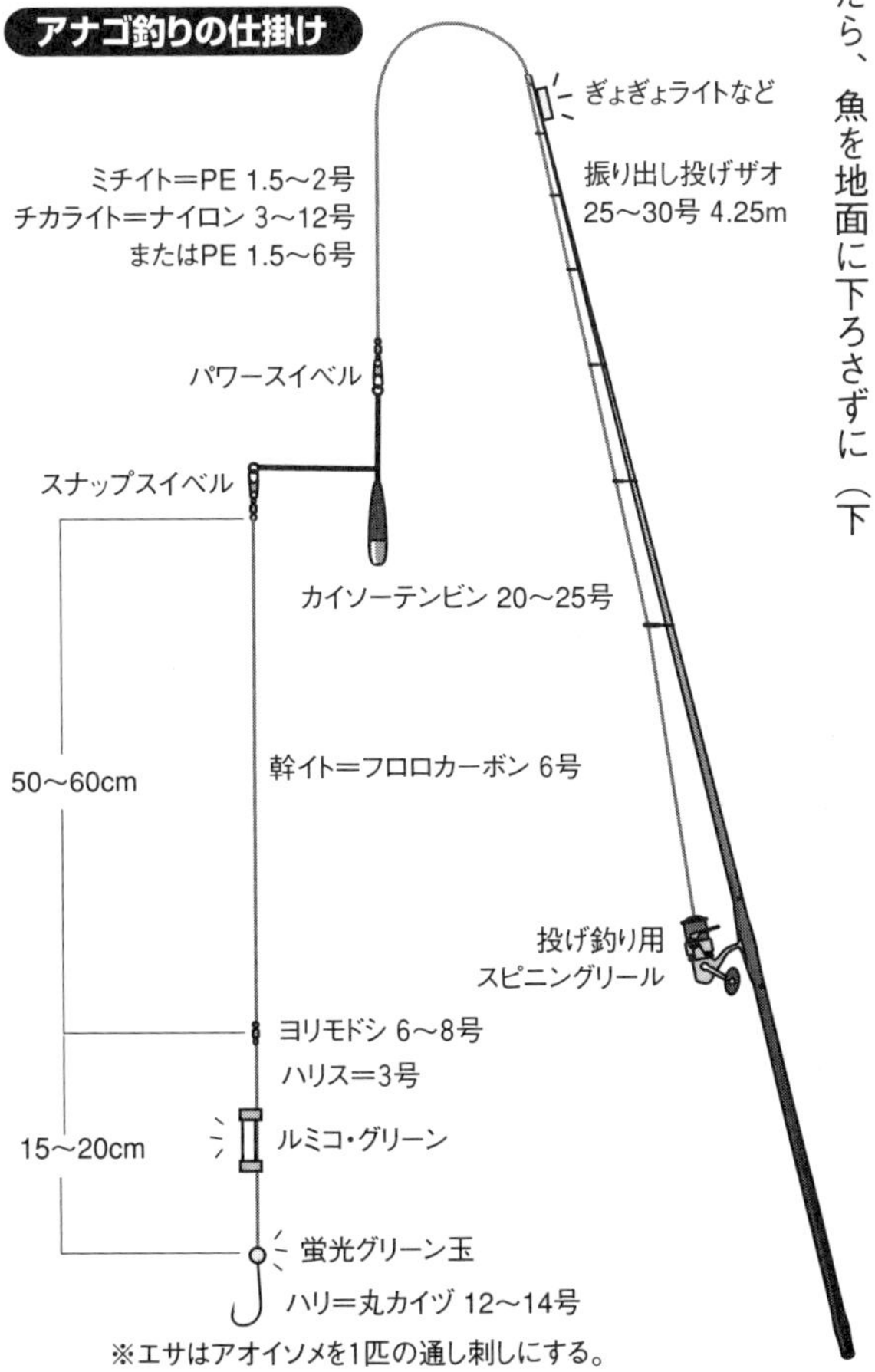

※エサはアオイソメを1匹の通し刺しにする。

ニベ（イシモチ）
のんびりねらえる夜釣りのターゲット

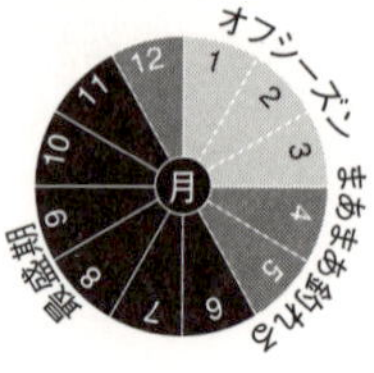

必要な道具
・サオ＝振り出し投げザオ25～35号4.25m
・リール＝投げ専用リール（ドラッグの有無はどちらでも可）
・そのほか＝クーラー（16～20ℓ）、小型リュック、サンドポール、ブーツ、ヘッドライト、穂先ライト

ニベの種類

全国的にイシモチと呼ばれている魚は、現在の標準和名では「シログチ」という魚である。この仲間はニベ、コイチ、シログチの3種が沿岸に多く、投げ釣りの対象魚となる。

体色が黄金色やオレンジの派手なコイチは瀬戸内海から東シナ海に生息しており、一方、太平洋沿岸に普通に見られるものはほとんどニベである。

しかし、ニベとコイチは外見が非常に似ているため、瀬戸内海ではコイチのことをニベと呼び、シログチのことをイシモチと呼んでいる。また、これらの3種をまとめてイシモチやグチと呼んでいる地域も多い。それほど似ているので釣り人レベルでも区別が付かないか、気がついていない場合がほとんどだ。

生態とシーズン

関東でいうと、外洋である外房や常磐、湘南、駿河湾ではニベが釣れる。シログチはニベよりも内湾や潮の緩い場所を好むため、東京湾内の富津岬よりも内側で多く見られ、羽田沖で多数釣れるものはシログチである。常磐では鹿島港内、小名浜港内でシログチが、港外でニベが釣れるので、外海に面した港にもシログチは生息できるようだ。

このように場所によってはニベとシログチが両方釣れることもあり、しかもメインは夜釣りのため同じ魚に見えてしまうのも仕方ないように思う。

最大の大きさはシログチで50cm、ニベで90cm、コイチで60cmとされるが、シログチは普通20cmクラスが多く、35～40cmもあればかな

り大きいほうであろう。コイチは瀬戸内で60cm超の記録もあるが、近年は50cmクラスも珍しくなってきた。ニベは、関東の沿岸で釣れるのは20～35cmだが、冬場に45cm前後のものが釣れることもあるし、千葉県白浜の磯では70cm超の記録もある。沖の深場にはかなりの大ものが生息しているのであろう。

なお、この3種とは別にオオニベという1・5m近くになる大型種もあるが、接岸する場所も限られており、岸からの釣りではかなりマニアックな対象魚となる。

釣れる季節は1年中だ。梅雨時が産卵期で、ここから夏を過ぎて晩秋までは数が釣れる。冬場は数はともかく、良型が揃う時期である。またこの頃には群れを作って浅場を回遊することもあり、突然1ヵ所で釣れ盛るという現象が起こる。

日中にニベを釣るなら、大シケの日が狙いめだ。

ニベは不味い魚？

釣り人の話や図鑑の解説で「ニベ、シログチは不味い」という評価をよく見聞きする。図鑑は学者が鮮度の悪い魚をスーパーで買って食べただけの評価だから仕方ないとは思うが、釣り人という人種がそのような評価をするとは、自分の保管の下手さを晒しているようなものである。

ニベは身が柔らかいので足が早い。漁師が網で捕ったものはとても不味くて食べる気がしないが、自分で釣ったものは鮮度がいいので刺身、塩焼き、フライと抜群の旨さだ。もちろん、現場ではクーラー内をしっかり冷やし、持ち帰ったらすぐに下処理（内臓とウロコを取る）をする。この手間を惜しんでは美味しい魚は食べられない。たくさん釣れた時は干物が絶品だ。

ポイントと釣りやすい条件

釣り場は外海に面した砂浜で、昼間にシロギスが釣れる浜なら夜は間違いなく釣れるだろう。シロギス釣りと同じように沖からサビいてきて1尾目を釣ったり、アタリのあった距離を覚えておいて、その日の釣れる距離を早く把握しよう。

ニベ類は夜行性である。昼間でも潮が濁っていたり、雨や曇りの日、水深のある暗い場所では普通に釣れる。流れの強い場所を好むので、シロギス釣りのできないような大荒れの日は昼夜を問わず好条件となる。

このように荒れた場所を好む生態から、砂浜ではキスがいる場所よりも手前で釣れる。つまり「近いポイントで釣れる」ことが、全国的に地元のお年寄りに好まれる要因でもある。また砂浜のシロギスが、「吹き流し式の繊細で長い仕掛けで釣るのに対し、ニベは「ドウヅキ仕掛け」でも釣れるので、波による仕掛け絡みの心配もない。シロギス釣りが手持ちで釣るのに対し、「投げ込んでからのんびりアタリを待つ」釣りが可能だ。これも年配者向きの釣りといえる。

エサとアワセ

「釣れる距離が近い」「ドウヅキ仕掛けで釣れる」「置きザオで釣れる」とはいえ、ニベ釣りには繊細な側面もある。ナギの日などは夜でもアタリが小さく、エサ取りがうまい。口に小さな歯が並んでいて、ついばむようにしてエサを上手に取る。ウネリがあって活性が高い時などは放っておいてもいきなり「グイーン」と穂先を持ち込むアタリを出すこともあるが、いつもそうだと勘違いすると、ひと晩釣って1～2尾という貧果に終わってしまう。

エサはアオイソメの房掛けが意外に食いがよい。ただしこれも微妙なアタリで「チョンチョン」とエサの先っぽをついばむ。この時、エサにテンションがかかっていると放してしまい、なかなか飲み込まない。それから、これはほかの魚にも当てはまるが、小さいサイズほどすぐにエサを飲み込み、大きいサイズほど慎重に食べる。

「チョンチョン」ときたあとの「グンッグンッ」とか「ブルルン、ブルルン」といったアタリでサオを送り込んで、次の「グイーン」の食い込みが出た時にアワセを入れる。これがアオイソメを房掛けにした場合のやり取りである。

アカイソメを使うと、尻尾のタラシがないので最初の「チョンチョン」「ブルルン、ブルルン」がない。サビいていて「ツン」「コツン」といった小さなアタリが出たら、少し間を置き「ソーッ」と誘ってやると、「グンッ」といった力強い引き込みがあるので、そこで合わせる。活性が高くなると、いきなり「グイーン」と引き込むこともある。

ユムシを使うと、皮が堅くて食いちぎれないので、前アタリのあとに誘ってやるとアタリが大きくなり本アタリが出やすい。ユムシはエサが小さくならないかぎり、1個のエサで何尾も釣ることができる。

仕掛けは、活性の高い時は短い仕掛けで積極的に誘って釣る。活性が低いなら、180cmくらいの長めの吹き流し仕掛けにする。シロギス仕掛けのような細めのイトも効果的だ。この場合は臭いの強いアカイソメを使い、シロギスを釣るように丁寧にゆっくりサビくのがいい。

ニベ（イシモチ）釣りの仕掛け

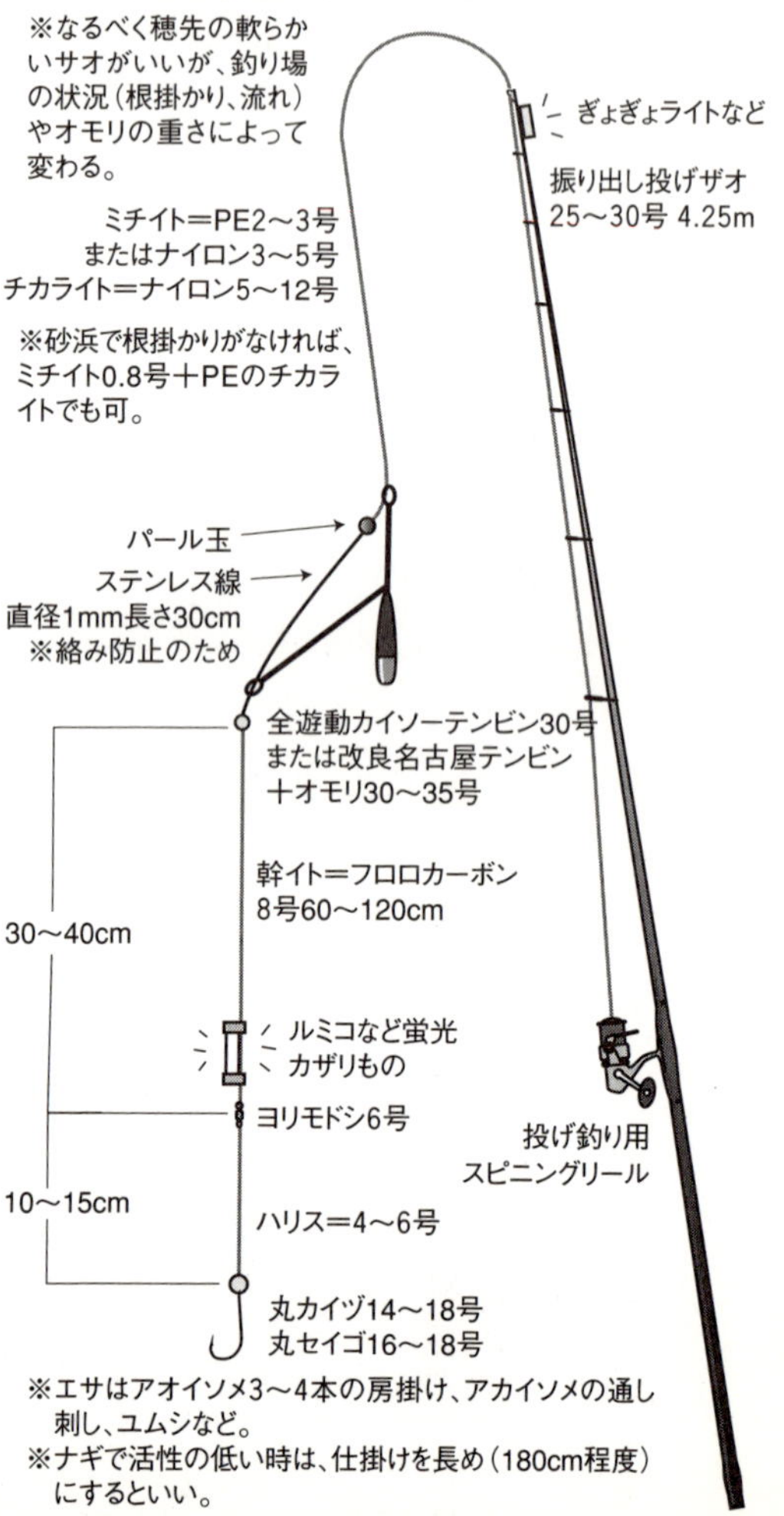

※エサはアオイソメ3～4本の房掛け、アカイソメの通し刺し、ユムシなど。
※ナギで活性の低い時は、仕掛けを長め（180cm程度）にするといい。

夜釣りの魅力

晴釣雨読⑦

釣りというものは、まずは昼間から始めるのが一般的であろう。初心者がいきなりワケも分からず夜釣りから始めても、道具の扱いや身のこなしなどさまざまなことでトラブルが頻発し、釣りどころではなくなるだろう。ベテランでも、夜釣りに慣れていない人は意外と思いどおりに釣りができないものだ。

しかし、昼間の釣りで道具の扱いも身につき、一連の動作が自然とできるようになったら、ぜひとも夜釣りにステップアップしてもらいたい。特に「大ものを釣りたい」と思ったら、夜釣りを避けては通れない。

夜釣りの魅力は、①大型魚が釣れる（小型魚が少ない）②夜行性の魚が釣れる③釣り場が静かで空いている④夏でも暑くない、といったところにある。なかでも大型魚が釣りやすいのが一番の魅力であろう。

夜になると、昼間釣れていた小型魚がおとなしくなり、かわりに成魚が浅場に回遊してくる。漁港では、早朝から昼過ぎまでうるさかった港周りの漁船が、午後から夜中までは静かになる。そのため、神経質な大型魚も浅場に寄りやすくなる。

砂浜でも、昼間はジェットスキー、サーフィンなどさまざまなマリンスポーツに占拠されてしまうが、レジャー客も夕方にはいなくなる。夜になって静寂が戻ると、やはり安心するのか大型魚が浅場に寄ってくる。また、産卵期には種の保存のため夜間に産卵する魚が多い。これも夜に大型魚を釣りやすい理由のひとつだ。

真夏の炎天下の釣りは暑すぎて体力を消耗し、非常に過酷である。これも夕方になると海風が吹き、昼間とは一転して涼しい快適な釣りが楽しめる。そのほかのメリットとしては、周囲が見えないので釣り人もあまり動き回らず、1ヵ所でどっしりと構えた釣りができる。釣りそのものに没頭できるのも夜釣りならではだ。

夜空の星や月を見上げ、波の音を耳にしながら潮の香を嗅いでいると、五感が研ぎ澄まされ、自分が自然の一部であることを認識できる。太古からの人間の遺伝子が目覚めるような、そんな感覚に触れられるのも夜釣りの魅力であろう。

スズキ
全国に生息する身近な大もの

スズキの生態

スズキの仲間では、東京湾などにごく普通に見られるマルスズキ（以下スズキ）と、外洋の磯に着いているヒラスズキ、それに養殖魚が自然繁殖してしまったタイリクスズキ（ホシスズキ）の3種が日本に生息している。関東ではまだマルスズキのほうが圧倒的に多いが、関西圏では繁殖力の強いタイリクスズキのほうがすでに多くなっているそうだ。

イソメを使った投げ釣りでねらえるのはスズキであり、ヒラスズキがイソメで釣れる可能性はほとんどない。タイリクスズキはスズキと同じ海域に多いので、イソメで釣れるのだろう。

東京湾は日本で一番スズキが多い海域といわれている。昔はサイマキ（クルマエビ）などのエビエサを使った船釣りが知られており、身近な大型魚という存在であった。今では、スズキ釣りといえば陸、船ともにルアーによるシーバスフィッシングというスタイルが圧倒的に多くなった。

投げ釣りのシーズン

例年、ゴールデンウィーク頃からイワシなどの小魚が接岸し、岸からのルアー釣りが本格化する。この時期は数が釣れるシーズンである。その後、夏にいったん下火になり、10月頃から再び秋のシーズンが始まる。12月に向かうにつれ徐々に型がよくなり、年が明けると水深50～60ｍの深場へ落ちるのが陸っぱりルアーのパターンだ。

一方、投げの虫エサの釣りは、秋の11月～翌春のゴールデンウィーク頃までの釣りとなる。もちろんそれ以外の夏場にも虫エサで釣れないことはないが、やはり高水温期は小魚を食べているせいで、海底を這っているイソメ類への反応は悪い。

それに対し、冬場は投げ釣りでねらう砂浜などの浅場にベイトとなる小魚が全くといっていいほどいないので、浅場に残っているスズキや産卵後に戻ってきたものはイソメ類、

必要な道具
・サオ＝振り出し投げザオ25～35号 4・25m×2本
・リール＝投げ専用リール（ドラッグ付き）×2台
・そのほか＝サンドポール×2本、クーラー（20ℓ）、ヘッドライト、穂先ライト、ナイフ

エビなどの甲殻類、貝類まで食べる。

また、東京湾ではバチ抜け（ゴカイ類の産卵）が11月～春にかけてあちこちで行なわれ、それをスズキが主食にしているということも、この時季に虫エサで釣りやすい理由だろう。バチ抜けそのものは全国的にあることなので、どこの地域でも似たような釣りが可能なはずだ。冬のスズキ釣りは砂浜や護岸、堤防からサオを投げ込んでおくだけで回遊してくる魚が掛かってくれるという、お気楽でのんびり楽しめる大もの釣りだ。大もの釣りでありながら身近で安全なのもいい。

時期ごとのサイズ

シーズン当初の10、11月はセイゴ（小型のスズキ）サイズも多く、大小混在で釣れる。12月に入ると季節風が強くなり釣りづらいが、強風は大型（70cmクラス）がヒットしやすい条件でもある。1月に向かって数が出なくなるが、抱卵したヘビー級が釣れるのがこの時期だ。

ただ、同じ海域でルアーでは90cm～1mというサイズが出ているものの、イソメ類を使った投げ釣りでは80cmクラスが限界のようだ。2月以降は産卵後の痩せてひ弱なものが釣れ、3月、4月と徐々に体型も体力も回復し、春の数釣りシーズンとなる。

ルアー、投げ釣りともに11～12月と春のゴールデンウィークがよく釣れ、ちょうどこの頃を境に釣り方が切り替わる感じだ。

ポイント

釣り場はルアーで実績のある砂浜や砂底の護岸、堤防など。できれば水深は浅いほうがヒットする確率は高いと思う。潮干狩り場のように、干潮時に干上がってしまうような場所でも充分釣りになる。夜釣りが中心だが、水深が10m以上あって潮通しがよければ昼間でも釣れる。

また、ナギの場合はアタリが非常に渋い反面、風や波のある時は活性が高くアタリも大きい。海の荒れぐあいとアタリの大きさ（魚

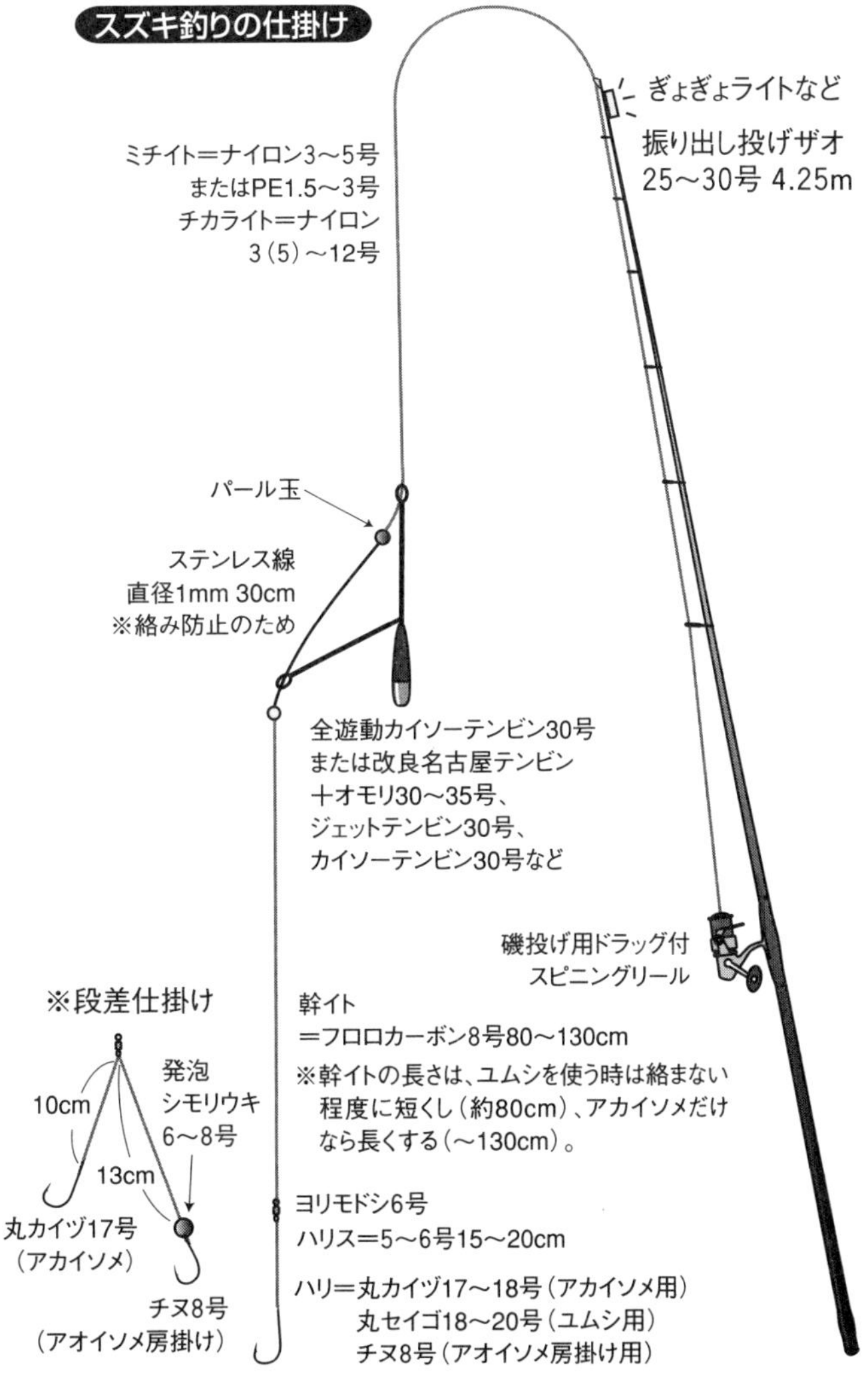

の活性）は比例する。

置きザオは間隔を空けて

砂浜の場合、サンドポールを使ってサオを2〜3本、間隔を空けて立てかけ、スズキの回遊を待つ。「間隔を空ける」というのは広範囲を探るのではなく、掛かったスズキが横に走るので隣のイトとオマツリしないようにするため。スズキは回遊してくるので、広範囲をねらってもあまり意味はない。

たとえば砂浜で三脚に3本並べてしまっては、真ん中のサオにヒットした場合、面倒なことになる。しかも夜釣りだと始末に終えない。相手がカレイのように掛かってから横走りしない魚ならば問題ないが、スズキの場合は60cmを超えるとかなり横に走る。特に浅い浜の場合、上下方向へは動けないので、当然のように横に走ることになる。

このように、夜の釣りではさまざまなトラブルが起こりうるので、ミチイトはナイロンが無難だ。PEを使っていると、海藻が多い時に釣りにならない。強風時で海藻が多いと、ベテランでもサオ3本は対応できないだろう。スズキの食い込み、掛かってからのバラシにくさなどを考えてもナイロンに分がある。PEを使う時は、遠投する必要のあるサオ1本に留めておけばよいだろう。

砂浜からねらう場合

釣り場へは、できれば夕方明るいうちに入ろう。周囲の状況を目で確認しておくことは夜釣りの基本だ。また、意外にまだ明るい時間帯からヒットすることも多い。もしジェットスキー、ウィンドサーフィンなどほかのレジャー客がまだ遊んでいたら、焦らず気を落ち着かせ暗くなるのを待とう。直前までウィンドサーフィンが滑っていた浅い場所への1投目でヒット、などということもある。

投げ込んで浜にサオを並べたら、あとは穂先ライトでアタリを確認するだけ。昼間は周囲が見えるのでサオ先の動きも見づらいが、夜は穂先ライトの動きしか見えないので、アタリは非常に分かりやすい。アタリは「クンクン」か「グングンッ」のあとに「ジャーッ」とドラッグが滑れば50cm以上のサイズ。この「ジャーッ」の大きさがスズキの大きさに比

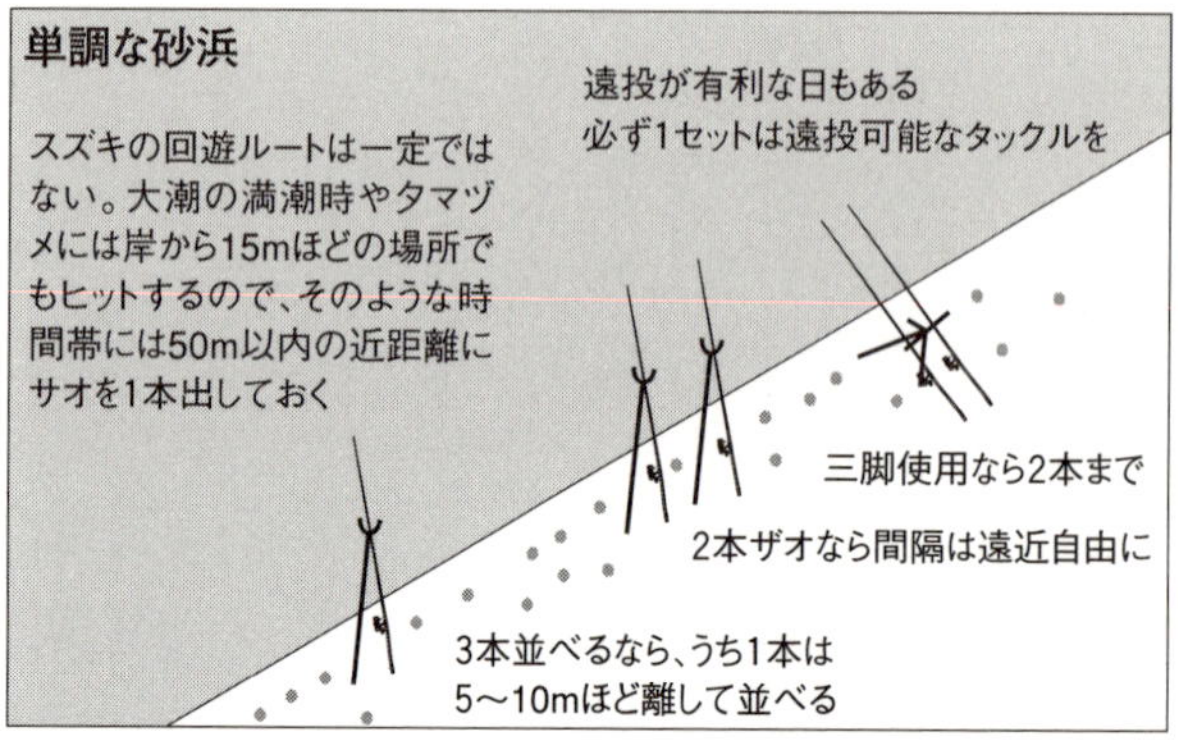
単調な砂浜
遠投が有利な日もある
必ず1セットは遠投可能なタックルを
スズキの回遊ルートは一定ではない。大潮の満潮時やタマヅメには岸から15mほどの場所でもヒットするので、そのような時間帯には50m以内の近距離にサオを1本出しておく
三脚使用なら2本まで
2本ザオなら間隔は遠近自由に
3本並べるなら、うち1本は
5〜10mほど離して並べる

スズキは浜を広範囲に回遊しているので、「ここがポイント」と特定することができない。根の際やカケアガリが必ずしも好ポイントになるとは限らないのだ。どこでも釣りやすい場所に釣り座を構え、のんびりアタリを待とう。

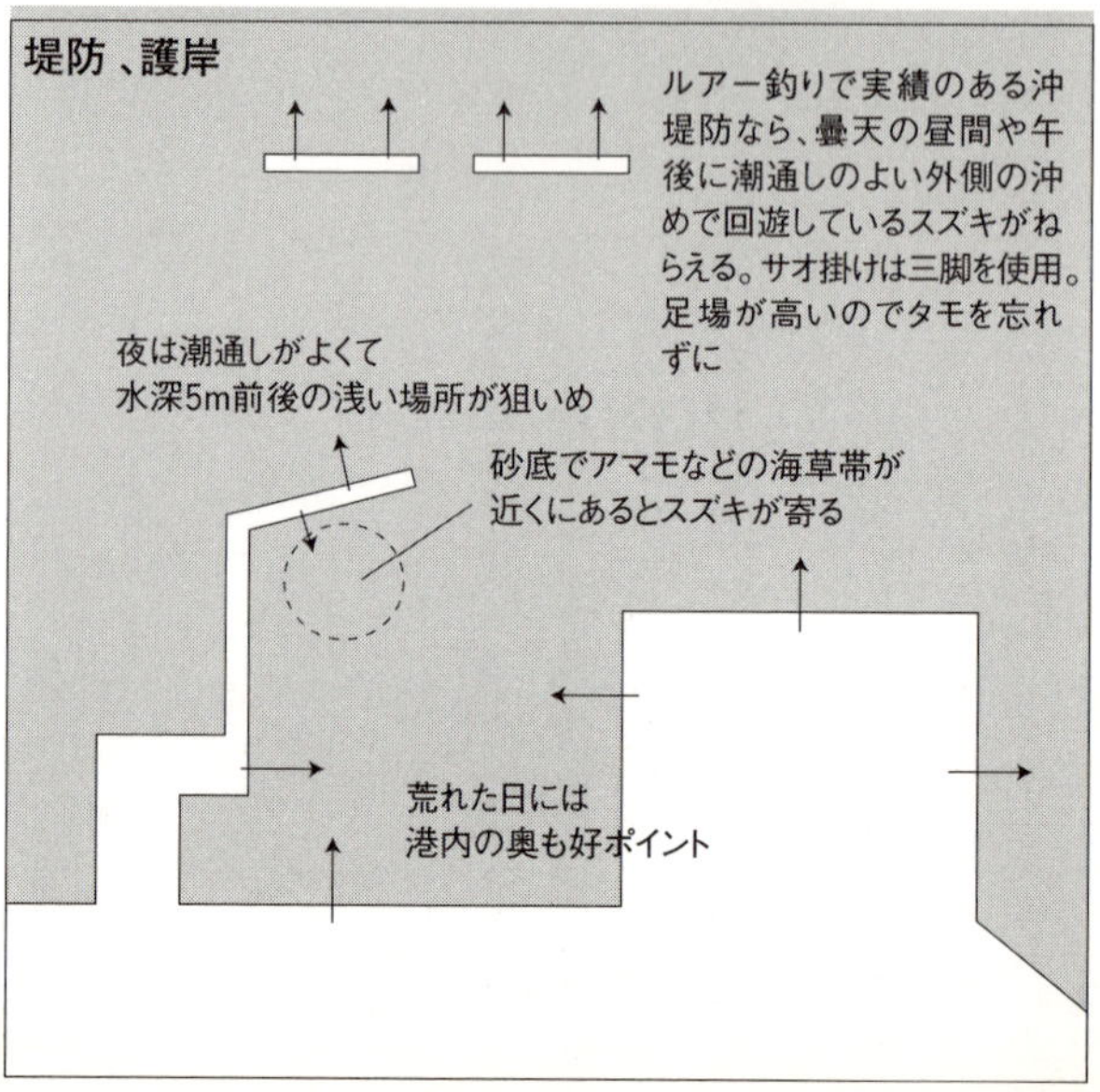
堤防、護岸
ルアー釣りで実績のある沖堤防なら、曇天の昼間や午後に潮通しのよい外側の沖めで回遊しているスズキがねらえる。サオ掛けは三脚を使用。足場が高いのでタモを忘れずに
夜は潮通しがよくて
水深5m前後の浅い場所が狙いめ
砂底でアマモなどの海草帯が
近くにあるとスズキが寄る
荒れた日には
港内の奥も好ポイント

例する。「チョンチョン」のアタリだけで次の大きな引き込みがないのは、セイゴがエサを突いているアタリだ。

ミチイトがPEの場合は、ドラッグを緩めていても、いきなりサオが突っ込むようなアタリになる。この衝撃でもスズキの口からハリが外れていなければヒットするし、運悪く外れてしまえば「サヨウナラ」となる。伸びのあるナイロンを使うと、このバラシをカバーしてくれることが多い。

「エラ洗い」に要注意

スズキが掛かったら、あとは巻くだけ。この時に巻くスピードが速すぎるとスズキが海面からジャンプしてしまう（エラ洗い）。サオを立てて巻くとジャンプされバラす率が高くなるので、サオを寝かせ気味にして、海中を泳がせるように寄せるのがコツだ。

ジャンプさせなければ相手は横に走るので、走った側に自分も移動しながらミチイトを巻き込んでゆく。相手との距離をどんどん詰めて行き、チカライトを巻き込んだらサオを寝かせ、波に合わせて魚を陸に泳ぎ上がらせるように誘導するのが理想的な取り込み。60cm以内ならサオの弾力で浜にズリ上げる。あくまでもサオの弾力を生かさないとバレるので注意しよう。

70cmを超えるスズキになると、岸辺に寄ってきてからも急に走るのでドラッグ調整はもちろんのこと、リールのアンチレバー（逆転防止レバー）をオフにしておけば万全だ。

堤防、護岸での釣り

サンドポールは使えないので三脚にサオを並べることになる。もちろんひとつの三脚にサオは2本まで。前述したトラブルなどを考えると、スズキ釣りには2本で充分だ。

浜の要領で仕掛けを投げ入れ、アタリを待つ。アタリや釣り方は浜と同じ。取り込みは大きなタモ（60cm枠）を使って頭から網へ魚を誘導するようにしよう。

マゴチ
砂地に潜む貪欲なフィッシュイーター

マゴチの生態

マゴチは沿岸の浅い海域（50m以浅）に多い。沖縄、奄美には巨大なマゴチがいることから南方系の魚かと思えばそうでもなく、宮城県下や日本海側にも多い。インド、太平洋域、紅海、オーストラリアにも生息していることから、マダイのように世界的にポピュラーな魚なのかも知れない。船の釣果などを見ても、あまり水深の深い場所では数が少なく、水温の変化に対応力のある魚なのだろうと思われる。房総半島では、夏場に内房の浅い場所に接岸するが、黒潮の当たる平砂浦などでは真冬でもルアーの届く浅い場所にいる。全長は最大で70cmを超える。

産卵期は春〜夏で、この時期に接岸し、初夏にはハゼなどを補食するためなのか河川内に大量に入っていることがある。

マゴチは昼夜を問わず釣れる。イソメ類、甲殻類、小魚などを捕食しており、釣りでは冷凍の身エサ（イワシ、アジ、サンマ短冊）、活きエサ（イワシ、アジ、ハゼ、ネズミゴチ、エビ）、イソメ類など雑多なエサで釣れる。

ルアー釣りではヒラメと同じ場所で釣れるために、「マゴチ・ヒラメ」とひとくくりにされることが多い。だが投げ釣りでは、ヒラメは活きエサでないとほとんど可能性がないのに対して、マゴチは冷凍エサやアカイソメへの反応もよいため、釣りやすさはまったく違う。

小型マゴチの謎

マゴチについて不思議に思うのは、幼魚が釣れないことだ。船でも投げ釣りでも、釣れると小さくて35cm、普通は40cmを超えるサイズばかりである。成魚はこれだけ身近に数が見られるのに、どうして幼魚がいないのか？生態が違うのだろうが、それにしても何かしらのエサを捕食しているはず。たとえばハゼ釣りやシロギス釣りなどの小バリに掛かってきてもおかしくないと思うのだが、ネズミゴ

必要な道具

・サオ＝振り出し投げザオ25〜30号、4.25m

・リール＝投げ専用リール（ドラッグの有無はどちらでも可）

・そのほか＝クーラー20ℓ、メゴチバサミ、ハリ外し、ヘッドライト、穂先ライト

チ類は掛かってもマゴチの幼魚はほとんど目にすることがない。

私自身は河川内や干潟で全長15～20cmのマゴチを過去に3尾釣ったことはあるが（しかも1尾はルアー）、これまでに釣った成魚の数に比べて、幼魚を目にする数が異常に少ないのが不思議でならない。ちなみに、よく「小さなマゴチ」と勘違いされるのは目の大きいイネゴチ、メゴチ、トカゲゴチ、ワニゴチなどである。マゴチは顔の大きさに対して目が小さい。

ポイント

釣り場は、過去に実績のある場所がいい。夏場の湾内の沖堤防、大ギスの出る小磯や堤防、大きな河川の河口付近のワンドなどだ。

ルアーで釣れたマゴチ。波打ち際からルアーが届くような浅い場所にも多く潜んでいる。

外海に面した砂浜では波打ち際の先が落ち込んでいる浜が釣りやすく、波打ち際がゴロタ石状になった浜にも実績場が多い。

活きエサ、身エサの付け方

マゴチ釣りは身エサなどを付けて投げ込んで待つだけという、至ってシンプルでのんびり楽しめる釣りになる。時々エサを手前に動かし「誘い」を入れることは、ほかの釣りものと同じ。誘った直後にアタリが出ることも多い。

ハゼやネズミゴチなどの活きエサを使う場合は、上アゴにハリを刺すので、エサが長時間生きていてくれる。アタリは小さく、その後の食い込みにも時間がかかるが、ハリ先が出ているのでハリ掛かりは死にエサよりもいい。

アジやキスを活きエサにする場合は、背掛けにするとエサが身切れしづらく、かつ長時間生きている。鼻掛けでは投げた時に切れてしまうし、口掛けでは泳げず、呼吸できずにすぐに死んでしまう。

サンマの切り身（短冊）は遠投に優れ、ハリ掛かりもよい。また身エサ以外では、アカイソメ（本虫）を大きく付けたものがいい（10cmくらいの1尾掛け）。アカイソメはマゴチの好物のようで、小さく付けても釣れるが、

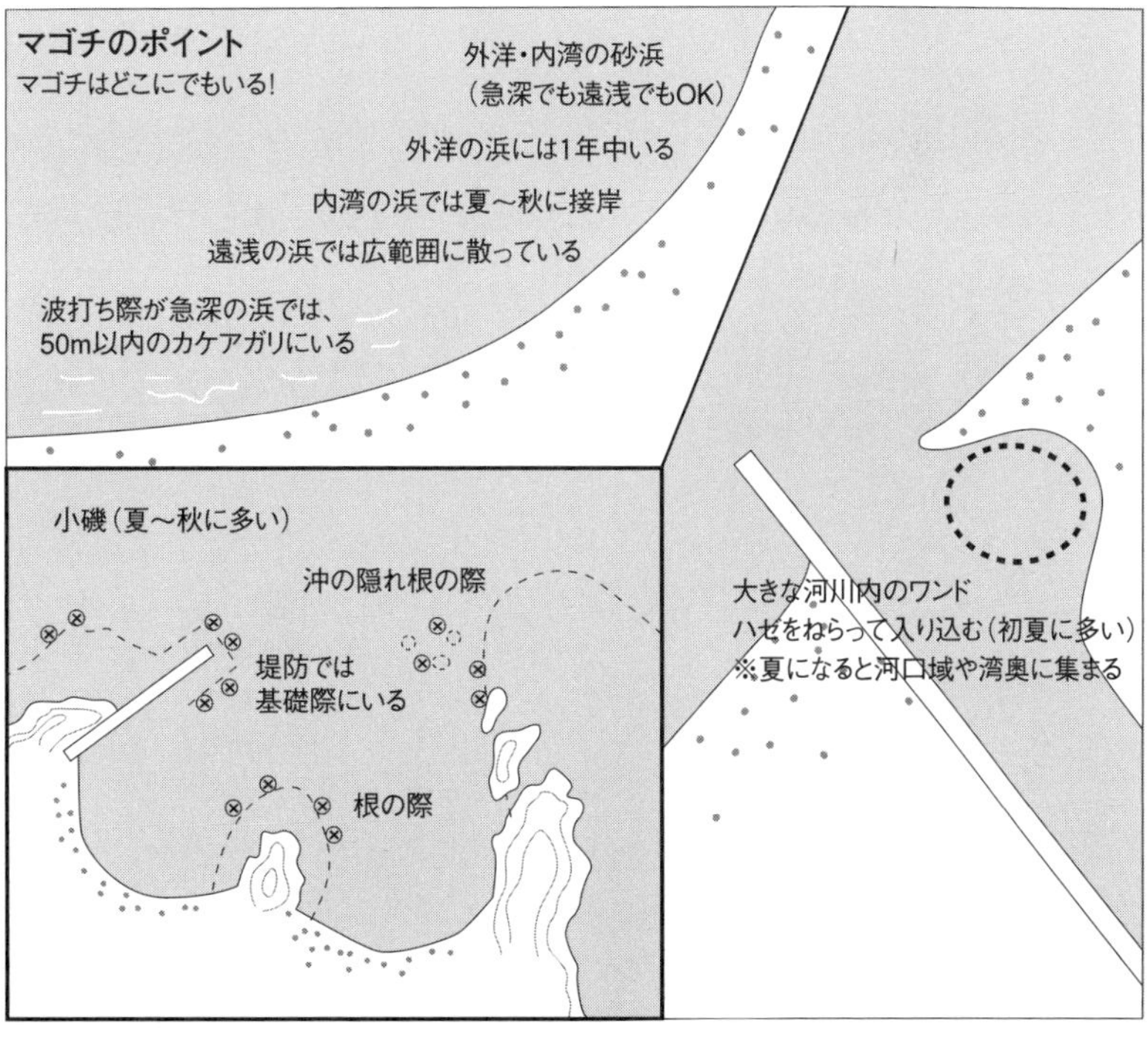
マゴチのポイント
マゴチはどこにでもいる!
外洋・内湾の砂浜
（急深でも遠浅でもOK）
外洋の浜には1年中いる
内湾の浜では夏～秋に接岸
遠浅の浜では広範囲に散っている
波打ち際が急深の浜では、
50m以内のカケアガリにいる
小磯（夏～秋に多い）
沖の隠れ根の際
堤防では
基礎際にいる
根の際
大きな河川内のワンド
ハゼをねらって入り込む（初夏に多い）
※夏になると河口域や湾奥に集まる

身エサの付け方

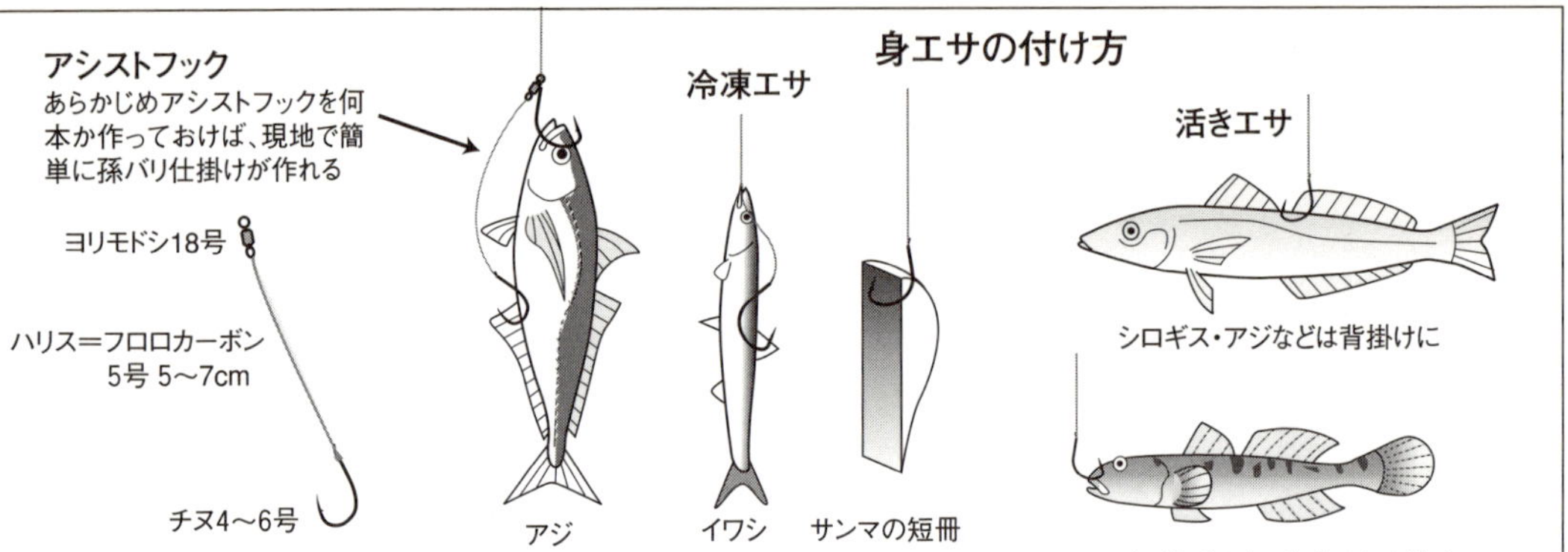

ハゼ・ネズミゴチ（メゴチ）はクチ掛け
※クチビルではなく、目に近い硬い部分に刺す

死にエサであるイワシやアジは塩で締める。目ざしなどの干したものでもよい。サンマの場合は生ではなく、開きとして売っているものを短冊にするほうがいい。いずれも、干した上になお塩で締める。水分を取り除いて投げた時のショックに耐えうる硬さにし、エサ持ちをよくするためだ。死んでいれば生だろうが日干しであろうが、マゴチの食いには関係ない。

大きく付けるとワームと同じようなアピール効果があるようだ。ただしアカイソメはほかの魚もよく釣れるので、フグなどのエサ取りが多いと使いづらい。

基本は遅アワセ

アタリは、身エサなら「コンコン」のあと「ジャーッ」とドラッグが滑るか、いきなり走ることも。マゴチは浅い場所で釣ることが多いので、横に大きく走ることが多いのだ。この魚は見かけによらず長距離を一気に走るし、スピードも非常に速い。特に大型ほど「これがマゴチのアタリか？」と思うほどすごいダッシュを見せる。ドラッグはフリーにして

アジはスーパーで10〜13cmの鮮魚を買ってきて、トレイに並べ、塩を振り冷蔵庫に入れて水分を出し切る。その後、冷凍しておく。
イワシの場合も同様の方法をとるか、カタクチイワシの丸干しを塩で締めてもよい。

活きエサは釣具店で求めるか、現地で釣って調達。
エアポンプ付きのバッカンなどで生かしておく。

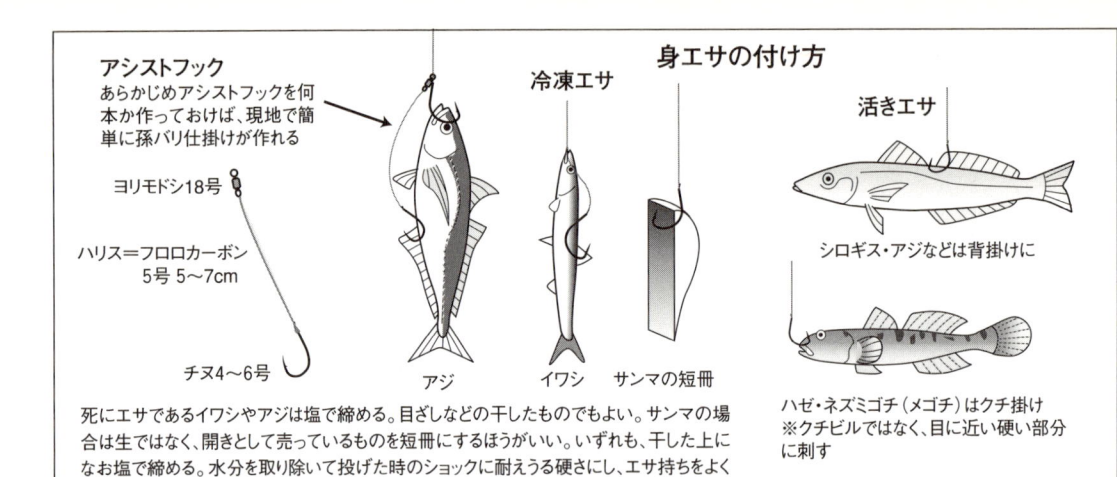

待ったほうが無難だ。

ドラッグをロックして待っていると、当たった際にサオが一気にお辞儀してスッポ抜けとなる。特にエサが死んだ小魚の1尾掛けだと、ハリ先がエサの身に隠れてしまったり、飲み込みが浅くてハリ掛かりしなかったりするので、送り込んで遅アワセに徹するのが間違いない。ドラッグフリーで走らせれば、マゴチが止まってからエサを飲み込みにかかってくれる。

取り込み時の注意

魚が掛かったら、相手の大きさにもよるが、ある程度強引に巻くほうがいい。あまり慎重にやり取りすると、相手に走られてしまってハリス切れの原因となる。砂浜では波に合わせズリ上げる。堤防ではもちろんタモ入れをすること。

身エサを使っていると、ウツボ、アナゴ、エイ、サメなどの他魚が多く掛かる。ウツボやアナゴの多い時は、サンマの切り身だと集魚効果もあって掛かりがよすぎるので、丸身のアジなどを使ったほうがいい。エイ、サメが掛かる時は、ドラッグを緩めておかないとサオが一気にダイビングすることになる。

マゴチ釣りの仕掛け

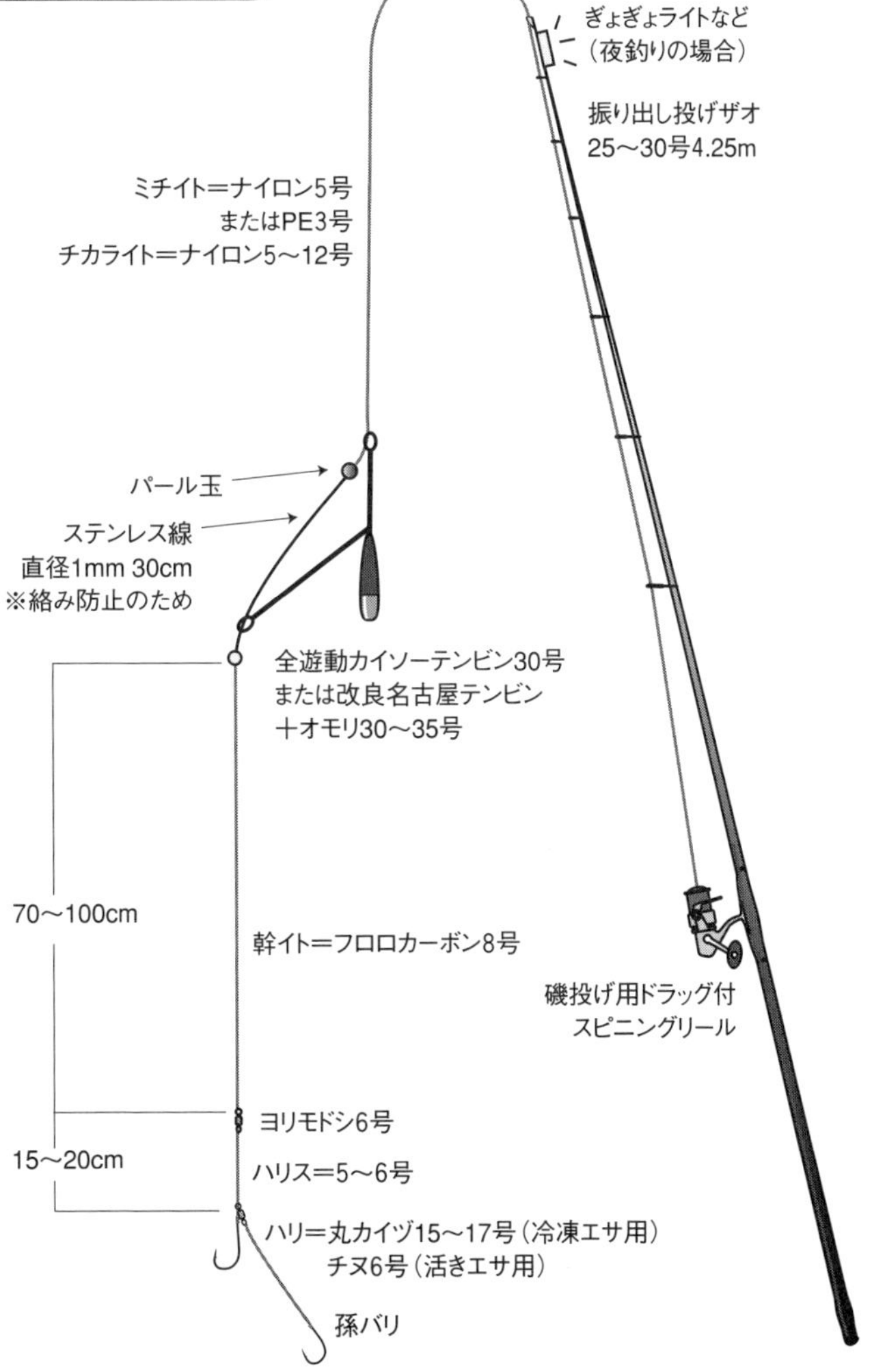

この魚は「夏ガレイ」ともいわれ、潮の変わり目が絶好のチャンスとなる。朝夕や夜の浜では、かなり近い場所でもヒットするので遠近に投げ分けるのもセオリー。

捕食しているのは小魚だけではなく、甲殻類も大好物なので、堤防では基礎際の砂地が一番のポイントとなる。小磯では沖の根周りとともに、足もとの根の際も見逃せない。

最後に釣りあげてからの注意だが、マゴチはサメのように首を振って強烈な「イヤイヤ」をする。この時、押さえようとして頭周辺を素手で触ると「スパッ」と手を切ることがある。エラ、頬、目の後ろにハリのようなトゲがあるのだ。夜などはつい触ってしまいがちであるが、つかむ時はタオルで頭を隠すようにしよう。

というイメージが頭に浮かぶ。そしてよくなくなるエサばかり使うのが、ごく一般的な行動だろう。

しかし、「なくなったエサ」ははたして何に食われているのだろうか。本命が釣れずにエサばかり取られるということは、そのエサは本命に食われる前にエサ取りだけに食われている可能性が高い。

ならば逆に「取られないエサ」を使えば、エサ取りの被害に遭わず、ハリにずっとエサが付いた状態になる。本命に食われるチャンスの低い「食いのいいエサ」よりも、必ずハリに残っている「食いの悪いエサ」のほうが、本命にたどり着くチャンスは高いはず。オキアミを使い、エサ取りに悩まされるクロダイのウキ釣りや磯のメジナ釣りでも、あえて食いの悪いエサや人工エサを使う方法が昔から知られている。

投げ釣りの場合は小もの釣りから入門する人が多いので、「数を釣ることに比例して大ものにたどり着く」という思考が身につきやすい。でも、それでは結局遠回りになる。「小ものをハリに掛けないことが大ものへの近道」と考えれば、「食いの悪いエサを使うことが大ものへの近道」なのだ。大もの釣りにおいて、これはかなり重要な考え方である。

◇「浅い場所」をねらうメリット

釣り人の心理として、「深い場所」に行きたがる気持ちはよーく分かる。しかし、陸っぱりの釣りでは、より浅い場所に入ってくる魚のほうが活性が高く（就餌活動、生殖活動など）、釣ることは（技術的に）難しいが、魚そのものに巡り会えるチャンスは大きい。

また、中層を釣る磯のフカセ釣りや海面近くを釣るルアー釣りと違い、投げ釣りでは海底をねらうことになる。そのため水深のある場所での魚（クロダイ、スズキなど）との遭遇率を考えると、魚さえいれば浅い場所のほうがチャンスが大きいことになる。

水深20m以上もあるような場所では、光が弱いので昼間は薄暗くて釣れるが、夜はまっ暗になり、それでも反応するようなゲテモノばかりとなることが多い。このような場所では、岸際の浅い場所をねらうのがいい。夜は魚も大胆な行動をとり、かなり浅い場所に入ってくることが多いのだ。マダイ、イトヨリ、アマダイなどは水深の深い場所を好むのでこの限りではないが、シロギス、カレイ、アイナメなど一般的な投げ釣りの対象魚はこうした傾向が強い。

◇浮力材を付ければ仕掛けが浮く?

長くて重い仕掛けを浮かせるには相当の浮力がなければ浮かない。仕掛けの途中に浮力材を付けても、浮力材の付いた部分だけが浮き、その前後は沈む。仕掛け全体を浮かせようと思ったら、仕掛けの最先端、つまりハリのチモトに浮力材を付けてサビくことにより仕掛け全体が浮くことになる。

◇海底で立つ設計のテンビンを使い、仕掛けを浮かせる?

仮にテンビンが立ったとしても、前述のとおり重くて長い仕掛けは浮き上がらず、仕掛けが海底から離れているのはテンビンから10cmくらいまでだろう。その先は海底に這っているはず。しかも流れがあれば、仕掛けの抵抗でテンビンも横に倒れてしまうだろう。

◇潮流で仕掛けが舞い上がる?

たしかに瀬戸内のような激流のポイントではあり得ると思うが、関東の釣り場ではあり得ないだろう。そもそも仕掛けが海底から舞い上がるほどの潮流なら、青ものならまだしも、投げ釣りでねらうような魚種は釣れないだろう。

釣りに関する定説やセオリーは「人間側の発想」と「机上の空論」に陥りやすい。相手は魚類であり、人間が考えるような知能ではなく、本能で動いているだけだ。「魚が本能でどう動くか」を基本に考えれば、大きく間違うことはないと思う。

「釣りの定説」を疑ってみる

◇細いハリスは魚に見えないから釣れる?

実際は、どんなにハリスを細くしても魚には見えているはず。「見えにくいから釣れる」というのは、人間の発想（思考）であって、魚にそこまでの知能はないと思う。ハリスを細くすると釣れるようになるのは、仕掛けが軽くなってエサの動きが変わることと、軽くて魚が吸い込みやすくなるからだろう。

たとえばイシダイは知能が高いと言われるが、ハリスには金属製のワイヤーを使う。どう考えても、イシダイはワイヤーの存在に気付いたうえでハリの付いたエサを食うのである。おそらくシロギスでも、軟らかく軽いものを使えばワイヤー仕掛けで釣ることは可能だろう。

◇長い仕掛け（ハリス）のほうが釣れる?

これも上と同じで、魚が仕掛けの長短を理解しているわけではない。仕掛けが長ければテンビンやオモリの影響を受けにくいからハリ掛かりしやすかったり、船のマダイ釣りなどでは、中層で浮遊して動きに変化がつきやすいから釣れるのである。

浜のシロギス釣りでは、サビいてオモリを動かす。ねらうのは全長が15cm前後、つまりテンビンと同じかそれ以下の大きさのキスだから、動くオモリやチカライトの存在を本能的に恐れ、テンビンから遠いエサに掛かりやすいのだろう。だから、サビかずに置きザオにすれば短い仕掛けにも掛かるし、全遊動にすると仕掛けを送り込めるため、結果的に短い仕掛けが長くなる。

逆に大ギス釣りではテンビンよりも魚のほうが大きい。だからか、小さなシロギスよりもテンビンを恐れていないように感じる。ましてやクロダイやスズキとなれば、テンビンの存在などエサの延長のようなものだ。

そういうわけで、ねらう魚と釣り方によっては、長くて絡みやすい仕掛けよりも、短くて絡まない仕掛けを全遊動で送り込んだほうが釣りやすい場合もある。全遊動仕掛けのメリットは、「短い仕掛けをテンビンの抵抗をかけずに送り込むことで、仕掛けを無限大に長くできる」こと。50cmしかない仕掛けを10 mにも30 mにもすることができる。

◇自然なエサが釣れる?

そもそも、釣りにエサを使う時点で不自然である。普段は砂の中で暮らすユムシが海底に転がっているのは妙だし、ジャリメが1cmに切られて等間隔で動いていたら、それこそものすごく不自然ではないか。

ルアーフィッシングでは「マッチ・ザ・ベイト」といって、その海域でエサになっている魚に似たルアーを使うのが基本だ。これは一見「自然なエサ」を意図しているようだが、所詮はイミテーションであり、周りに群れている本物のエサと同じ色、模様、大きさ、動き（泳ぎ）にはならない。つまり、正確には「群れの中で不自然な動きをする魚」をイミテートしているわけだ。

弱肉強食の世界では、弱った不自然な動きのものがエサになる。また、さまざまな釣りでその海域に生息してないエサで釣ることも多い。したがって、釣りはすべて「不自然なエサが釣れる」のである（と思う）。

◇「食いの悪いエサ」が効果的な場合

大もの釣りに行く場合、だいたいエサを数種類用意する。カレイ釣りに行けば、アオイソメとアカイソメ（本虫）、ユムシなど。クロダイ釣りでは、アカイソメ、ユムシ、ボケなど。大ギス釣りでは、チロリ、アカイソメ、アオイソメなどだ。

たとえば晩秋にカレイ釣りに行くとしよう。2本のハリにアカイソメとアオイソメを分けて付けると、すぐにアタリが出て、アオイソメばかりが食われる。「アカイソメは全く食わないなあ」「今日の当たりエサはアオイソメか」。

夜のクロダイ釣りをすれば、ボケとアカイソメにだけアタリがあって、ユムシは全く音沙汰なし。夏場に大ギス釣りをすれば、チロリやアカイソメにチャリコ、ベラなどがよく掛かり、アオイソメでは何も釣れない。「今日の当たりエサはチロリ」

クロダイ・マダイ
投げ釣りファンの憧れ

大ものが出やすい クロダイの投げ釣り

クロダイは「水深50ｍまでの砂泥底にすむ」とされており、沿岸に生息するスズキやシロギス同様、釣り人にポピュラーな存在だ。また河川周辺を好む点もスズキに似ていて、人間の生活圏に身近な魚である。

クロダイ釣りには「投げ釣り」というイメージは少ない。磯や堤防でのウキ釣り（エサはオキアミ）、夏場の堤防でのヘチ釣り・落とし込み釣り、夜のフカセ釣りなどに人気がある。これらの釣りは比較的数が釣れるので昔からマニアが多い。

それに対し「投げ釣り」ではコマセで魚を寄せないので、数を釣ること、ねらって釣ることが難しく「一発大もの」「フロック」的にみられやすい。しかし、大型（40～50㎝）が揃うのが投げ釣りの特徴であり、これが一番の魅力になっている。

生態と食性

クロダイは雑食性であることが知られていて、多面性を持った魚だ。冬から春にかけては海底近くでエサを食べる。産卵期が春から初夏にかけてなので、春先は冬場に蓄えた脂肪でたっぷり太って抱卵した、いかにも身体の重そうなメスが釣れる。この時期は水温も低く身体も鈍重で、夏のように海面近くまで出てエサを取ることはない。底でエサを食うことから、投げ釣りでねらうにはいい季節だ。

夏から秋は落とし込み釣りのシーズンになっていることでも分かるとおり、産卵を終えた魚が堤防や護岸の水面近くに付いた貝類や甲殻類を食べる。そのため、潮通しのよい沖堤防などに多数集まっている。落とし込みでは、昼

マダイ

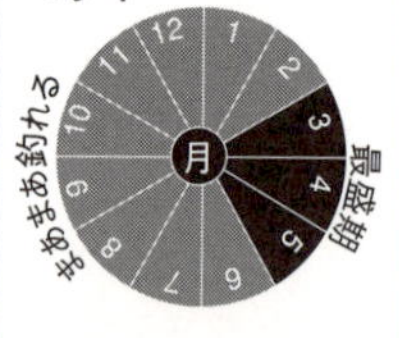

クロダイ

必要な道具
・サオ＝振り出し投げザオ25～30号　4.25m×2本
・リール＝投げ専用リール（ドラッグ付き）×2台
・そのほか＝クーラー（20ℓ）、リュック、三脚、タモ、ストリンガー、ヘッドライト、穂先ライト、スパイクブーツ、ナイフ

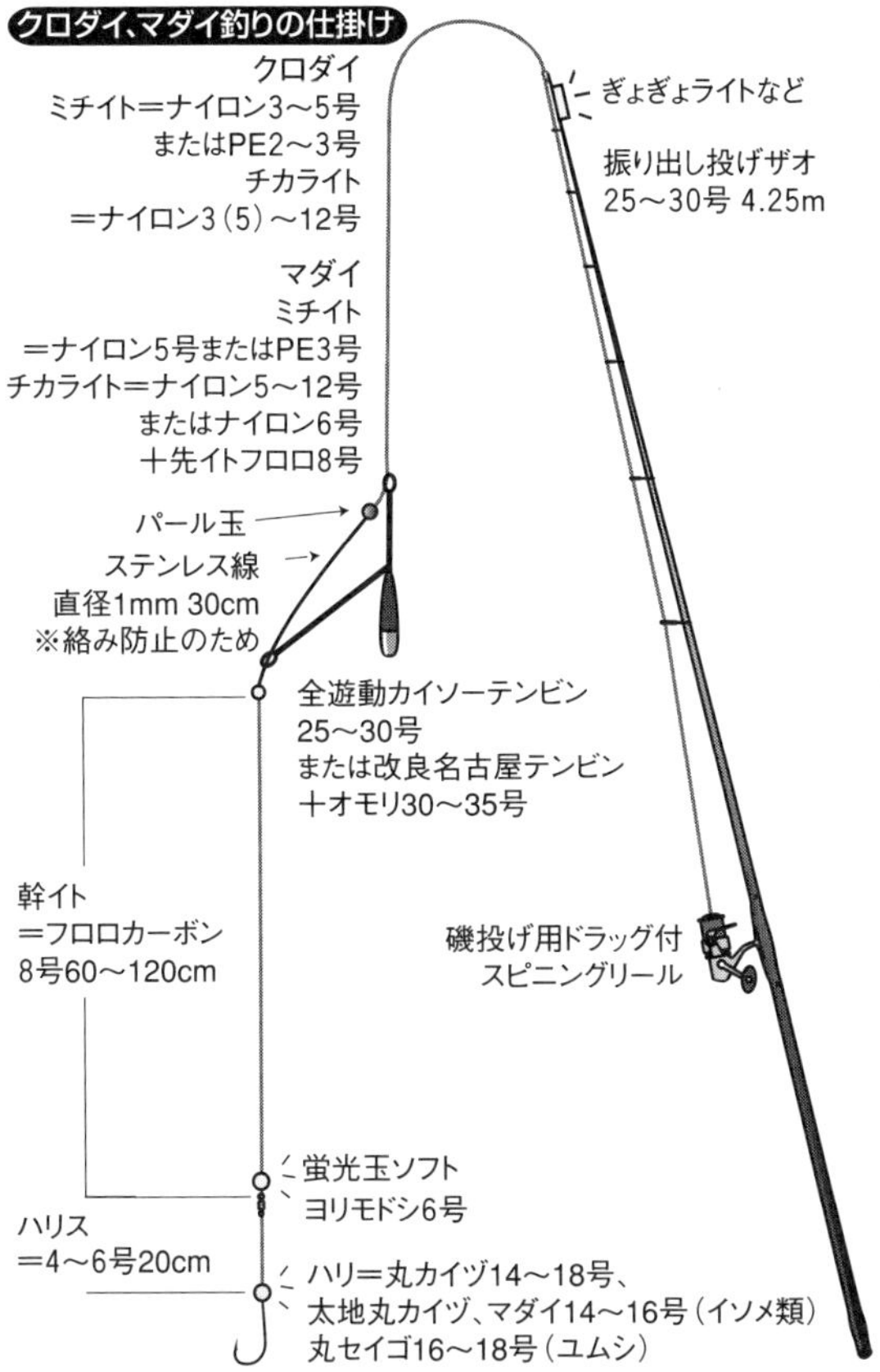

間に堤防際にいるクロダイをこれらのエサでねらうことになる。このクロダイは昼間に投げ釣りで釣ることはできず、夜に海底をさまよっている魚をねらわなければならない。昼間は堤防の海面近くでエサを漁っていたクロダイも、夜になると堤防近くの海底付近にいるからだ。

そして秋も深まり11月になると落とし込みシーズンが終わり、クロダイは水温の安定する深場へ落ちる。とはいってもマダイのように100mなどという深い場所には落ちず、せいぜい20~30mラインまでだ。水温の高い地域ではもっと浅い場所にいる。

クロダイ釣りでは昔からさまざまなエサが知られている。前述のイソメ類、甲殻類、貝類ほかスイカ（夏場の房総）、サナギ、サツマイモ、コーンなど。こうした食性は、動物性のものから植物性までさまざまなエサで釣れる淡水のコイに似ている。このような雑食性も、人間の生活圏との近さを表わしている。

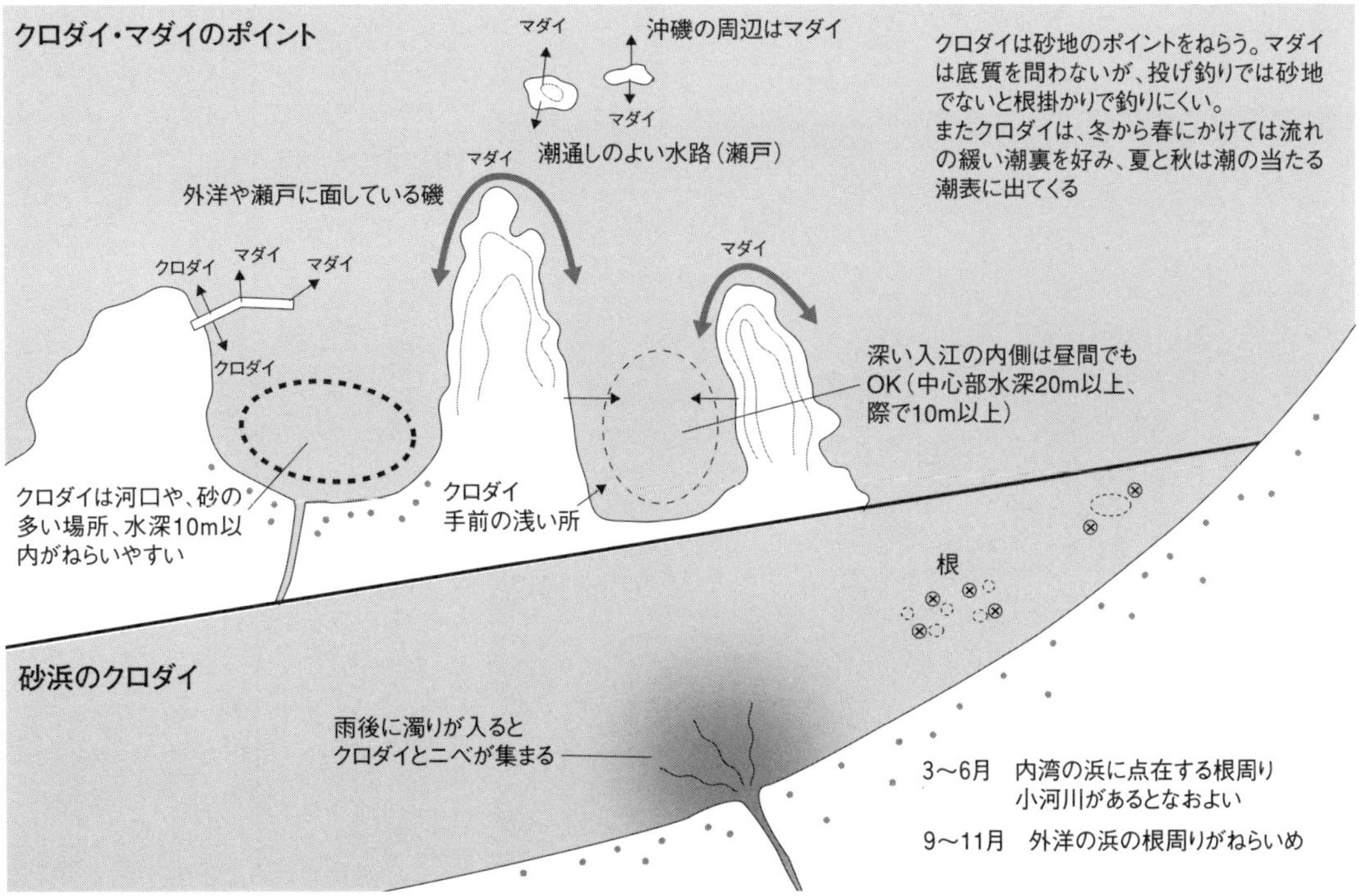

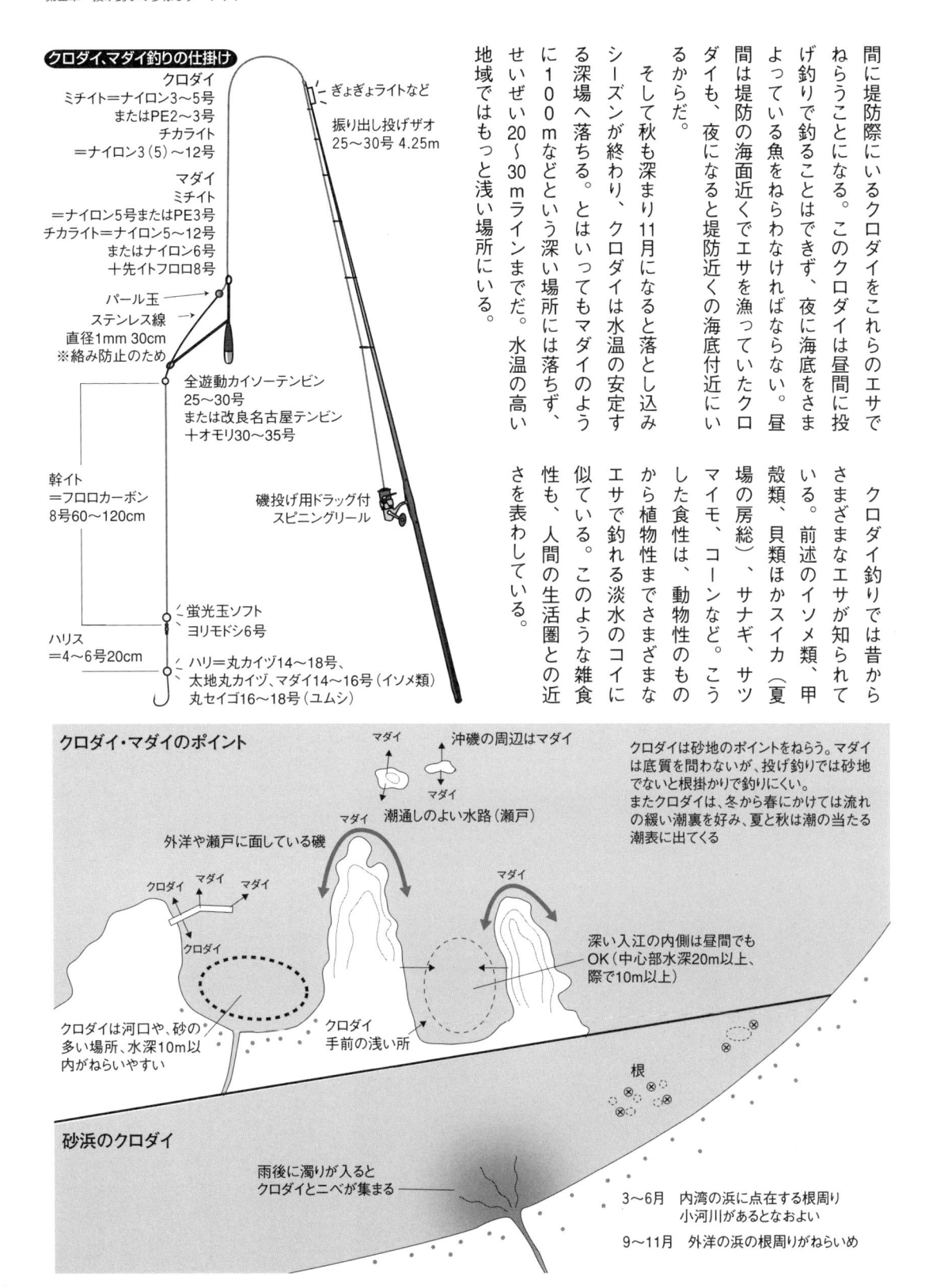

釣りのシーズン

関東を基準にすると3～4月の乗っ込み期が一番釣りやすく、続いてよいのは5～10月までだろう。乗っ込みの時期は、海草の多い磯や浜、堤防周りでの釣りとなり、朝夕と夜のほかに昼間でも掛かることがある。

5月以降は夏の釣りとなるので、夜がメインだ。場所は根のある周辺（砂浜でも同様）で、ほかに小川の流れ込みもいい。川のある場所では、雨後の濁りが入った時にクロダイが多数集まることがある。このような条件に当たると、簡単に釣れてしまう。

そして夜釣りでねらう時は、意外と浅い場所の方が掛かりやすい。浅い場所に回ってくる個体はエサを漁っている活性の高い魚なのだろう。

エサは扱いやすさと取られにくさから、アカイソメ（本虫）、チロリ、ユムシ、アオイソメなどを使う。ボケもいいエサだが、エサ取りに悩まされるので有効な場所が限られる。フグやエイが多いところでは使いたくない。

釣り方のテクニック的なものはあまりなく、まずは魚のいる場所（実績のあるポイント）に入るのが一番。それから良質のエサを投げ込んで、クロダイが回遊してくるのを待つだけとなる。

タイ類全般にいえることだが、仕掛けをサビくのは食い気を誘うのに効果的だ。特にキビレやマダイのほうがよりサビきに反応する。これらの魚はクロダイよりも流れの強い場所を好むからだと思われる。静かな場所であまり頻繁にサビきすぎるのも場所を荒らし、魚に警戒心を植え付けてしまうので気を付けてサビこう。もちろん、荒れ後や荒れている最中も好条件であり、このような時は気を遣う心配もない。

エサの選択

エサについては、春先はアカイソメ（本虫）の太めのものが一番釣りやすい（食いもよい）。エサ取りが徐々に増え出すと、アカイソメでは他魚ばかり掛かるようになってしまうので、ユムシなどエサ取りに強いエサを使わざるを得なくなる。このユムシは、夏場の高水温期に好結果を得ることが多い。

エサ取り、特にフグが多い場面というのは全国でさまざまな季節に出くわすものだ。このような時、アカイソメやチロリでは全く釣りにならないことがある。ユムシを使うのも手だが、アオイソメを使うのもよい。1尾掛けでも房掛けでもいいが、アナゴ類が多い時はアオイソメは使えない。

このように、クロダイを釣るにはその場所や季節による他魚との関係からエサを考え、クロダイが回遊してくるタイミングまでエサ

が残るような選択をする必要がある。これがまず魚を掛けるまでのテクニックである。

確実にハリ掛かりさせる方法

クロダイのアタリはエサによりさまざまだが、おおむね「コツン」「コツコツ」といった前アタリがあり、手持ちで誘ってやると、さらに食い込んで「グイーン」と引っ張る本アタリが出る。このタイミングでアワセを入れよう。アワセは確実に入れないとバラすことが多い。魚との距離やミチイトの種類、イトフケの大きさなどを頭に入れてしっかりハリ掛かりさせること。

タイ類を釣っていて注意すべきことは、前アタリのあと食い込ませるまでの魚の乗りの悪さと、掛けてからのバラシ（ハリ外れ）。そのためユムシに軸太で大きめのハリ（丸セイゴ18号など）を使う時はアワセを確実に入れるために、ミチイトには伸びの少ないＰＥを使いたい。イソメ類に軸細で小さめのハリ（丸カイヅ14号など）を使うなら、伸びのあるナイロンを使う。ミチイトの適度な伸びと遊びが食い込みを誘い、また魚が飲み込むことが多い。飲み込むとバレが少なく、魚もおとなしく寄ってくる。また飲み込まれなくとも、口周りにわずかに皮一枚で掛かる可能性もあり、そんな時でもナイロンならだましだまし寄せられるものだ。

飲ませて釣るのもテクニックのうち

タイ類で一番多いバラシの原因は、口内の上アゴにハリ先が引っ掛かった（貫通していない）ままやり取りしてしまうことで、巻いている最中や足もとまで寄せた時にポロッと外れる。特に太軸のハリを使った時に多い。だから、太軸バリなら確実にアワセを入れてカンヌキに掛けるか、細軸バリを皮一枚に掛けてでも取り込む、ということになる。

ハリを「飲み込ませる」ことに違和感を憶える人もいるだろう。しかし、「投げの大もの釣り」は「数をねらう」釣りではないので、飲み込ませて釣るのもひとつのテクニックであり、上もの釣りやヘラブナ釣り、渓流釣りなどのように「クチビルに掛けること＝正しい釣り」ではない。「数少ないチャンスをものにする＝正しい釣り」である。もちろん、リリースするという目的があるのなら、カンヌキに掛けるように釣らなければならない。

取り込みは、砂浜なら波に合わせて引きずり上げ、護岸などでは確実にタモに入れる。ハリスが太いからといってゴボウ抜きにするのはバラシのもとである。

長いハリスは不要

仕掛けは、アワセを確実に入れたいのならテンビンは全遊動にする。固定テンビンでも掛からないことはないが、食いの渋い時などを考えると全遊動にしておいたほうが無難。固定テンビンの場合は、仕掛け全長を長めにとることになるが、全遊動なら全長90㎝もあれば食ってくる。

クロダイ、マダイ釣りは、船釣りや磯の中層釣りではハリスを長くとる傾向があるが、底をねらう投げ釣りではあまり重要ではない。同じ魚でも中層でエサを食っている時と、海底でのそれでは魚の視線と警戒心が違う。中層釣りは昼間の釣りであり、夜の投げ釣りとは条件が違いすぎる。そして長い仕掛けは重いエサにより絡みやすいという短所もある。大きなエサを絡ませずに投げるには、短く絡みにくい仕掛けが適しているのだ。

マダイの投げ釣り

マダイの釣りはクロダイと内容がよく似ているので、本書では同じ項目とさせてもらった。違うのはねらう場所と水深だけである。

マダイは水深30〜200mに生息し、昼行性の魚である。どちらかというと温暖な場所、黒潮流域に多い。クロダイが伊豆七島などの孤島に生息していないのに対し、マダイは八丈島はおろか台湾、オーストラリア、アフリカにも生息している、世界的にポピュラーな魚で寿命は40年もあるそうだ。

マダイの投げ釣りは基本的に夜の釣りなので、昼行性というと「おやっ?」と思う人もいるだろう。しかし正しいようである。昼間は沖釣りや磯の上もの釣りで知られるとおり、中層に浮いて積極的にエサを食べ、時には海面にまで出てくる。それに対し、朝夕や夜間は海底近くに潜むのか、あるいは岸に寄るのか、はたまた投げ釣りでねらうのは沖や磯にいる群れとは違う個体なのか。まあそんなところではないだろうか。

いずれにしても、投げ釣りは「底釣り」なので、中層に浮いている昼間はねらいにくく、実績も朝夕から夜中に多い。また、岸近くにいるチャリコサイズ(手のひらサイズ)〜30cm前後のものは、明らかに暗くなってからのほうが活性が高くなる。

ほぼ1年中釣ることができ、特に冬場の12月から4月は大型(60〜80cm)が出やすい。

釣り場の選び方

クロダイよりも深い場所を好むので、周囲にマダイの生息する水深20m以上の場所があれば朝夕や夜には浅い場所まで回ってくる。浅い場所とはいっても、クロダイのように水深1m以下まで寄ることはなく、5mくらいまでだろう(小さいチャリコサイズは別だが)。できれば10mくらいの水深が好ましい。20m以上もあるような場所では昼間でもマダイが

釣れるが、夜は逆に深すぎて釣れないことが多い。またクロダイよりも流れを好むので、潮のよく通る場所（海峡、瀬戸、水路）や潮当たりのいい場所（外海の磯場）も好む。

エサや仕掛け、釣り方はクロダイとほぼ同じ。ねらうサイズや釣り場の特徴（根がきつい、障害物が少なくやり取りが楽、など）からハリの大きさ、種類、ハリス、ミチイトなどを決める。

強烈なアタリが魅力

マダイはクロダイよりも明らかにアタリが大きく、引きが強い。三脚などに立てかけてドラッグフリーで待っていると、最初のアタリでスプールから引き出すイトの長さと速さは、同サイズのクロダイの3〜4倍にもなるだろうか。ドラッグを締めていれば、クロダイのアタリではサオ先が突っ込みサオ尻がわずかに浮くかどうかだが、マダイなら一気にサオ尻が浮き、サオが引き込まれてリールが三脚に引っ掛かるほどだ。それほどの違いがある。

体型を見れば分かるとおり、マダイはクロダイに比べて全体にやや細く、水圧にも流れにも強い。特に尾ビレの付け根は細長く、尾ビレも切れ長である。最初のヒトノシは、この尾ビレ周辺の筋肉から生まれる。ちなみにクロダイの近縁種のヘダイは、体型がマダイそっくりで、やはりパワーがクロダイとは明らかに違う。

最初の「ひとのし」が勝負

マダイはルアーやラバージグで釣れることからも分かるとおり、動くものに対する反応がすこぶるよい。だからイソメ類もサビいてやると反射的に食ったり、追いかけてきて食ったりする。流れのあるところで釣れるのは、エサが動くことも要因のひとつであろう。

置きザオで待っていると、最初のアタリを見逃すこともあるせいか、一気に引き込むアタリとなることが多い。それに対し、手持ちで誘うとクロダイ同様、小さな「コツン」とか「グンッ」といった前アタリがあり、その後に「グイーン」と引き込むのでいったんアワセを入れる。

そして、クロダイと違うのはこのあと。魚が50cm以内であればイトをそれほど出さなくても取り込めるが、60cmを超えるようなサイズだと、最初のヒトノシでイトを送ってやったほうが無難だ。

クロダイと違って最初に強烈に引き込むので、タックル強度が勝っているからと力比べをしてしまう（イトを出さない）と、魚は横に動かざるを得ず、周囲の障害物にミチイトやハリスが擦れて切れてしまう。だからこの時点ではドラッグを緩め、魚を自由に走らせてイトを出す。

このイトを出す、出さないの判断は難しいが、「サオがのされる」と思ったらイトを出し、「ためられる」と思ったらサオと腕で引きに耐える。これらをひとのしの最中に判断しなければならない。最初のひとのし、ふたのしをかわすことができれば、あとは根に潜ることもないので、引きを楽しみながら寄せればいい。この最初のやり取りで、魚を取れるか取れないかがほぼ決まる。

タイ類は青ものと違い持久力がないので、時間を掛ければ掛けるほどおとなしくなる。フィニッシュは大きなタモ（60cm枠）を用意して、頭から確実に収めよう。

投げ釣りの各種データ

投げ釣りの日本記録

魚　名	全長(cm)	釣り人	クラブ名	釣り場	釣年月日
シロギス	37.2	重定　賢一	シーチーム	長崎県五島市玉之浦	2004年7月22日
マコガレイ	61.3	鶴田　和治	レインボーキャスターズ	宮城県石巻市寄磯	2000年6月3日
クロガシラガレイ	58.6	藤沢　紀彦	RYOMAサーフ	北海道礼文郡礼文町香深	2006年6月15日
イシガレイ	68.2	菅野　剛	東北サーフ	宮城県石巻市渡波	1999年3月14日
ババガレイ	62.8	田村　広光	はこだてサーフ	北海道福島町岩部	2002年1月13日
ホシガレイ	64.7	三塚　誠	東北サーフ	宮城県石巻市寄磯	2008年1月16日
アイナメ	64.1	奥村　誠治	岡山シースター	岩手県山田町船越	2004年5月24日
ウサギアイナメ	55.6	内藤　三平	千葉サーフ	北海道厚岸町大黒島	2007年9月26日
クロダイ	66.6	徳田　斤吾	岡山うず潮サーフ	高知県安満地	1988年1月4日
キチヌ	54.1	粉木　千年	関西暁サーフ	三重県紀北町	2007年9月9日
ヘダイ	57.8	赤木　守	TEAM・遊	高知県足摺港	2003年1月2日
キュウセン	34.7	佐野　進	貝塚サーフ	和歌山県串本町白野	1983年7月31日
ヨメゴチ	55.6	白井　健一	豊橋サーフ	長崎県五島市若松島	1998年8月9日
マハゼ	32.9	中村　勉	愛知黒潮サーフ	石川県能登島	1992年1月2日
ハゼクチ	64.4	宇野　茂男	岡山銀鱗サーフ	熊本県要江	1985年3月17日
ニベ	84.0	末岡　信夫	徳山キャスターズ	山口県下松市笠戸島	1993年3月12日
スズキ	122.5	奥村　誠治	岡山シースター	岡山県吉井川	2002年3月2日
ヒラスズキ	90.6	高原　義夫	瀬戸内サーフ	愛媛県宇和島市日振島明海	2006年3月19日
マダイ	100.8	下浦　輝明	大阪釣友サーフ	島根県隠岐の島町西郷湾	2006年11月5日
マゴチ	76.6	宮本　芳一	岡山うず潮サーフ	徳島県鳴門	1999年8月16日
カワハギ	44.3	藤田　修一	岡山うず潮サーフ	高知県大月町一切	1983年5月15日
エソ	81.1	毛利　良秀	豊栄サーフ	静岡県沼津市江ノ浦	1996年12月14日
コトヒキ	50.1	引地　正樹	広島釣趣会	高知県土佐清水市三崎	1994年8月7日
ヒラメ	102.0	岡本　剛	ヤングサーフ	鹿児島県内之浦町白木	1991年3月30日
カサゴ	50.8	石井　雅司	岡山フェニックスサーフ	愛媛県西宇和郡三 崎町	2008年2月12日
クロソイ	61.9	金谷　久雄	はこだてサーフ	北海道松前町館浜ヨシ島	2004年6月12日
ギスカジカ	61.5	奥村　誠治	岡山シースター	北海道奥尻町野名	2004年5月1日
ウシノシタ	58.5	石井　隆司	岡山フェニックスサーフ	愛媛県ノグツナ	1988年10月28日
ウスバハギ	66.8	片上　晴行	FLUCKS	愛媛県由良半島地釣	2003年6月16日
ハマフエフキ	91.2	西川　孝雄	セントラルキャスターズ	和歌山県白浜町椿	2003年11月9日
コロダイ	82.5	田中　啓明	インターナショナル長崎サーフ	長崎県長崎市小江港	2007年8月29日
コブダイ	97.6	貝州　譲二	ヤングサーフ	島根県隠岐郡海士町中ノ島	2003年12月21日
ホッケ	60.6	加藤　修司	はこだてサーフ	北海道大成町久遠漁港	2001年5月5日
イラ	55.3	栃木　克俊	岡山シースター	鹿児島県肝付町内之浦	2008年2月19日
イトヨリ	51.4	斉藤　太郎	神戸中央サーフ	高知県大月町古満目	1993年8月4日
アカアマダイ	63.1	水島　誠司	吉備路釣好会	愛媛県津島町	2004年3月21日
キジハタ	55.1	清水　大介	西四国サーフ	愛媛県大洲市長浜一文字	2007年8月11日
クエ	106.5	水谷　好廣	松阪サーフ	東京都小笠原村	1989年4月12日
イシガキダイ	81.0	藤原　敏伸	CLUB ULTIMA	鹿児島県種子島	1995年6月23日

※全長は魚拓寸法です。
※全日本サーフキャスティング連盟の日本記録から主要なものをリストアップしています(2008年5月末現在)。

投げ釣りの各種データ

1.イトの号数と太さ

号数	標準直径・mm
0.4	0.104
0.6	0.128
0.8	0.148
1.0	0.165
1.2	0.185
1.5	0.205
2	0.235
2.5	0.260
3	0.285
4	0.330
5	0.370
6	0.410
7	0.440
8	0.475
10	0 530

イトの太さは2号のイトが1号の約2倍ではあるが、10号が10倍とはなっていない。号数により規則性が見られないので、経験則で太さと強さを身につけることになる。いつも同じ種類や号数のイトを使っていると、意外と正確な強度が身につくものである。

2.オモリの重さ

号数	重量・グラム
1	3.75
5	18.75
10	37.50
15	56.25
20	75.00
25	93.75
27	101.25
30	112.50
33	123.75
35	131.25

オモリの重さは1号＝3.75g＝1匁である。号数×3.75gとなっている。10号が10倍になり30号は30倍だ。投げ釣りの場合、27号＝100gと覚えておこう。

テンビン付きのオモリでは、必ずしも号数表示通りの重量となっていないこともあるし、キロ単位で売っている六角オモリでは、表示間違いも多いので要注意。

1オンス＝28.35g

3.シロギスの体重

全長・cm	体重・グラム
12～14	10
16	20～ 30
17	30～ 35
18	40～ 50
20	70～ 80
22	100～120
24	120～130
26	140～180
28	160～200
30	200～250
33	230～280
35	300～400

シロギスの重量は、自分の計測したものや過去の記録などから調べたもの。ただし、大きくなるほど地域や季節による個体差が大きく、ある程度の目安と思ってもらいたい。

年齢に関しても、地域差が大きいようだ。だいたい3年で20cmになるようだが、その後の成長は遅くなる。5年で26cm、8年で30cmという記録もあり、30cm以上のものは10年以上生きているのではないか。

あとがき

この度の単行本執筆にあたっては「入門者向けだから」ということで、「それなら基本的なことを書けばいいわけで何の問題もない」という楽な気持ちと、お世話になっているつり人編集部より、「投げ釣りの本を書いてほしい」という強い要望があったので半分義務感もあって受けさせていただいた。

内容は長年各誌に書いてきたものをまとめたが、書いていて困ったことがある。誰にということでは「入門者向け」であるが、「どこの地域を対象に？　関東ローカルなのか全国版なのか？」がどうも分かりにくく、結果としては関東地区を対象として書いた。対象地域で何が困るのかというと、「同じ魚でも生息地域（海域）が違うと生態が違う」ということだ。これはなかなか信じにくいことだろうが、全国を釣り回っている全日本サーフの大もの釣りファンなら、「そう感じていた」と理解してもらえるのではないだろうか。

ご存じのように太平洋側と日本海側では、潮の干満差の違いが顕著で、同じシロギスを釣るにしても釣れ方が大きく違う。これはまだ分かりやすいほうで、クロダイなどは投げ釣りで釣ると、房総でのクロダイと関西方面（九州離島も）で釣るクロダイとは違う魚かと思うほど。まして、イシガレイになると、全国でどうしてこれほどエサの違いが顕著かと思うほどだ。イシガレイのことは、普通はマコガレイと一緒にして「カレイ釣り」として扱われるが、これをイシガレイ釣りとして書こうと思うとどうしても「この地域はこういう釣り」という書き方になり、するとほかの魚もすべて多かれ少なかれ地域差があり、「どう書こうか？」と悩むことになった。そして結局は関東地区での釣りをイメージして書いたので、地方の方でこの本を読まれた方は、その辺のことをご理解いただきたい。

釣りのハウツーに関することをいわせてもらうと、釣り人という人種がそうなのか、投げ釣りをする人にそういう人が多いのか、現代人の特徴なのか「こうだ」「こうでなければダメ」という決めつけが強く、「どうしたら釣れるか」という答えをすぐに求めようとしたがる。「だから雑誌を買う」「雑誌はそれを書くのが仕事だろう」といわれればそうなのだが、相手は直接目に見えない海中に生息する自然の生き物であり、意外と近年になって生態がわかってきた魚もいるのだ。実は魚の生態などはほんの数パーセントしか分かってないかも知れない。

それからもうひとつ。道具の進化により釣りは変わる。これは釣り方に対する影響が大きい。この魚の生態の解明と道具の進化により、毎年のように新たな釣り方が生まれるわけだ。つまり、本書に書いてあることは、ほんのさわり程度のことであり、それ以外の見えない部分は無限大に隠れているので、「こうだ、こうでなければ釣れない」という決めつけを持たずに、頭を柔軟にして釣りをしていただきたい。

最後に、釣りという遊びはさまざまな楽しみ方があり「釣れなくても楽しい」もの。「結果が伴わなくても楽しい」という遊びはなかなかほかに見あたらない。あまり数や量にこだわらず、それ以外の面で釣りの楽しみを身につけてもらえたらと、自分自身にも言い聞かせながら巻末の言葉とする。

平成20年8月

坂井勇二郎

著者プロフィール

坂井勇二郎（さかい　ゆうじろう）

1959年1月生まれ。千葉県君津市在住。1978年12月に千葉サーフキャスティングクラブ入会（全日本サーフキャスティング連盟千葉協会）。1982年～1994年までリョービ（株）釣具部勤務。2002年～2007年まで千葉サーフ会長、現在は千葉協会会長。1991年の全日本キス2位（31.3cm・五島列島）。シロギスの記録は32.8cm（長崎県西彼大島）、マコガレイ53.8cm（茨城県大津港）。あまり記録ものには恵まれず、大会の成績も奮わないが、もともと「釣りは下手だ」という自覚があり、釣りを充分に楽しんでいる。

投《な》げ釣《づ》り

2008年11月1日　初版発行

著者　坂井勇二郎
発行者　鈴木康友
発行所　株式会社つり人社
〒101-8408
東京都千代田区神田神保町1-30-13
電話 03・3294・0781（営業部）
03・3294・0766（編集部）
振替 00110-7-70582

印刷・製本　三松堂印刷株式会社

乱丁、落丁などありましたらお取り替えいたします。

ISBN978-4-88536-596-6 C2075

つり人社ホームページ http://www.tsuribito.co.jp
いいつり人ドットジェーピー http://e-tsuribito.jp